圆通制·工作标准系列

YUANTONG ACCOUNTANTS WORKING STANDARD TRAINING GUIDELINES

圆通会计工作标准训练指南

中国工作标准研究院 组编
王民权 刘晓玉 编著

中国财政经济出版社

图书在版编目（CIP）数据

圆通会计工作标准训练指南/王民权，刘晓玉编著.—北京：中国财政经济出版社，2011.12
（圆通制·工作标准系列）
ISBN 978-7-5095-3344-4

Ⅰ.①圆… Ⅱ.①王…②刘… Ⅲ.①会计-指南 Ⅳ.①F23-62

中国版本图书馆 CIP 数据核字（2011）第 282313 号

责任编辑：王晓蕊　　责任校对：黄亚青
封面设计：耕　者　　版式设计：耕　者

中国财政经济出版社 出版

URL：http：//ckfz.cfeph.cn
E-mail：ckfz@cfeph.cn

社址：北京市海淀区阜成路甲 28 号　邮政编码：100142
营销中心电话：88190406　北京财经书店电话：64033436　84041336
北京富生印刷厂印刷　各地新华书店经销
787×1092 毫米　16 开　19.25 印张　303 000 字
2012 年 7 月第 1 版　2012 年 7 月北京第 1 次印刷
印数：1—4 560　定价：46.00 元
ISBN 978-7-5095-3344-4/F·2834
（图书出现印装问题，本社负责调换）
质量投诉电话：88190744

圆通制·工作标准系列丛书编委会

ORDER

代序

工作标准化是实现科学管理的良策

实现科学工作的前提是什么?

首先,需要让工作人员了解什么是科学工作。科学工作就要制定工作标准,工作过程中或工作结束之后,才能结合工作标准评价工作偏差的科学性。

其次,我国全面推行内部控制制度,“控制”有约束、限制之意,那么在控制之前,应当让工作者明白遵循的工作标准,如果没有工作标准,内部控制就无从谈起。

最后,由于组织者的知识范围、能力水平存在很大差距,不同工作者对一项工作任务的理解程度必然存在差距,如果缺乏工作标准指导与引导,或者说工作者根本就不知道已经存在的工作标准,所谓工作,就无法用“科学”的尺度去衡量了。

工作标准是工作人员严格遵循法律法规等技术标准的规定,在管理标准规定的时间范围内,将需要完成的工作,通过科学的归纳、整合、分解、排序和加工处理,形成最佳结果的描述文件。

脑力劳动如何工作标准化?王民权先生创立了“圆通制”,圆通制系统阐述了科学工作的原理和方法,有效解决了脑力劳动标准化这一问题。因此,工作标准化研究是基于圆通制科学工作原理和方法之上的。

工作标准化从研究角度来看,具有将工作的各个要素、各个环节及各个部门有机地结合起来，构成一个新的有机整体的能力。综合的过程对于准确认识工作之间的内在联系、从整体上考察客观工作项目具有重要的作用。这种标准化，已经不再是简单的大拼盘，制度的堆积，而是在以人为本的基础上各学科、各要素之间的有机渗透、交叉和融合，既有多个学科制度的交叉，也有多个学科制度的渗透，不是简单的专业学科机械相加，而是紧紧抓住各个要素之间的内在联系，紧紧抓住对各部分的制度要求之间的内在联系，从中把握事物整体的本质和运动规律，得出一个全新的整体性的认识和要求，从而进行科学加工的过程。

工作标准把科学工作的理念转化为科学工作的正确思路。不同地区、不同系统、不同单位、不同岗位虽然工作基础不一样、条件不相同，有的甚至存在很大差异，但他们都必然将需要解决的发展问题、民生问题、社会问题、单位问题转化为每一个具体岗位的具体工作。完成这些工作虽然需要创造性，但大多数人的工作都需要首先在遵守相同规则（继承前人经验和成就）的基础上认真完成。相同的行业、相同的部门、相同的工作岗位、相同的工作内容，必然决定完成工作问题具有很多相同之处，决定了工作人员必须善于把科学的工作标准理念应用到本地区、本部门、本单位实际的工作思路。工作人员只有学习工作标准，执行工作标准，才能向建立标准、超越标准这种境界转化，只有了解和掌握了标准，才有创新的基础。

我国企事业单位最科学的内部控制制度就是在实际工作中将所有的制度要求都能落到实处。而我国目前的技术标准和管理标准（国家法律法规），普遍表现形式是条文，如何在一个单位中、一个体系中、一个项目中、一个事件中、一项工作中完整地表现各种制度要求，做得科学彻底、经典，就不能简单地依靠个人经验积累。需要通过科学的归纳和整理，把完成工作任务技术标准要求的各个工作要素结合起来，组成一个整体，再对这个整体根据管理标准要求进行分解、排序，通过工作者的科学加工处理过程进行总结，形成工作标准。其他工作人员通过对这一工作标准的学习和掌握，起到经验传授与继承的作用。内部控制的核心目标是杜绝各种违反制度的情况发生，只有将各种制度控制点明确在每一具体工作环节之中，内部控制才能够见到实际效果，企事业单位通过对工作标准执行过程的检查核对，起到内部控制的作用。

国家标准委的统计资料显示，我国改革开放30多年来，制、修订各种标准大约有25 000多项，这些标准基本属于技术标准或管理标准，对于如何将各种技术标准与管理标准科学有效结合，获得最佳效果的工作标准的研究则相对较少，我院希望藉由组织研究并编写出版《圆通制·工作标准系列》丛书，开创工作标准研究新局面，为科学提高全国工作者的工作水平作出贡献。

中国工作标准研究院

2011年8月

前言

PREFACE

《圆通会计工作标准训练指南》是基于圆通工作标准训练平台和圆通工作标准软件形成的。它是财经类专业学生掌握会计具体工作的训练指导资料，也是帮助企事业单位财会人员训练工作能力的经典案例，是会计工作能力等级评价的基本参考资料。

本书共分为三章。第一章主要介绍圆通会计工作能力科学训练体系，通过对圆通会计工作能力课堂教学方案、软件训练方案、训练平台培训方案、工作能力竞赛方案的了解，使学生系统掌握圆通会计工作标准软件的学习方法、训练方法。第二章分别从工作标准、训练平台、标准简述三个方面对会计岗位的50项经典工作进行介绍，使得读者快速掌握每个工作标准的要求，熟悉会计工作所需要掌握的内容，清晰会计工作流程。第三章是考试试题样本。通过对第二章的学习，再做第三章的试题，就能快速强化学习效果，查漏补缺，熟练掌握会计岗位每项工作标准，迅速成为胜任会计岗位的优秀工作人员。

本书由中国工作标准研究院王民权研究员、刘晓玉教授基于会计工作标准研究成果的基础，在研究员张预明、张友棠、孟锴、马西牛、雷宏振等会计工作能力训练基地的训练师、教授和具有丰富经验的会计实务专家的共同研究下，集中了产、学、研的优势，使指导教材内容更具科学性和实用性。

本书突破了以学科体系为主的传统教材模式，在对会计岗位工作进行深入分析的基础上，以会计工作任务为主线，以工作过程为导向，选择具体的工作标准，形成了会计岗位工作能力指标体系，具有系统性和新颖性。

本书所开发的工作标准来源于企业会计岗位上经常发生的真实的经济业务，工作标准的内容与实际工作中具体的工作要求相一致，具有广泛的适用性。

拥有成熟的工作经验、具备优秀的工作能力、在实际工作中作出显著的成就业绩，这是每一个即将步入社会的高校学子所梦寐以求的事情。所幸的是，如今，会计领域的莘莘学子都可以凭借参与“圆通工作标准训练平台”这一校企合作平台，应用《圆通会计工作软件》，来实现自己对于会计工作的具体把握和实践操作。而为了让同学们在实践中能更好地理解所学知识，我们的《圆通会计工作标准训练指南》也应运而生，从而形成了“实训平台＋实训软件＋指导手册”三位一体的体系化、科学化训练方案。相信通过对会计岗位的实训化操作，读者一定能系统掌握完成会计相关工作岗位所需的工作标准和工作能力。

在此需要特别声明的是，本指南中所选用的工作标准知识产权均归中国工作标准研究院；工作标准训练平台知识产权均归陕西理财世界网络传播有限公司所有。

编　者

2011年8月15日

目录

Standardization organs

第 1 章　圆通会计工作能力训练体系

1.1 圆通会计工作能力课堂教学方案

1.1.1 教学介绍

每个人都希望自己具备很强的工作能力，作出显著的工作成就。但是要获得很强的工作能力，仅仅凭借在学校学到的知识是远远不够的，工作经验占了很大比重。我们都知道，一个优秀的学生，有一个良好的学习习惯；那么，一个优秀的工作人员，也必然需要具备良好的工作习惯。从古到今，有许多经验教导学生养成良好的学习习惯，可是翻遍中国历史，却没有找到科学系统地教授优秀工作经验的法宝。

工作能力培养的瓶颈是大学缺乏培养学生工作能力的手段和环境，只能将工作能力培养通过顶岗实习阶段推向社会，实习单位由于受工作环境、单位规模、企业类型、业务开展流程长及缺乏优秀指导教师等限制，对学生工作能力的培养作用也难以真正发挥出来。

圆通制创造性地研究形成良好的工作能力训练环境、工作标准与工作能力。如果说泰勒制是基于机器加工和制造业的工作标准化，那么圆通制则是基于思维加工和管理科学的工作标准化。

一个具有良好工作习惯的人，他必须知道需要解决什么工作问题，了解解决工作问题的思路，掌握解决工作问题的方法，具有解决工作问题的措施，最后都能达到问题的良好解决。高级人才应当知道所做工作具体是什么，怎么做，工作所涉及的人员、时间、地点、单位，所需资料都很清楚，也就是圆通工作基本规范：工作标准名称定义、工作标准基本内容、工作标准所需资料、相关工作标准和工作流程图，这也是高级人才具备的优秀工作规律。高级人才随时清晰认识自身价值和责任，知道自己处于什么机构，什么部门，什么岗位，以及岗位的全部工作内容，即圆通工作标准体系。明确岗位目录，指导岗位设置，科学成立机构，进而建立科学量化考评机制。高级人才具备圆通工作能力基本条件，遇到突发事件时就能够有条不紊地处理工作，工作人员要想掌握工作环境人际事物科学处理的方法，就要熟悉掌握工作构成基本要素。工作能力可以通过训练养成，工作经验可以通过工作标准学习积累。相同的行业、相同的部门、相同的工作岗位、相同的工作内容，必然决定完成工作问题具有很多相同之处，工作人员只有学习工作标准、执行工作标准，才能向建立标准、超越标准这种境界转化，只有了解和掌握了标准，才有创新的基础。

经过圆通制的训练，将养成良好的工作习惯，具备较强的工作能力：

- 了解掌握圆通制科学工作的思想方法体系；
- 养成良好的工作习惯；
- 按照圆通制工作标准完成会计工作，解决会计问题；
- 百日刻苦训练，造就10年工作经验；
- 参加圆通会计工作能力评价中心考评，取得初级认证、中级认证。

1.1.2　教学内容

- 以圆通制科学工作的思想方法体系为核心，让学生知道并记忆圆通制思想体系的内容；
- 讲述机构设置，会计岗位设置，岗位设置下的具体工作标准目录，认识自身价值和责任；
- 用圆通会计工作能力训练平台进行仿真模拟训练，培养良好的工作习惯；
- 以圆通工作标准软件为支撑，让学生大量掌握具体工作标准。

1.1.3　教学时间

- 以100课时为准，每个课时45分钟；
- 10课时的圆通制科学工作思想方法体系讲述；
- 10课时的圆通制工作标准讲解；
- 60课时的圆通会计工作能力训练平台训练，两个课时、一个标准；
- 20课时的圆通工作标准软件训练。

1.1.4　教学地点

- 大学圆通工作能力训练中心。

1.1.5　教学所需资料

- 圆通会计工作能力训练教材；

- 圆通会计工作能力训练平台；
- 圆通工作标准软件；
- 圆通工作能力科学训练体系。

1.2 圆通工作标准软件训练方案

1.2.1 软件介绍

什么是工作经验？工作经验就是工作中知道企业需要解决什么财会问题，了解解决这些财会问题的工作思路，掌握解决财会问题的方法，具有解决财会问题的措施，最终都能实现财会问题的良好解决。这也是圆通制科学工作原理与思想方法的精髓。

一个财经类大学毕业生是不是一定要在企业中实习才能获得较强的工作能力？圆通工作标准软件科学指导、训练、支撑一个优秀财会人员的工作能力，从此宣告：一个优秀的财会人才绝不需要通过几十年工作经历的体验才能形成。所谓“工作经验”，完全可以通过短时间的圆通工作标准训练获得。通过工作标准训练、工作标准应用功能，核心培养学生系统思考问题的能力，准确抓住问题本质的能力，独立提供解决问题方案的能力，准确提出解决问题核心流程的能力，准确提供解决问题所需资料的能力，以及解决核心问题时对相关问题统筹安排的能力。

圆通工作标准软件是中国工作标准研究院结合财经类大学条件，建立大学校内会计实训基地，成立圆通会计工作能力训练中心，通过工作标准训练，快速充实学生工作经验的国内第一套科学解决财经类大学生工作能力训练的软件系统。

1.2.2 软件特点

- 圆通会计工作标准软件提供了全面科学的会计工作分类体系；
- 通过标准知识库，为学生提供全面完整的工作标准检索模式；
- 通过思路导图，引导学生建立工作系统思想，建立科学工作思路，并以图形模式的树形菜单全方位展现会计工作分解的过程。

1.2.3 训练时间

- 每人一机，上机训练20个课时。

1.2.4 训练地点

- 圆通工作能力训练中心计算机机房。

1.2.5 培训所需资料

- 圆通工作标准软件；
- 圆通会计工作标准软件使用指南；
- 圆通会计工作标准训练指导手册。

1.2.6 软件训练方法

圆通会计工作标准软件大学生工作能力训练版，具有实际普遍的应用能力，不仅能够训练提高学生的财会工作能力水平，而且能够对学生的工作能力水平进行科学检测考评。

1.2.6.1 熟悉工作能力训练基地

- 熟悉财会专业企业化实训基地；
- 了解工作岗位训练计划和课程规划；
- 了解基于工作过程的教学课程内容、教学方法；
- 了解科学评测工作能力水平的思路。

1.2.6.2 学生科学化学习训练

- 明确学习目标，熟悉实际工作；
- 在计算机中熟悉工作岗位、工作标准；
- 清晰选择工作岗位，有针对性地开展实习；
- 明确训练目的与训练内容，科学编制训练工作计划；
- 准确选择实习指导师，选择最佳实习岗位；
- 准确评价毕业后自身应聘工作岗位的需求；
- 实现在校学习工作能力与实际工作能力一体化。

1.2.7　工作能力软件训练内容

圆通工作标准实训版软件的核心功能：

- 训练学生建立单位工作标准体系思想，了解单位工作秩序；
- 帮助学生学习应用工作标准体系，培养学生发现问题、分析问题、解决问题的工作能力，提高训练效果。

1.2.7.1　工作思路导图训练

- 训练学生能够将所学理论知识充分运用在实际工作中，建立科学工作的基本思路，通过思路导图模式，将毫无头绪的工作项目化繁为简，化简为易，化易成趣，化趣成道；
- 要求学生能够了解工作，分析树型结构、散状结构、正向结构、反向结构等多形式展示工作细化的特点；
- 要求学生能够逐层展现工作框架，以表格展示工作内容细节；
- 能够将分散的、不同的个体专家经验科学地形成工作标准。

1.2.7.2　工作标准咨询

- 训练学生解决实际工作问题的能力，通过工作标准数据库这一工作专家经验库，随时随地帮助学生根据需要检索学习；
- 训练软件通过正向检索与逆向查找，科学展示工作内容与工作细化结点之间的关系；能够帮助学生查询工作标准，展现工作框架，展示工作内容细节，成为学生在校期间科学的工作标准咨询师及永不厌倦的实习实训指导专家。

1.2.7.3　工作岗位划分训练

要求学生熟悉企事业单位工作岗位的科学划分：

- 提供国内最全面的工作岗位划分标准样板，学生能够了解不同单位根据实际情况自由配置的特征；
- 要求学生能够了解岗位分类，定义工作岗位名称，科学描述岗位之间的区别；
- 能够通过标准化岗位名称与内容，建立国内行业规范和人们的认知规范。

1.2.7.4　工作目录划分训练

要求学生熟知工作目录就是需要解决的工作问题：

• 要求学生建立工作目录标准化思想，建立行业认知规范；

• 要求根据岗位分类和岗位名称，了解国内工作内容目录划分标准，能够熟悉工作目录级次划分和科学描述工作区别；

• 能够根据单位要求对一岗多人或一人多岗需要进行自由工作配置组合。

1.2.7.5　工作标准内容训练

通过学习和建立工作标准，训练学生科学归纳、整合，准确描述目标、时间、地点、人物、资源的能力：

• 要求学生能够逐一描述需要遵守的技术标准和管理标准；

• 对工作能够进行科学分解、排序，了解加工处理过程；

• 培养学生熟知工作达成结果和目标的习惯；

• 训练学生能够科学编排工作完成顺序，了解工作最优控制过程；

• 训练学生能够将多个工作标准组合成一个完整工作项目解决方案的能力。

1.2.7.6　工作方案训练

训练系统采用思路导图模式开发学生的左脑，提高科学思维能力：

• 帮助学生能够进行归纳和总结，建立工作体系，形成任务目标；

• 根据管理要求，进行目标分解、排序、建立科学工作思路；

• 以图形模式全方位展现工作分解过程，让最佳工作能力的培养和实现变得高效、简洁，让复杂问题变得简单易行。

1.2.7.7　年度工作计划训练

学生建立年度工作计划思想：

• 要求学生根据单位战略目标，进行年度目标分解，建立工作总体执行体系；

• 要求学生能够根据分类计划目标，进行年度分类目标分解，建立分类工作年度执行计划体系；

• 要求学生能够根据决策层管理要求，进行目标量化、建立科学评价标准；以图形模式全方位展现年度工作分解过程，让年度目标形成单位团队目标和体系；

• 训练学生实现最佳工作目标统一和思想统一，融入团队，并让团队富有战斗力和执行力。

1.2.7.8　月度工作计划训练

- 学生在了解企事业单位年度计划的基础上，了解分解年度任务，建立月度工作总体执行计划内容；
- 根据分类计划，训练学生进行分解，建立工作月度执行计划；
- 要求学生能够根据执行层管理要求，将年度目标细分，工作项目具体化；
- 训练学生能够以图形模式全方位展现月度工作任务，建立科学量化体系思想。

1.2.7.9　周工作训练

训练学生周工作思想：

- 要求学生根据月度计划目标，将工作任务具体规划到每周；
- 具体训练学生能够根据工作计划，再依据工作标准要求，将工作进行分解、排序并实际执行；
- 了解计划与执行之间的关系，以工作标准模式全方位展现工作全貌，形成个人执行力。

1.2.7.10　本日工作训练

训练学生明确每天具体工作的思想：

- 训练学生养成每天工作每天结束，当日事当日毕的习惯；
- 训练学生遵照执行工作标准能力和了解不同参与者的工作标准要求，完成工作分解排序后的具体工作；
- 训练学生通过工作标准全方位了解工作全貌，科学掌握完成个人工作；
- 帮助记录并修正学生工作过程，积累形成学生的工作经验。

1.2.8 工作业务流程管控点分布图

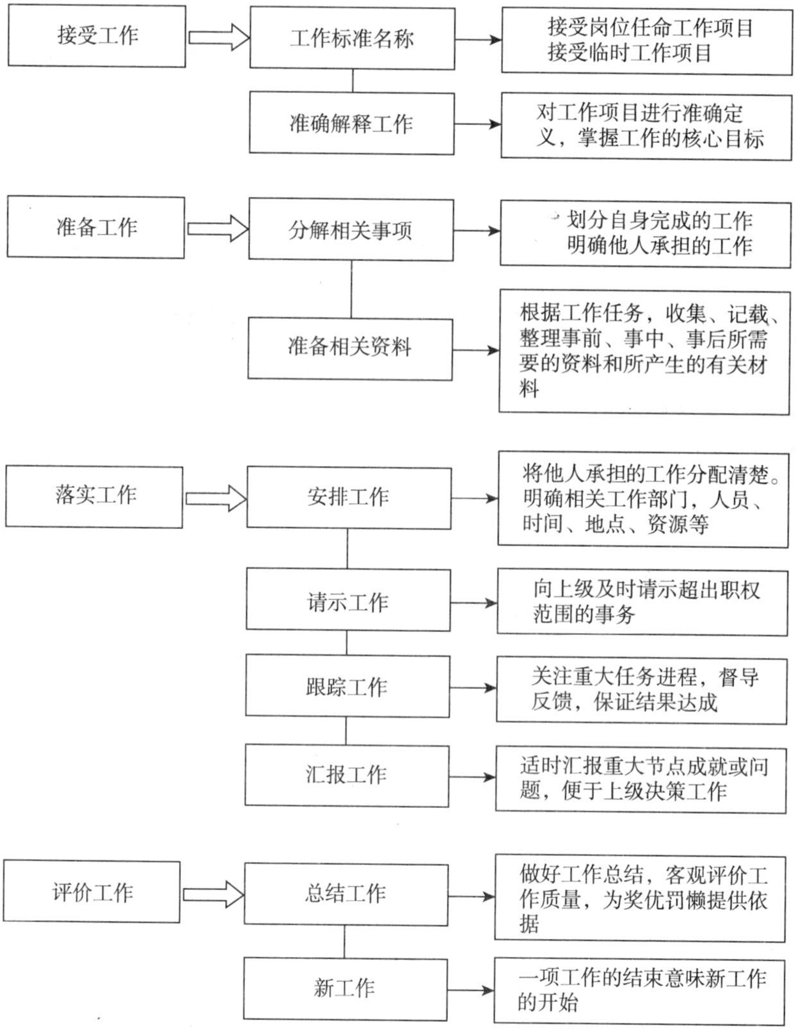

1.2.9 训练要达到的效果

- 熟练操作工作标准软件；
- 熟练掌握训练岗位工作标准及其要求；
- 熟练进行综合工作分解、掌握工作标准的组合运用；
- 通过圆通工作能力评价中心初级认证，具备本岗位10年工作经验。

1.2.10 部分方案样本

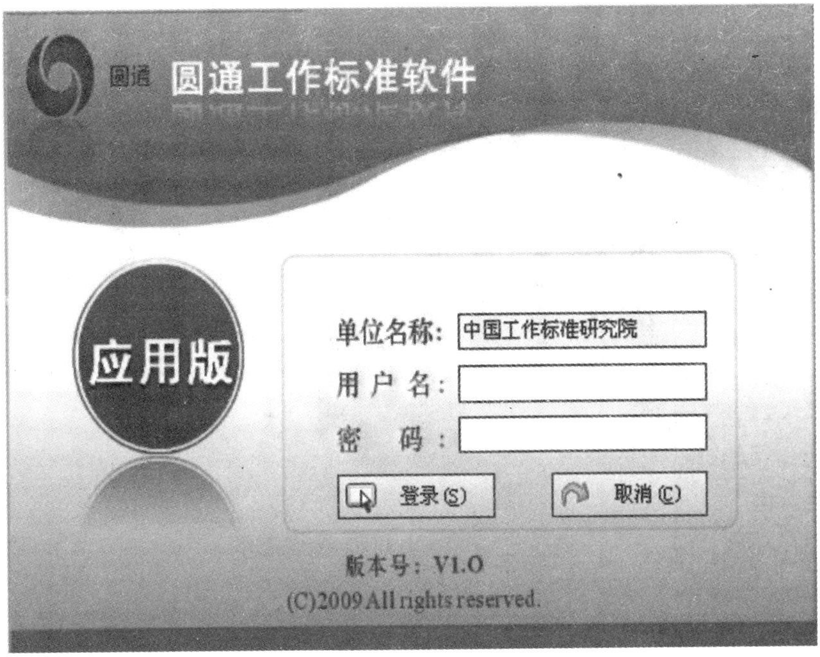

圆通工作标准软件截图

圆通会计工作标准库

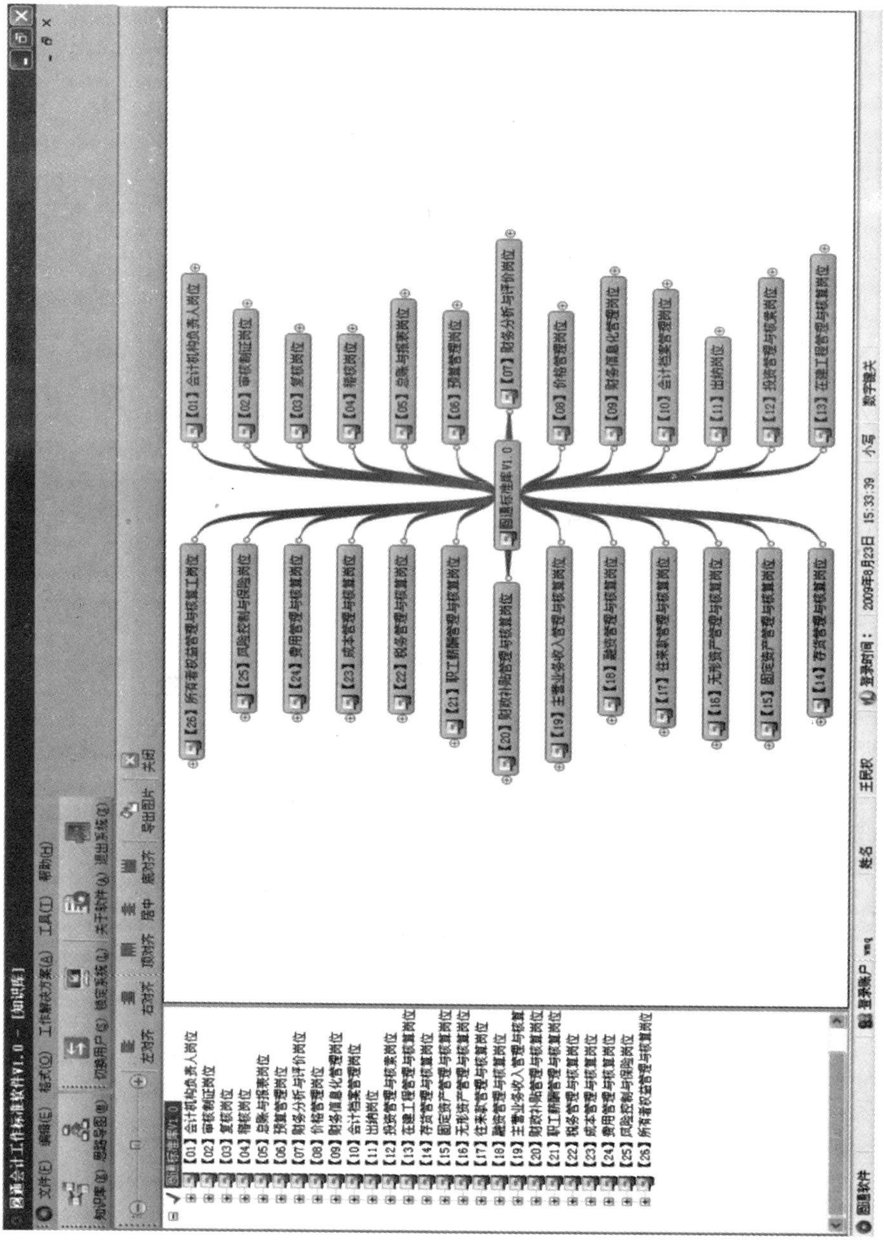
圆通会计工作标准软件V1.0 - [知识库]
圆通标准库V1.0
【01】会计机构负责人岗位
【02】审核制证岗位
【03】复核岗位
【04】稽核岗位
【05】总账与报表岗位
【06】预算管理岗位
【07】财务分析与评价岗位
【08】价格管理岗位
【09】财务信息化管理岗位
【10】会计档案管理岗位
【11】出纳岗位
【12】投资管理与核算岗位
【13】在建工程管理与核算岗位
【14】存货管理与核算岗位
【15】固定资产管理与核算岗位
【16】无形资产管理与核算岗位
【17】往来款管理与核算岗位
【18】融资管理与核算岗位
【19】主营业务收入管理与核算岗位
【20】财政补贴管理与核算岗位
【21】职工薪酬管理与核算岗位
【22】税务管理与核算岗位
【23】成本管理与核算岗位
【24】费用管理与核算岗位
【25】风险控制与预警岗位
【26】所有者权益管理与核算岗位

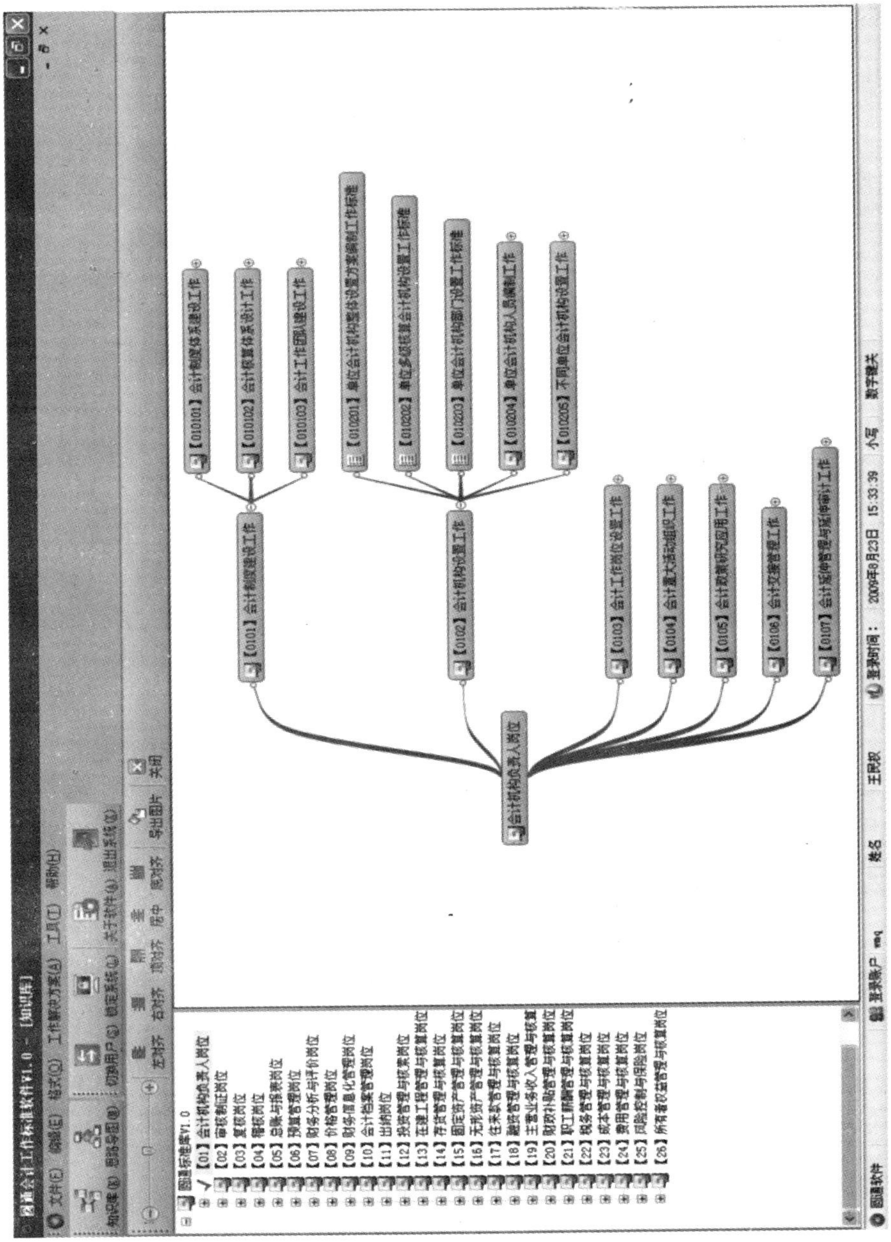

选择具体“会计机构负责人岗位”展开一级工作目录

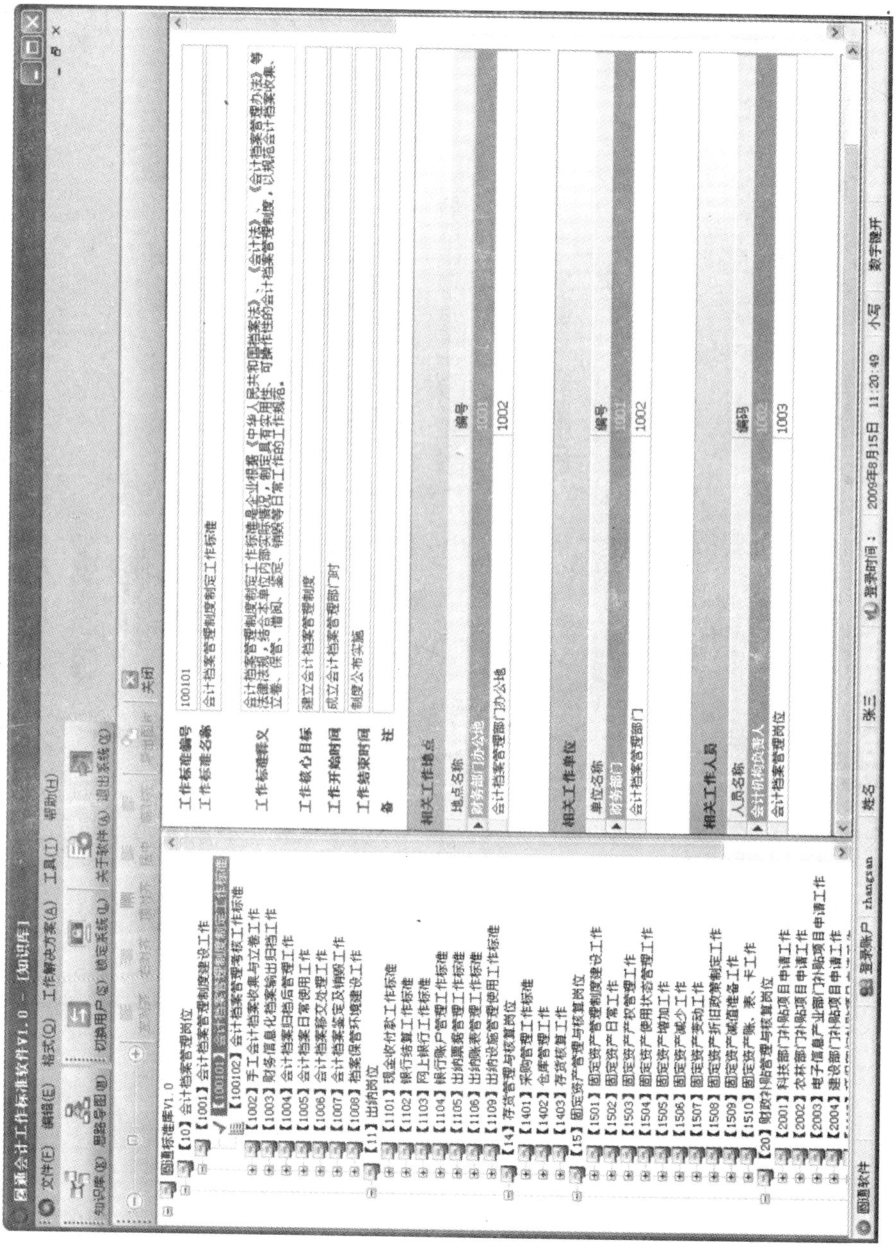

选择具体"会计档案管理制度制定工作标准"展开

会一班陈志利和会二班李娜利用软件拟定自己的年度工作标准实习计划

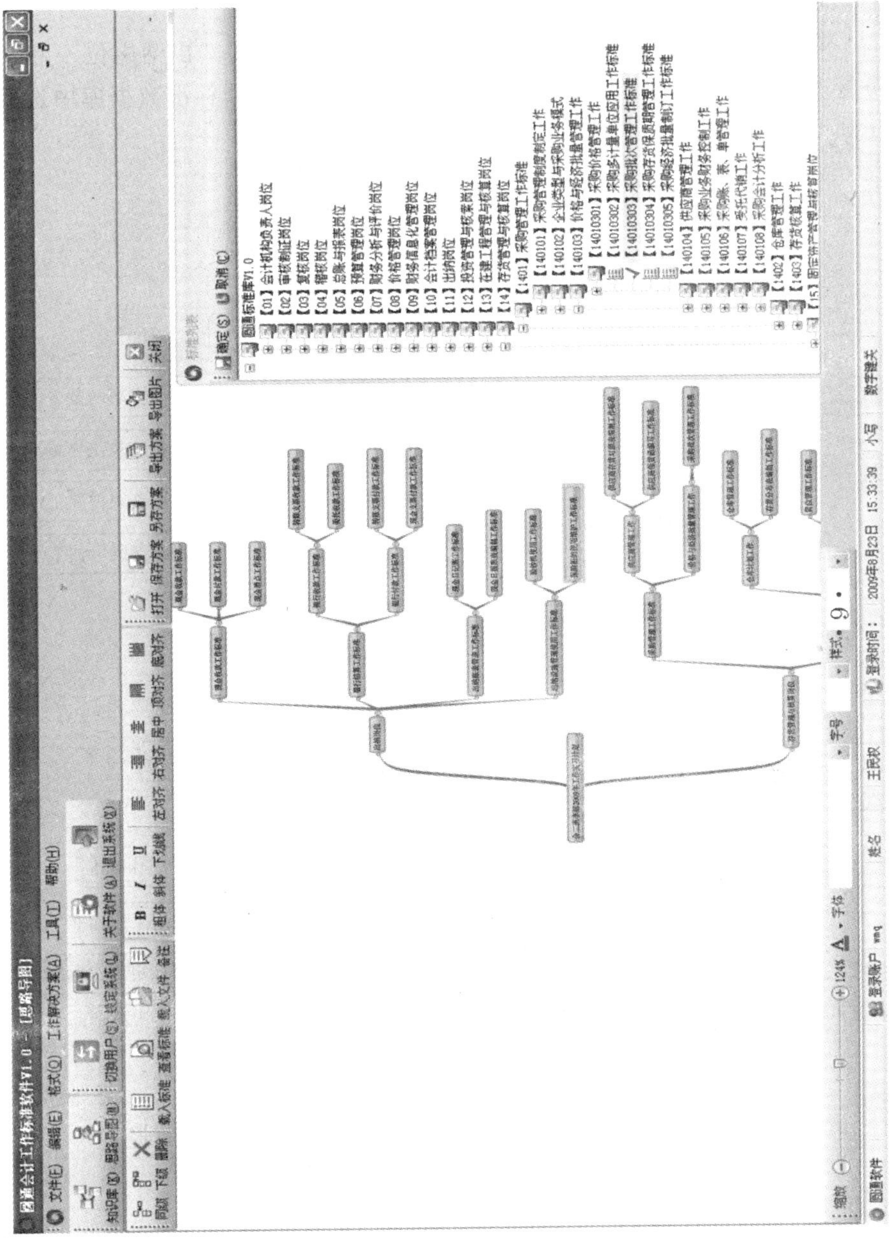

会一班陈志利毕业实习计划

陈志利同学希望通过岗位工作标准训练，实习掌握“出纳岗位”和“税务管理与核算岗位”的工作内容及工作标准，并从工作标准数据库中选择列出如下清单：

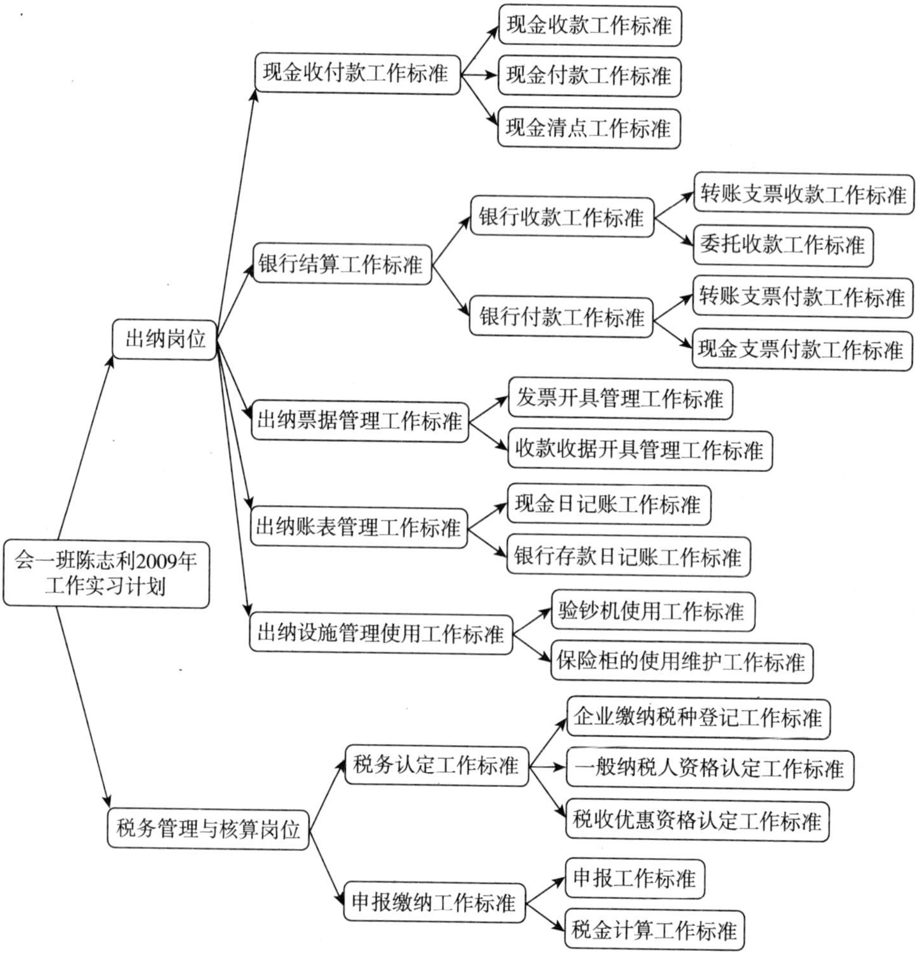

会二班李娜毕业实习计划

李娜同学希望通过岗位工作标准训练，实习掌握“出纳岗位”和“存货管理与核算岗位”的工作内容及工作标准。并从工作标准数据库中选择列出如下清单：

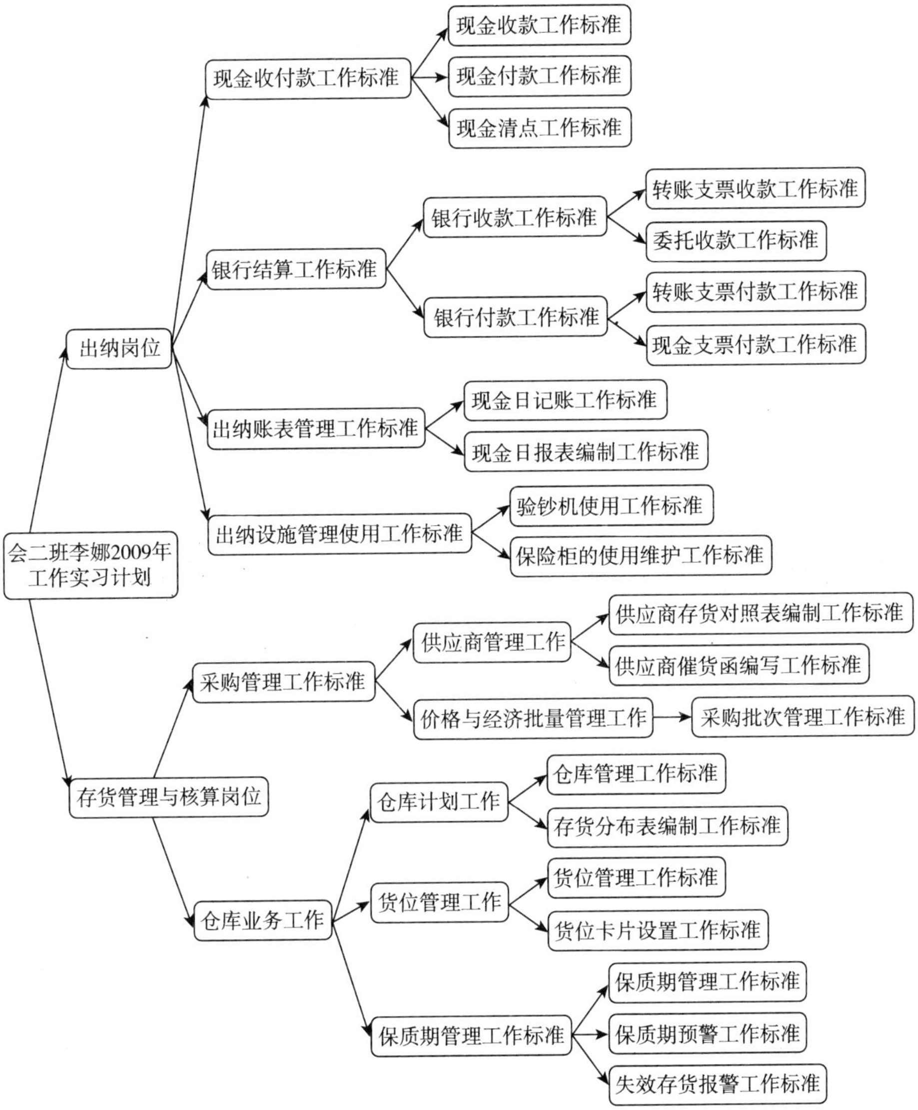

1.3 圆通会计工作能力训练平台培训方案

1.3.1 训练介绍

以圆通制科学工作的思想方法体系为核心，利用这种仿真训练，将复杂、抽象的工作能力训练变得直观，具有可操作性，使工作经验的传承简单简易，培养受训人员的思维习惯，提高系统思考问题的能力，掌握处理工作问题的良好思路和方法。

训练起到的作用：

- 替代学生校外岗位实习，解决学生实习难的问题。
- 培养受训人员的思维习惯，提高系统思考问题的能力，掌握处理工作问题的良好思路和方法。
- 参加圆通工作能力评价中心考评，取得初级认证或中级认证。

1.3.2 圆通工作能力训练器组成

圆通工作能力训练器由两部分组成：

- 训练平台：它是一款带有磁性的训练器模板，一个模板可以训练多个工作标准。
- 训练器模块：在下图中，工作名称、工作流程、工作人员、工作时间、工作地点、工作单位、工作资料下面的具体内容，全部都是独立的带有磁性的小模块，可以取下，也可以贴（吸）上。

1.3.3 圆通会计工作能力训练平台使用方法

该训练器一般配合“圆通制”体系训练使用，也可以单独使用。

- 选取一套工作标准模块，让受训人员将工作流程（环节）按标准顺序排列，并标明真实性、准确性等判断用语；
- 将每个工作环节相对应的工作人员、工作时间、工作地点、工作单位、工作资料等内容（模块）放入对应位置，将复杂、抽象的工作能力训练通过仿真训练，使工作经验传承变得非常直观，通过动手操作，调动受训人员的各种感官，使其对工作流程本身加深理解、加深记忆，从而培养受训人员的思维习惯，提高系统思考问题的能力，掌握处理工作问题的良好思路和方法。

工作名称：投资项目可行性研究

工作标准：《企业会计准则》《企业内部控制规范》

工作流程	工作人员	工作时间	工作地点	工作单位	工作资料
开始					
选择投资项目搜集相关资料	投资管理与核算岗	即时	总师办办公地	董事会	项目投资方案
	总工程师			总师办	国家有关法律法规
（完整性）	董事会成员			财务部	国家产业发展方向
投资项目的市场和需求分析	投资管理与核算岗	即时	总师办办公地	财务部	项目投资方案
	总工程师			总师办	市场需求分析资料
（可行性）	董事会成员			董事会	符合企业发展战略规划论证
投资项目的技术与生产分析	投资管理与核算岗	即时	总师办办公地	财务部	项目投资方案
	总工程师			总师办	项目技术先进性论证
（可行性）	董事会成员			董事会	
投资项目的资金与效益分析	投资管理与核算岗	即时	财务部办公地	财务部	项目成本收入效益论证
	总会计师			董事会	项目所需资金来源论证
（可行性）	董事会成员				
投资项目的风险分析	投资管理与核算岗	即时	财务部办公地	财务部	投资项目风险评估
	总会计师			总师办	
（正确性）	董事会成员			董事会	
综合各种因素写出研究报告	投资管理与核算岗	即时	董事会办公地	财务部	项目投资最大风险评估
	总会计师			总师办	项目投资最低收益评估
（合规性）	总工程师			董事会	投资项目可行性综合论证
结束					

圆通会计工作能力训练平台

监制：中国工作标准研究院
出品：理财世界网

1.3.4 训练具体工作标准：

- 指导学生根据岗位目标选择具体工作标准进行训练，如现金收款工作标准、交强险索赔办理工作标准、单位企业税务登记工作标准等。

1.3.5 训练时间

- 每个工作标准按4个课时安排，学生在5分钟内完成即可合格。

1.3.6 训练地点

- 大学圆通工作能力训练实验示范基地或训练中心。

1.3.7 训练所需资料

- 圆通工作能力训练平台；
- 品牌管理模式。

1.4 圆通会计工作能力竞赛方案

1.4.1 竞赛目的

营造工作能力训练环境，掌握工作能力训练方法，掌握工作标准规范，养成优秀的工作习惯，培养优秀工作能力，造就优秀人才。解决学生实习难的问题，解决学生缺乏工作能力的问题。

经过竞赛使学生养成优秀的工作能力：

- 掌握圆通制科学工作的思想方法体系；
- 提高系统思考问题的能力，掌握处理工作问题的良好思路和方法；
- 掌握规范的工作标准，养成优秀的工作习惯。

1.4.2 竞赛内容

- 演讲“圆通制”，演讲题材包含：

◆ 一个优秀的工作习惯——工作成功律；

◆ 随时清晰认识自身价值和责任——工作标准体系；

◆ 高级人才的优秀工作规律——工作标准律；

◆ 遇到突发事件能够有条不紊地处理工作——工作突发律；

◆ 掌握工作环境下的人际事务的科学处理方法——工作主观律。

● 圆通工作标准训练平台具体工作项目的模拟操作（要求在规定的时间内完成训练平台工作标准模块的摆放、复原）。

● 圆通工作标准软件具体工作项目的模拟操作，竞赛的内容为按照软件的规范操作编写竞赛所选工作标准。

1.4.3　竞赛方式

● 第一阶段：核心工作标准训练赛。

动手拼装一个工作标准。选取一套工作标准模块，让受训人员将工作流程（环节）按标准顺序排列，并标明真实性、准确性等判断用语；再将每个工作环节相对应的工作人员、工作时间、工作地点、工作单位、工作资料等内容（模块）放入对应位置。以时间短、正确率高的为优胜者。

● 第二阶段：小组赛

动手拼装一个工作标准。以时间短、正确率高的组为优胜者。

● 第三阶段：选拔赛

选择一个工作标准。要求学生能够对该工作标准中可能出现的差错进行应对和变换处理，以在规定时间内纠错最多的为优胜者。

● 第四阶段：团队赛

演讲圆通制。讲述工作岗位分类及岗位名称，介绍岗位工作标准目录，动手拼装一个工作标准，利用工作标准软件编制工作标准。以上几个环节综合表现最好的组为优胜者。

● 第五阶段：校际赛

与团队赛相似，区别在于学校与学校之间的比赛。以每一个学校为团队，相互之间进行竞赛。

1.4.4　竞赛地点

● 校方圆通会计工作能力训练基地或训练中心。

1.4.5 竞赛所需资料

- 圆通工作能力训练教材
- 圆通工作能力训练平台
- 圆通工作标准软件
- 品牌管理模式

第 2 章　圆通会计工作标准及其训练平台

2.1 管理岗位工作标准

2.1.1 专项会计制度起草工作标准

2.1.1.1 专项会计制度起草工作标准

标准编码：0101

标准名称：专项会计制度起草工作标准

2.1.1.1.1 工作标准名称释义

专项会计制度起草工作标准是指会计机构负责人专门为完成某类或某项会计事项的管理与核算而起草专项会计制度的工作规范。

2.1.1.1.2 工作标准基本表格

工作核心目标	完成专项会计制度的建立
工作开始时间	准备相关资料
工作结束时间	起草的专项会计制度经修改审批颁布
相关工作地点	行政部办公室　财务部门办公地　董事会办公地
相关工作单位	财务部门　行政部　相关业务部门　董事会
相关工作人员	主管总经理　董事长　会计机构负责人　相关会计工作岗位　行政部负责人　文件资料员
备　注	

2.1.1.1.3 工作标准所需资料

资料类型	编码	资料名称	单位	原件数	复印数
事前准备资料	01	专项会计事项问题	份	1	0
	02	专项会计制度名称	份	1	0
	03	专项会计事项问题资料	份	1	0
事中产生资料	04	专项会计制度草案	份	1	0
	05	专项会计制度修改稿	份	1	0
	06	专项会计制度审批稿	份	1	0
事后结果资料	07	专项会计制度文件	份	1	0
技术要求资料	08	《企业内部控制规范》	份	1	0
	09	《企业内部控制基本规范》	份	1	1

2.1.1.1.4 相关工作标准

标准编码	标准名称
0104	会计机构负责人岗位工作标准

2.1.1.1.5 工作标准流程图

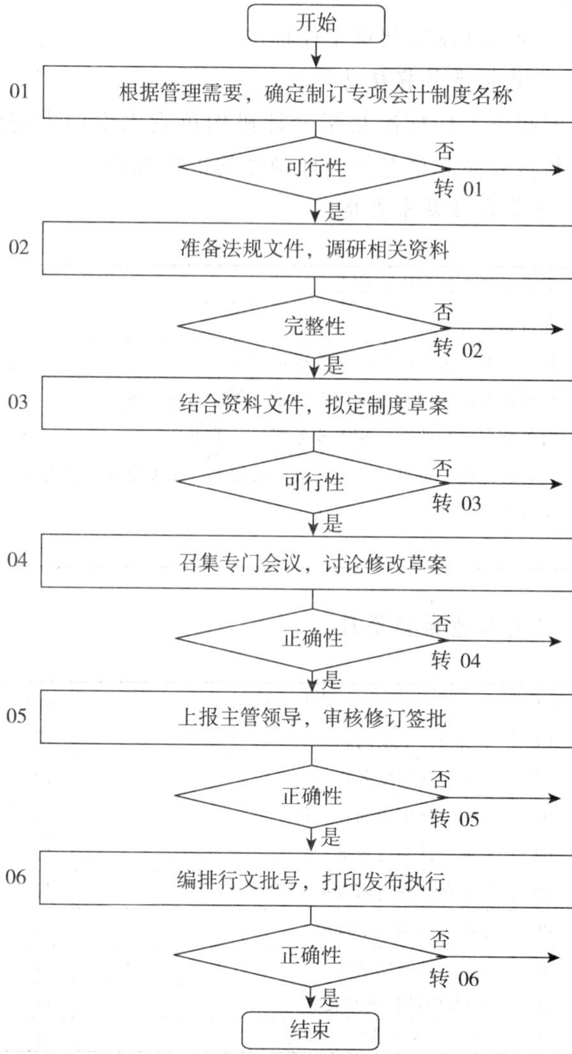

2.1.1.2 专项会计制度起草工作标准训练平台

工作名称：专项会计制度起草·工作标准

工作流程	工作人员	工作时间	工作地点	工作单位	工作资料
开始		《企业内部控制规范》		《企业内部控制规范-基本规范》	
根据管理需要确定制度名称	会计机构负责人	即时	财务部办公地	财务部	专项会计事项问题
	相关会计工作岗位				专项会计制度名称
可行性					
准备法规文件调研相关资料	会计机构负责人	即时	财务部办公地	财务部	专项会计事项问题资料
	相关会计工作岗位				
完整性					
资料结合文件拟定制度草案	会计机构负责人	即时	财务部办公地	财务部	专项会计事项问题资料
					专项会计制度草案
可行性					
开会征求意见讨论修改草案	会计机构负责人	即时	财务部办公地	财务部	专项会计制度草案
	相关会计岗位			相关业务部门	专项会计制度修改稿
正确性	相关业务人员				
上报主管领导审核修订签批	董事长	即时	董事会办公地	董事会	专项会计制度审批稿
	总经理				
正确性	总会计师				
编排行文批号打印发布执行	会计机构负责人	专项制度发布	行政部办公地	行政部	专项会计制度审批稿
	行政部负责人				专项会计制度文件
合规性	文件资料员				
结束					

圆通会计工作能力训练平台

监制：中国工作标准研究院
出品：理财世界网

2.1.1.3 专项会计制度起草工作标准简述

专项会计制度起草工作标准是指会计机构负责人专门为完成某类或某项会计事项的管理与核算而起草专项会计制度的工作规范。具体包括：

（1）工作核心目标：完成专项会计制度的建立。

（2）开始工作时间：准备相关资料。

（3）工作结束时间：起草的专项会计制度经审批后颁布。

（4）相关工作地点：完成专项会计制度起草工作的场所或涉及的工作环境，如财务部门办公地、行政部办公地、董事会办公地等，各单位可根据自身实际情况对此项内容进行准确化修改。

（5）相关工作单位：指完成专项会计制度起草工作涉及的主要单位，如财务部门、行政部、董事会及相关业务部门等。

（6）工作相关人员：指完成专项会计制度起草工作涉及主要工作人员，如会计机构负责人、总经理或董事长，行政部负责人、文件资料员及相关会计岗位等。

（7）事前准备资料：指接受工作任务后，对完成专项会计制度起草工作需要准备的相关资料，包括完成专项会计制度起草工作时需要提前完成的调研资料、参考资料或档案资料。

（8）事中产生资料：指在完成工作任务的过程中，产生的专项会计制度草案、修改稿及审批稿等资料或文件，需要按照完成专项会计制度起草工作中产生的时间顺序排列中间文件。

（9）事后结果资料：指工作任务完成后形成的与专项会计制度起草工作标准核心目标相对应的专项会计制度。

（10）技术要求资料：指完成专项会计制度起草工作需要遵守的国家法规和行业制度、单位制度的具体内容，如《企业内部控制规范》、《企业内部控制规范——基本规范》等。

（11）内部控制措施：指完成专项会计制度起草工作需要表现的内部控制思想或适应的内部控制环节、内部控制点、内部控制工具。

另外，完成专项会计制度起草工作标准，必须明确工作过程所需的资料清单、数量、单位、需要遵守的技术标准资料及管理标准资料。

对一项专项会计制度起草工作，需要对工作完成过程的每一个环节按照先后顺序进行排序，形成该专项会计制度起草工作标准的业务处理、控制流程。

（12）工作开始标志：准备相关资料标志专项会计制度起草工作“开始”。

（13）工作核心环节排序，具体要求是：

①根据管理需要确定制度名称；

②准备相关资料；

③拟定草案；

④征求意见修改草案；

⑤上报主管领导审核修订签批；

⑥编排行文批号，发布执行。

（14）不同环节结果判断：总体来讲，根据“技术要求资料”对处理环节的处理结果进行判断，每一环节都有“真实性、及时性、完整性、可行性、合规性、正确性、合法性”等判断选择，这些判断的前提是熟悉技术要求资料，即各种文件要求内容，根据文件要求作出这些判断用语，也是工作进行中下一步三角判断框中的必选用语。

（15）不利结果修正：根据判断结果“是或否”来作出判断，明确下一步处理的路径方向，根据“是或否”来确定返回修改环节、终止还是继续下一步工作。这是体现内部控制思想、保证工作质量的重要标志。

（16）工作结束标志：完成专项会计制度起草工作标准规定的工作环节后，使用“归档”或“结束”，标志工作结束。

2.1.2 财务会议工作标准

2.1.2.1 财务会议工作标准

标准编码：0216

标准名称：财务会议工作标准

2.1.2.1.1 工作标准名称释义

财务会议工作标准是指单位的会计机构或管理部门为贯彻执行国家财务会计制度，加强财务管理和会计核算等方面的工作，组织召开财务工作会议的工作规范。

2.1.2.1.2 工作标准基本表格

工作核心目标	召开财务会议，完成财务工作的商讨
工作开始时间	提出召开财务会议时
工作结束时间	财务会议进行总结时
相关工作地点	财务部门所在地、会场
相关工作单位	财务部门；参加会议部门
相关工作人员	会计机构负责人岗位、相关会计工作岗位、单位负责人、行政工作岗位
备　　注	会议是推动工作的最基本方法及活动

2.1.2.1.3 工作标准所需资料

资料类型	编码	资料名称	单位	原件数	复印数
事前准备资料	01	召开会议建议	份	1	0
	02	会议资料	套	1	0
	03	召开会议通知	份	1	0
	04	《会议工作方案》	份	1	0
	05	会议须知	份	1	0
事中产生资料	06	会议签到簿	份	1	0
	07	会议记录	份	1	0
事后结果资料	08	会议决议文件	份	1	0
技术要求资料	09	《会议费用标准》	份	1	0
	10	《会议注意事项》	份	1	0

2.1.2.1.4 相关工作标准

标准编码	标准名称
0201	会议方案制定工作标准

2.1.2.1.5 工作标准流程图

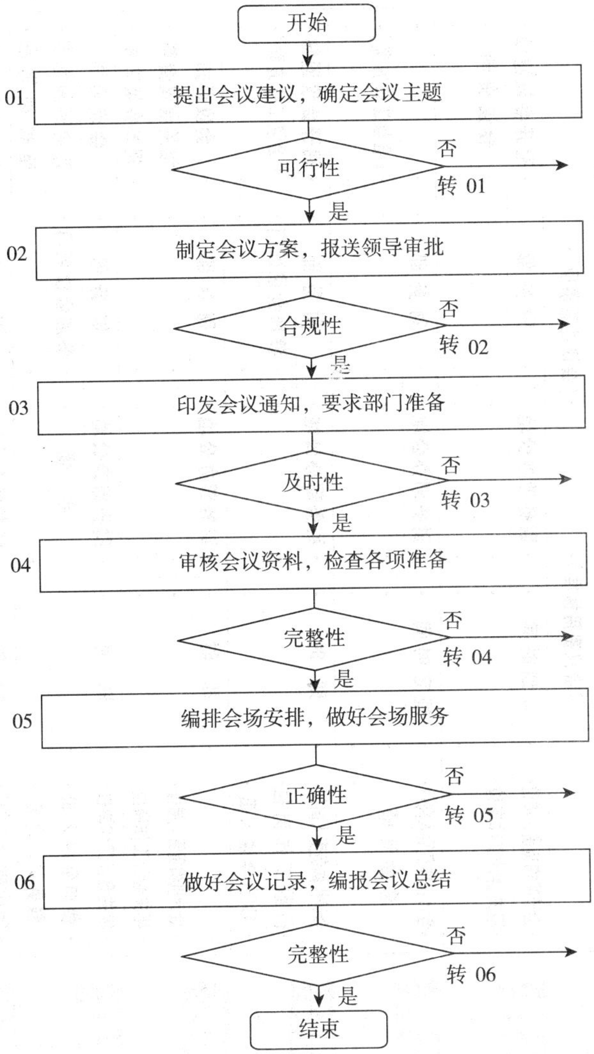

2.1.2.2 财务会议工作标准训练平台

工作名称 ·财务会议·工作标准·

·《会议费用标准》· ·《会议注意事项》·

工作流程	工作人员	工作时间	工作地点	工作单位	工作资料
开始					
提出会议建议 确定会议主题	会计机构负责人岗位	计划时间	财务部办公地	财务部	召开会议建议
	相关会计工作岗位				会议资料
可行性					
制定会议方案 报送领导审批	会计机构负责人岗位	规定时间	财务部办公地	财务部	
	总会计师				《会议工作方案》
合规性					
印发会议通知 要求部门准备	会计机构负责人岗位	即时	财务部办公地	财务部	召开会议通知
	行政工作岗位			参加会议部门	《会议工作方案》
	参加会议人员				
及时性					
审核会议资料 检查各项准备		即时	财务部办公地	财务部	会议通知
	会计机构负责人岗位				相关会议资料
	相关会计工作岗位				相关会议文件
完整性					
编排会场安排 做好会场服务	相关会计工作岗位	即时	财务部办公地	财务部	会议须知
	参加会议人员		会场	参加会议部门	开会时间地点
	服务员、保安				座位编排表
正确性					
做好会议记录 编报会议总结	会计机构负责人岗位	即时	财务部办公地	财务部	会议决议文件
	相关会计工作岗位		会场	参加会议部门	会议记录
					会议签到簿
完整性					
结束					

圆通会计工作能力训练平台

监制：中国工作标准研究院
出品：理财世界网

2.1.2.3 财务会议工作标准简述

财务会议工作标准是指单位会计机构或管理部门为贯彻执行国家财务会计制度、加强财务管理和会计核算等方面的工作，组织召开财务工作会议的工作规范。具体包括：

（1）工作核心目标：召开财务会议，完成财务工作商讨。

（2）开始工作时间：提出召开财务会议时。

（3）工作结束时间：财务会议形成会议纪要或文件。

（4）相关工作地点：指完成财务会议工作的场所或涉及的工作环境，如财务部所在地或会议室等，各单位可根据自身实际对此项内容进行准确化修改。

（5）相关工作单位：指完成财务会议工作涉及的主要单位，包括财务部及相关各部门等。

（6）工作相关人员：指完成财务会议工作涉及的主要工作人员，包括会计机构负责人岗位、相关会计工作岗位、单位负责人、行政工作岗位等。

（7）事前准备资料：指完成财务会议工作需要准备的召开财务会议的建议等资料。

（8）事中产生资料：指接受任务后，在完成工作任务的过程中产生的会议方案及会议记录资料或文件等，需要按照完成财务会议工作中产生的时间顺序排列中间文件的清单。

（9）事后结果资料：指工作任务完成后形成的与财务会议工作标准核心目标相对应的会议纪要等。

（10）技术要求资料：指完成财务会议工作需要遵守的国家法规和行业制度、单位制度等文件规定的具体内容，如《国家行政机关公文处理办法》涉及的内容。

（11）内部控制措施：指完成财务会议工作需要表现的内部控制思想或适应的内部控制环节、内部控制点、内部控制工具。

另外，完成财务会议工作标准，必须明确工作过程需要的资料清单、数量、单位及需要遵守的技术标准资料及管理标准资料。

对任何一项财务会议工作，需要对工作完成过程的每一个环节按照先后顺序进行排序，形成该财务会议工作标准的业务处理、控制流程。

（12）工作开始标志：提出召开财务会议标志财务会议工作“开始”。

（13）工作核心环节排序，具体要求是：

①提出会议建议，确定会议主题；

②制定会议方案，报送领导审批；

③印发会议通知，要求部门准备；

④审核会议资料，检查各项准备；

⑤编排会场安排，做好会场服务；

⑥做好会议记录，编报会议总结。

（14）不同环节结果判断：总体来讲，根据“技术要求资料”对处理环节的处理结果进行判断，每一环节都有“真实性、及时性、完整性、可行性、合规性、正确性、合法性”等判断选择，这些判断的前提是熟悉技术要求资料，即各种文件要求内容，根据文件要求作出这些判断用语，也是工作进行中下一步三角判断框中的必选用语。

（15）不利结果修正：根据判断结果“是或否”来作出判断，明确下一步处理的路径方向，根据“是或否”来确定返回修改环节、终止还是继续下一步工作。这是体现内部控制思想、保证工作质量的重要标志。

（16）工作结束标志：完成财务会议工作标准规定的工作环节后，使用“归档”或“结束”标志工作结束。

2.1.3 业务接待服务工作标准

2.1.3.1 业务接待服务工作标准

标准编码：0313

标准名称：业务接待服务工作标准

2.1.3.1.1 工作标准名称释义

业务接待服务工作标准是指对来本单位进行学习、参观、访问、考察、调研、检查指导工作的重要宾客进行服务的工作规范。

2.1.3.1.2 工作标准基本表格

工作核心目标	接待来宾
工作开始时间	接到来宾方致函或通知
工作结束时间	送来宾返回
相关工作地点	财务部门所在地　机场车站　接待部门办公地　宾馆

续表

相关工作单位	财务部门　来宾方单位　相关接待部门
相关工作人员	会计机构负责人岗位　相关会计工作岗位　单位负责人　接待会计岗位　司机　分管领导岗位　陪同人员接待领导
备　　注	财会人员应当学习了解综合工作，能力更全面

2.1.3.1.3　工作标准所需资料

资料类型	编码	资料名称	单位	原件数	复印数
事前准备资料	01	来宾方单位致函或通知	份	1	0
事中产生资料	02	《接待工作方案》	份	1	0
	03	接待赠送的礼品	份	1	0
事后结果资料	04	接待工作总结	份	1	0
技术要求资料	05	接待工作规定	份	1	0

2.1.3.1.4　相关工作标准

标准编码	标准名称
0314	接待工作方案编制工作标准

2.1.3.1.5 工作标准流程图

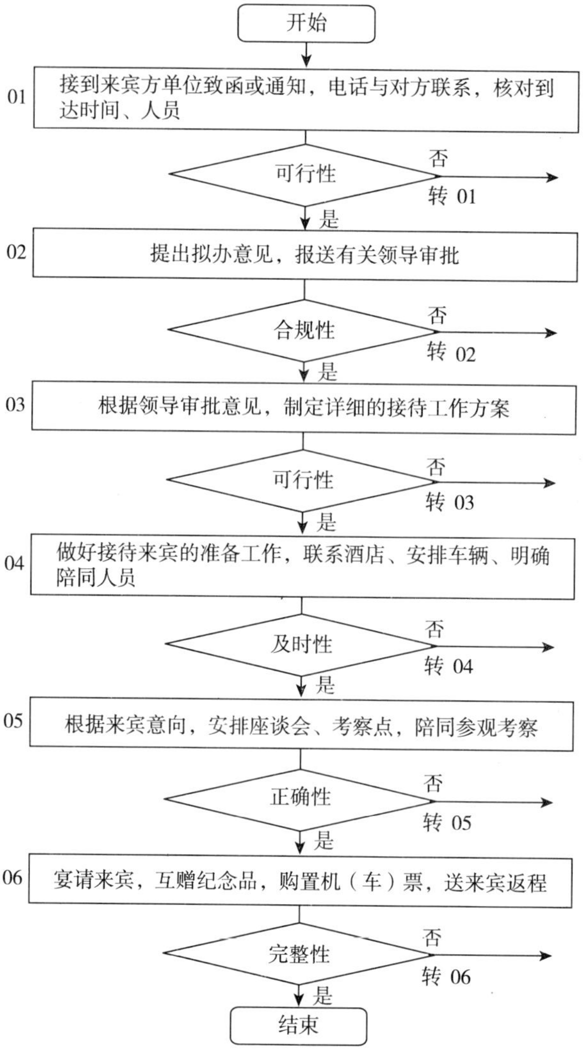

2.1.3.2 业务接待服务工作标准训练平台

工作名称：·接待服务··工作标准·

工作流程	工作人员	工作时间	工作地点	工作单位	工作资料
开始		《会议工作规则》		《接待工作规定》	
接到来宾函电通知 财务部门同意接待	会计机构负责人岗位	接到来宾函电时	财务部门办公地	财务部	来宾方致函电
	相关会计工作岗位			来宾方单位	
可行性					
提出接待方案 单位领导批示	单位负责人岗位	即时	财务部门办公地	财务部	来宾单位致函电记录
	接待会计岗位				拟办意见
合规性					领导批示
修订详细接待方案 进行接待细节安排	会计机构负责人岗位	即时	财务部办公地	财务部	座谈会
	接待会计岗位				考察点
可行性					《接待工作方案》
做好接待准备 按时接机接站	会计机构负责人岗位	计划时间	机场车站	财务部	联系酒店
	接待会计岗位				安排车辆
及时性	司机				
按照来宾意向要求 执行接待工作方案	分管领导岗位	计划时间	接待部门办公地	财务部	座谈会
	陪同人员			相关接待部门	考察点
正确性					人文自然景观介绍资料
宴请互赠礼品 按时送客返程	会计机构负责人岗位	安排时间	宾馆	财务部	礼品
	接待领导				宴请
完整性	陪同人员				车票机票
结束					

圆通会计工作能力训练平台

监制：中国工作标准研究院
出品：理财世界网

2.1.3.3 业务接待服务工作标准简述

接待服务工作标准是指对来本单位进行学习、参观、访问、考察、调研、检查指导工作的重要宾客进行服务的工作规范。具体包括：

（1）工作核心目标：指接待来宾服务工作。

（2）开始工作时间：接到来宾函电或者通知。

（3）工作结束时间：来宾返回后。

（4）相关工作地点：指完成接待服务工作的场所或涉及的工作环境，包括财务部门所在地、机场车站、接待部门办公地、宾馆等。各单位可根据自身实际对此项内容进行准确化修改。

（5）相关工作单位：指完成接待服务工作涉及的主要单位，如财务部门、来宾方单位、相关接待部门等。

（6）工作相关人员：指完成接待服务工作涉及的主要工作人员，包括会计机构负责人岗位、相关会计工作岗位、单位负责人、接待会计岗位、司机、分管领导岗位、陪同人员接待领导等。

（7）事前准备资料：指接受工作任务后，完成接待服务工作需要准备的来宾方函件等资料。

（8）事中产生资料：指接受任务后，在完成工作任务过程中产生的接待方案等资料或文件，需要按照完成接待服务工作中产生的时间顺序排列中间文件的清单。

（9）事后结果资料：指工作任务完成后形成的接待总结等。

（10）技术要求资料：指完成接待服务工作需要遵守的相关文件规定的具体内容，如《会议工作规则》、《接待工作规范》等。

（11）内部控制措施：指完成接待服务工作需要表现的内部控制思想或适应的内部控制环节、内部控制点、内部控制工具。

另外，完成接待服务工作标准，必须明确工作过程需要的资料清单、数量、单位及需要遵守的技术标准资料及管理标准资料。

对任何一项接待服务工作，需要对工作完成过程的每一个环节按照先后顺序进行排序，形成该接待服务工作标准的业务处理、控制流程。

（12）工作开始标志：接到来宾致函或通知标志接待服务工作“开始”。

（13）工作核心环节排序，具体要求是：

①接到来宾函电通知，财务部门同意接待；

②提出接待方案，单位领导批示；

③修订详细接待方案，进行接待细节安排；

④做好接待准备，按时接机接站；

⑤按照来宾意向要求，执行接待工作方案；

⑥宴请及互赠礼品，按时送客返程。

(14) 不同环节结果判断：总体来讲，根据“技术要求资料”对处理环节的处理结果进行判断，每一环节都有“真实性、及时性、完整性、可行性、合规性、正确性、合法性”等判断选择，这些判断的前提是熟悉技术要求资料，即各种文件要求内容，根据文件要求作出这些判断用语，也是工作进行中下一步三角判断框中的必选用语。

(15) 不利结果修正：根据判断结果“是或否”来作出判断，明确下一步处理的路径方向，根据“是或否”来确定返回修改环节、终止还是继续下一步工作。这是体现内部控制思想、保证工作质量的重要标志。

(16) 工作结束标志：完成接待服务工作标准规定的工作环节后，使用“归档”或“结束”标志结束工作。

2.1.4　财务审批工作标准

2.1.4.1　财务审批工作标准

标准编码：2406

标准名称：财务审批工作标准

2.1.4.1.1　工作标准名称释义

财务审批工作标准是指企业内拥有财务审批权限的管理部门领导或职能管理工作岗位在业务支出经济事项中办理财务审批的工作规范。

2.1.4.1.2　工作标准基本表格

工作核心目标	完成办理业务事项的财务审批工作
工作开始时间	整理、准备需审批的有关经济业务事项时
工作结束时间	经济事项经各级审批完成时
相关工作地点	业务部门办公地　各职能管理部门所在地　财务部门办公地　董事会办公地
相关工作单位	财务部门　业务经办单位　各职能管理部门　董事会

续表

相关工作人员	会计机构负责人　审批人　相关会计工作岗位　法人代表　业务经办人　业务经办单位负责人
备　注	

2.1.4.1.3　工作标准所需资料

资料类型	编码	资料名称	单位	原件数	复印数
事前准备资料	01	财务审批资料	份	1	1
	02	财务申报资料	套	1	0
	03	重大财务审批资料	套	1	0
事后结果资料	04	财务审批意见资料	套	1	0
技术要求资料	05	《企业财务管理制度》	份	1	0
	06	《企业内部控制规范》	册	1	0
	07	《企业内部控制基本规范》	份	1	0

2.1.4.1.4　相关工作标准

标准编码	标准名称
2403	管理费用报销审批流程设置工作标准

2.1.4.1.5 工作标准流程图

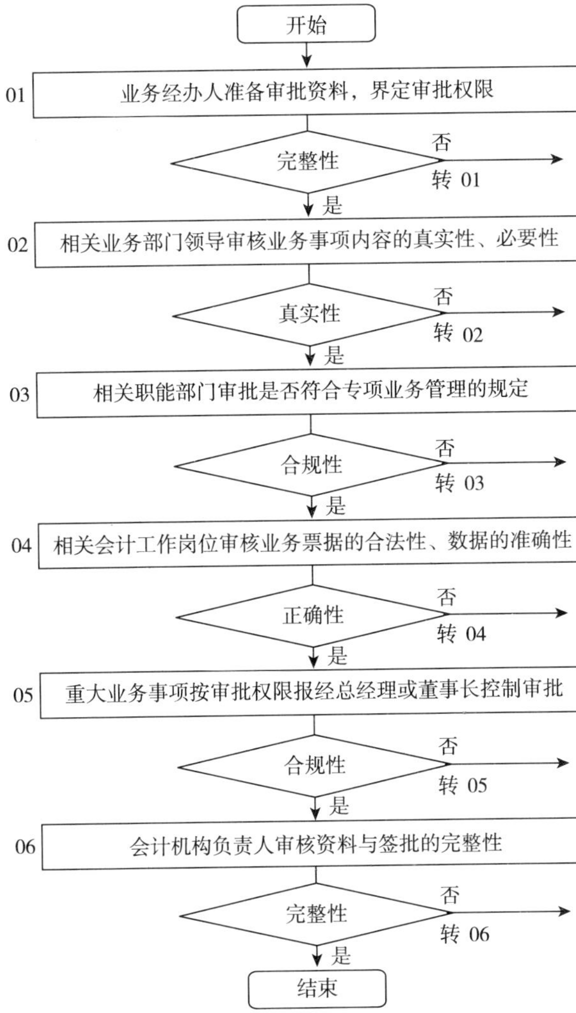

2.1.4.2 财务审批工作标准训练平台

工作名称 ·财务审批· ·工作标准·

工作流程	工作人员	工作时间	工作地点	工作单位	工作资料
开始		《企业内部控制规范》		《企业内部控制基本规范》	
准备申批资料 界定审批权限		规定时间	业务部门办公地	业务经办部门	企业财务管理制度
	业务经办人				财务申批资料
完整性					
业务部门领导 必要真实审批	业务部门负责人	即时	业务部门办公地	业务经办部门	财务申报资料
	业务经办人				
真实性					
相关职能部门 专项管理审批	职能管理负责人	即时	职能管理部门办公地	职能管理部门	财务申批资料
	业务经办人			业务经办部门	
合规性					
相关会计岗位 票据数据审核	相关会计工作岗位	即时	财务部办公地	财务部	财务申报资料
	业务经办人			业务经办部门	
正确性					
重大财务事项 高层管理审批	总会计师	即时	董事会办公地	董事会	
	董事长、总经理			经理部	重大财务审批资料
合规性	业务经办人			业务经办部门	
会计机构负责 完整确认审批	会计机构负责人	即时	财务部办公地	财务部	财务审批意见资料
	业务经办人			业务经办部门	
完整性					
结束					

圆通会计工作能力训练平台

监制：中国工作标准研究院
出品：理财世界网

2.1.4.3 财务审批工作标准简述

财务审批工作标准是指企业内各级领导、职能管理部门、职能管理人员进行财务审批的工作规范。具体是:

（1）工作核心目标：完成有关经济业务事项的财务审批。

（2）开始工作时间：整理、准备需审批的有关经济业务事项时。

（3）工作结束时间：经济事项经各级审批完成时。

（4）相关工作地点：指完成财务审批工作的场所或涉及的工作环境，如财务部办公地、经理部办公地、业务部门办公地等，各单位可根据自身实际对此项内容进行准确化修改。

（5）相关工作单位：指完成财务审批工作涉及的主要单位部门，包括财务部、业务部门、经理部、董事会等。

（6）工作相关人员：指完成财务审批工作涉及的主要工作人员，包括业务经办人、相关会计工作岗位、业务部门审批人、会计机构负责人、总经理、董事长等。

（7）事前准备资料：指的是接受工作任务后，完成财务审批工作需要准备的资料或物品。

（8）事中产生资料：指在完成工作任务过程中，产生的新发票、入库单等重要资料，需要按照完成财务审批工作中产生的时间顺序排列中间文件。

（9）事后结果资料：指工作任务完成后形成的的费用报销单及记账凭证。

（10）技术要求资料：指完成财务审批工作需要遵守的国家法规和行业制度、单位制度等文件规定的具体内容，如《企业内部控制规范》、《企业内部控制基本规范》等。

（11）内部控制措施：指完成财务审批工作需要表现的内部控制思想或适应的内部控制环节、内部控制点、内部控制工具。

对任何一项财务审批工作，需要对工作完成过程的每一个环节按照先后顺序进行排序，形成该财务审批工作标准的业务处理、控制流程。

（12）工作开始标志：整理各种审批事项标志财务审批工作“开始”。

（13）工作核心环节排序，具体要求是：

①业务经办人准备审批资料，界定审批权限；

②业务部门领导审核业务事项内容的真实性、必要性；

③相关职能部门审批是否符合专项业务管理的规定；

④相关会计工作岗位审核业务票据的合法性、数据的准确性；

⑤重大业务事项报经总经理或董事长控制审批；

⑥会计机构负责人审核资料与签批的完整性。

（14）不同环节结果判断：总体来讲，根据“技术要求资料”对处理环节的处理结果进行判断，每一环节都有“真实性、及时性、完整性、可行性、合规性、正确性、合法性”等判断选择，这些判断的前提是熟悉技术要求资料，即各种文件要求内容，根据文件要求作出这些判断用语，也是工作进行中下一步三角判断框中的必选用语。

（15）不利结果修正：根据判断结果“是或否”来作出判断，明确下一步处理的路径方向，根据“是或否”来确定返回修改环节、终止还是继续下一步工作。这是体现内部控制思想、保证工作质量的重要标志。

（16）工作结束标志：完成财务审批工作标准规定的工作环节后，使用“结束”标志结束工作。

2.1.5 财务公文处理工作标准

2.1.5.1 财务公文处理工作标准

标准编码：0115

标准名称：公文处理工作标准

2.1.5.1.1 工作标准名称释义

财务公文处理工作标准是指企业外来公文处理职能划归财务部门处理，外来文件保管与会计档案合并保管的情况下对接收到的上级机关各类文件按照有关规定进行登记、分发、传阅等处理的工作规范。

2.1.5.1.2 工作标准基本表格

工作核心目标	处理外来文件
工作开始时间	接收公文
工作结束时间	公文处理完毕
相关工作地点	财务部门所在地　财务负责人办公地　总经理办公地　相关部门办公地　会计档案室
相关工作单位	财务部门　总经理办公室　相关部门

续表

相关工作人员	会计机构负责人岗位　总经理　相关部门负责人　会计档案和外来文件档案管理岗位
备　注	

2.1.5.1.3　工作标准所需资料

资料类型	编码	资料名称	单位	原件数	复印数
事前准备资料	01	收文登记簿	份	1	0
事中产生资料	02	发文登记簿	份	1	0
事后结果资料	03	收文回执单	份	1	0
技术要求资料	04	公文处理工作规定	份	1	0

2.1.5.1.4　相关工作标准

标准编码	标准名称
2406	财务审批工作标准

2.1.5.1.5 工作标准流程图

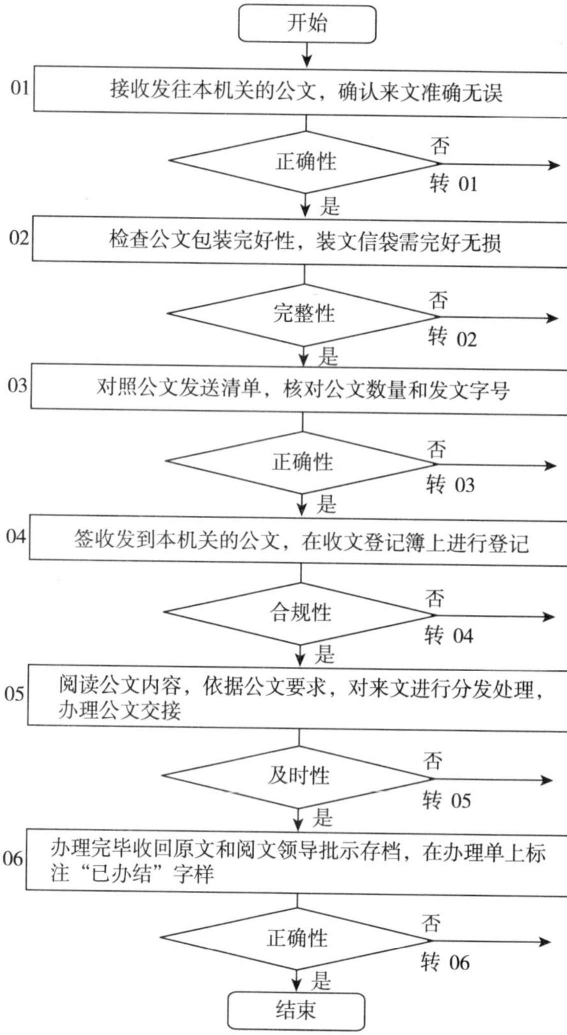

2.1.5.2　财务公文处理工作标准训练平台

工作名称：·公文处理·　·工作标准·

《公文处理条例》　《公文处理实施细则》

工作流程	工作人员	工作时间	工作地点	工作单位	工作资料
开始					
收到发来公文 确认发文部门	会计档案管理岗位	接收公文时	财务部办公地	财务部	文件、资料
	送件人			发文单位	公文、信函
正确性					
检查来文包装 是否完整无损	会计档案管理岗位	即时	财务部办公地	财务部	公文包装
	送件人			发文单位	
完整性					
对照发文清单 核对数量字号	会计档案管理岗位	即时	财务部办公地	财务部	公文及公文清单
	送件人			发文单位	
正确性					
签名确认收妥 进行收文登记	会计档案管理岗位	即时	财务部办公地	财务部	发文登记簿（发文单位）
	送件人			发文单位	收文登记簿（收文单位）
合规性					公文
阅读公文内容 进行分发处理	会计机构负责人岗位	规定时间	财务部办公地	财务部	公文处理工作规定
	相关会计工作岗位				公文处理
及时性	会计档案管理岗位				
阅文执行完毕 办理公文存档	相关会计工作岗位	即时	档案室	财务部	会计档案
	会计档案管理岗位				文件、资料
正确性					
结束					

圆通会计工作能力训练平台

监制：中国工作标准研究院　出品：理财世界网

2.1.5.3 财务公文处理工作标准简述

公文处理工作标准是指企业外来公文处理职能划归财务部门处理，外来文件保管与会计档案合并保管的情况下对接收到的上级机关各类文件按照有关规定进行登记、分发、传阅等处理的工作规范。具体包括：

（1）工作核心目标：指处理外来文件。

（2）开始工作时间：接受公文。

（3）工作结束时间：指处理公文完毕。

（4）相关工作地点：是完成公文处理工作时的工作场所或涉及的工作环境，包括财务部门所在地、财务负责人办公地、总经理办公地、相关部门办公地、会计档案室。各单位可根据自身实际对此项内容进行准确化修改。

（5）相关工作单位：指完成公文处理工作涉及的主要单位部门，包括财务部门、总经理办公室、相关部门等。

（6）工作相关人员：指完成公文处理工作涉及的主要工作人员，包括会计机构负责人、总经理、相关部门负责人、会计档案和外来文件档案管理岗位等。

（7）事前准备资料：指接受工作任务后，完成公文处理工作需要准备的空白收文登记簿等资料。

（8）事中产生资料：指接受任务后，在完成工作过程中产生的收文登记簿等重要资料或文件，需要按照完成公文处理工作中产生的时间顺序排列中间文件的清单。

（9）事后结果资料：指工作任务完成后的标志资料或结果文件。

（10）技术要求资料：指完成公文处理工作需要遵守的国家法规和行业制度、单位制度等资料的具体内容，如《公文处理条例》、《公文处理实施细则》。

另外，完成公文处理工作标准必须明确工作过程需要的资料清单、数量、单位及需要遵守的技术标准资料及管理标准资料。

（11）内部控制措施：指完成公文处理工作需要表现的内部控制思想或适应的内部控制环节、内部控制点、内部控制工具。

对任何一项公文处理工作，需要综合考虑工作完成的过程，对每一个工作环节按照先后顺序进行排序，形成该公文处理工作标准的业务处理、控制流程。

（12）工作开始标志：接收公文标志工作“开始”。

（13）工作核心环节排序包括：

①收到发来公文，确认发文部门；

②检查来文包装，是否完整无损；

③对照发文清单，核对数量字号；

④签名确认收妥，进行收文登记；

⑤阅读公文内容，进行分别处理；

⑥阅文执行完毕，办理公文存档。

（14）不同环节结果判断：总体来讲，根据“技术要求资料”对处理环节的处理结果进行判断，每一环节都有“真实性、及时性、完整性、可行性、合规性、正确性、合法性”等判断选择，这些判断的前提是熟悉技术要求资料，即各种文件要求内容，根据文件要求作出这些判断用语，也是工作进行中下一步三角判断框中的必选用语。

（15）不利结果修正：根据判断结果“是或否”来作出判断，明确下一步处理的路径方向，根据“是或否”来确定返回修改环节、终止还是继续下一步工作。这是体现内部控制思想、保证工作质量的重要标志。

（16）工作结束标志：完成公文处理工作标准规定的工作环节后，使用“归档”或“结束”标志结束工作。

2.1.6 会计工作标准维护

2.1.6.1 会计工作标准维护工作标准

标准编码：0401

标准名称：会计工作标准维护工作标准

2.1.6.1.1 工作标准名称释义

会计工作标准维护工作标准是指会计机构负责人对会计工作标准在执行过程中根据实践的检验以及国家法规制度的变化对其进行改进、修正、完善的工作规范。

2.1.6.1.2 工作标准基本表格

工作核心目标	使会计工作标准始终保持其适用性、合规性、合法性
工作开始时间	会计工作标准执行时
工作结束时间	完成会计工作标准的维护工作
相关工作地点	财务部门办公地

续表

相关工作单位	财务部门
相关工作人员	会计机构负责人　稽核岗位
备　　注	

2.1.6.1.3 工作标准所需资料

资料类型	编码	资料名称	单位	原件数	复印数
事前准备资料	01	会计工作标准	份	1	0
事中产生资料	02	会计工作标准执行存在问题记录	份	1	0
事后结果资料	03	改进后的会计工作标准	份	1	0
技术要求资料	04	《会计法》	份	1	1
	05	《企业会计准则》	本	1	0
	06	《企业内部控制规范》	册	1	0
	07	《会计基础工作规范》	册	1	1

2.1.6.1.4 相关工作标准

标准编码	标准名称
0101	专项会计制度起草工作标准
0102	完善会计核算体系工作标准

2.1.6.1.5　工作标准流程图

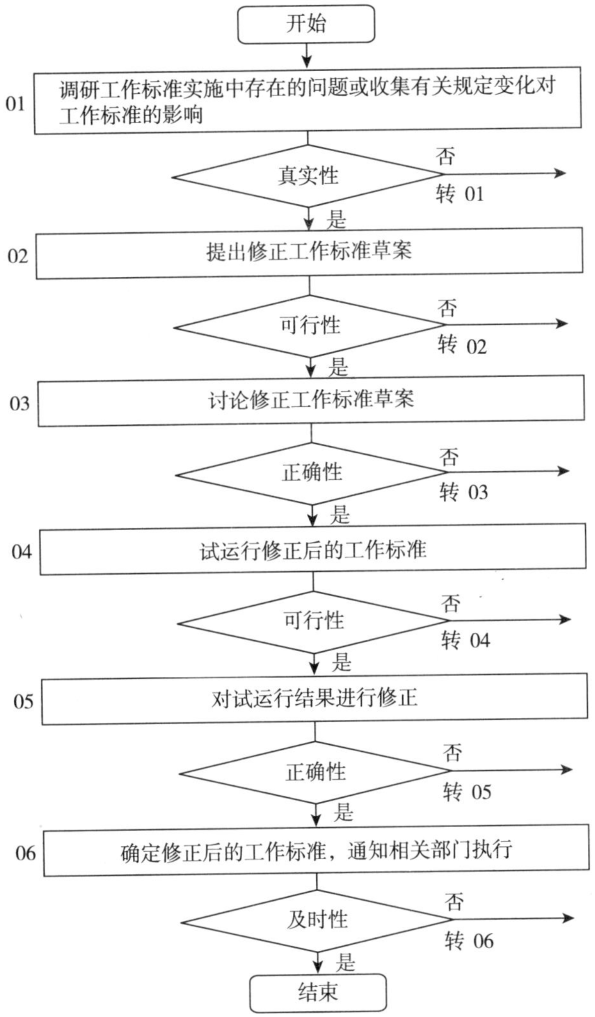

2.1.6.2 会计工作标准维护工作标准训练平台

工作名称：会计工作标准维护·工作标准

《圆通会计工作标准》 《企业内部控制制度》

工作流程	工作人员	工作时间	工作地点	工作单位	工作资料
开始					
调研实施存在问题收集法规变化影响	稽核与内控岗位	标准执行中	财务部办公地	财务部	会计工作标准
	该工作标准岗位				标准存在问题资料
真实性					
提出修正工作标准草案	会计机构负责人	即时	财务部办公地	财务部	会计工作标准
	稽核与内控岗位				工作标准修正草案
可行性					
讨论修正工作标准草案	会计机构负责人	即时	财务部办公地	财务部	会计工作标准
	稽核与内控岗位				工作标准修订草案
正确性					
工作标准修正试运行	会计机构负责人	即时	财务部办公地	财务部	试运行工作标准
	稽核与内控岗位				
可行性					
对试运行结果进行修正	会计机构负责人	即时	财务部办公地	财务部	工作标准修正文件
	稽核与内控岗位				
正确性					
确定修正工作标准通知相关部门执行	会计机构负责人	规定时间	财务部办公地	财务部	修正后的会计工作标准
	稽核与内控岗位			相关单位	执行通知
及时性					
结束					

圆通会计工作能力训练平台

监制：中国工作标准研究院
出品：理财世界网

2.1.6.3　会计工作标准维护工作标准简述

会计工作标准维护工作标准是指会计机构负责人对会计工作标准在执行过程中根据实践的检验以及国家法规制度的变化对其进行改进、修正、完善的工作规范。具体包括：

（1）工作核心目标：使会计工作标准始终保持其适用性、合规性、合法性。

（2）开始工作时间：会计工作标准执行时。

（3）工作结束时间：完成会计工作标准维护工作。

（4）相关工作地点：指完成会计工作标准维护工作时的工作场所或涉及的工作环境，包括财务部所在地、财务负责人办公地。各单位可根据自身实际对此项内容进行准确化修改。

（5）相关工作单位：指完成会计工作标准维护工作涉及的主要单位部门，包括财务部及相关部门。

（6）工作相关人员：指完成会计工作标准维护工作涉及的主要工作人员，包括会计机构负责人、稽核与内控岗位等。

（7）事前准备资料：指接受工作任务后，对完成会计工作标准维护工作需要准备的会计工作标准资料，这些资料包括技术资料文件清单中提出或要求的资料，也包括完成会计工作标准维护工作时需要提前完成的调研资料、参考资料或档案资料。

（8）事中产生资料：指接受任务后，在完成工作任务过程中产生的新的资料，需要按照完成会计工作标准维护工作中产生的时间顺序排列中间文件的清单。如新的会计工作标准、新的财务制度文件、新的会计制度文件、改进工作流程的建议、工作任务修正文件等。

（9）事后结果资料：指工作任务完成后形成的新的会计工作标准，通知相关部门及人员执行新的文件。

（10）技术要求资料：指完成会计工作标准维护工作需要遵守的国家法规和行业制度、单位制度等资料的具体内容，如《企业内部控制制度》等。

（11）内部控制措施：指完成会计工作标准维护工作需要表现的内部控制思想或适应的内部控制环节、内部控制点、内部控制工具。

对任何一项会计工作标准维护工作，需要综合考虑完成会计工作标准维护工作的业务处理、控制流程。

（12）工作开始标志：接受会计工作标准维护任务标志会计工作标准维护工作“开始”。

（13）工作核心环节排序，具体要求是：

①调研工作标准实施中存在的问题或收集有关规定变化对工作标准的影响；

②提出修正工作标准草案；

③讨论修正工作标准草案；

④试运行修正后的工作标准；

⑤对试运行结果进行修正；

⑥确定修正后的工作标准，通知相关部门执行。

（14）不同环节结果判断：总体来讲，根据“技术要求资料”对处理环节的处理结果进行判断，每一环节都有“真实性、及时性、完整性、可行性、合规性、正确性、合法性”等判断选择，这些判断的前提是熟悉技术要求资料，即各种文件要求内容，根据文件要求作出这些判断用语，也是工作进行中下一步三角判断框中的必选用语。

（15）不利结果修正：根据判断结果“是或否”来作出判断，明确下一步处理的路径方向，根据“是或否”来确定返回修改环节、终止还是继续下一步工作。这是体现内部控制思想、保证工作质量的重要标志。

（16）工作结束标志：完成会计工作标准维护工作标准规定的工作环节后，使用“结束”标志结束工作。

2.2 财务综合管理岗位工作标准

2.2.1 记账凭证编制工作标准

2.2.1.1 记账凭证编制工作标准

标准编码：0201

标准名称：记账凭证编制工作标准

2.2.1.1.1 工作标准名称释义

记账凭证编制工作标准是指审核制证岗位根据经济活动发生的业务事项

及相关原始凭证进行会计处理、编制记账凭证的工作规范。

2.2.1.1.2 工作标准基本表格

工作核心目标	编制记账凭证
工作开始时间	制证人员取得审核无误的原始凭证
工作结束时间	记账凭证编制完成时
相关工作地点	财务部门办公地
相关工作单位	财务部门
相关工作人员	会计机构负责人　审核制证岗位
备　注	

2.2.1.1.3 工作标准所需资料

资料类型	编码	资料名称	单位	原件数	复印数
事前准备资料	01	相关业务资料	份	1	0
	02	原始票据	套	1	0
事中产生资料	03	原始凭证审核资料	份	1	0
事后结果资料	04	记账凭证	份	1	0
技术要求资料	05	《会计法》	份	1	0
	06	《会计基础工作规范》	份	1	0
	07	《企业会计准则》	本	1	0

2.2.1.1.4 相关工作标准

标准编码	标准名称
0213	记账凭证审核工作标准

2.2.1.1.5 工作标准流程图

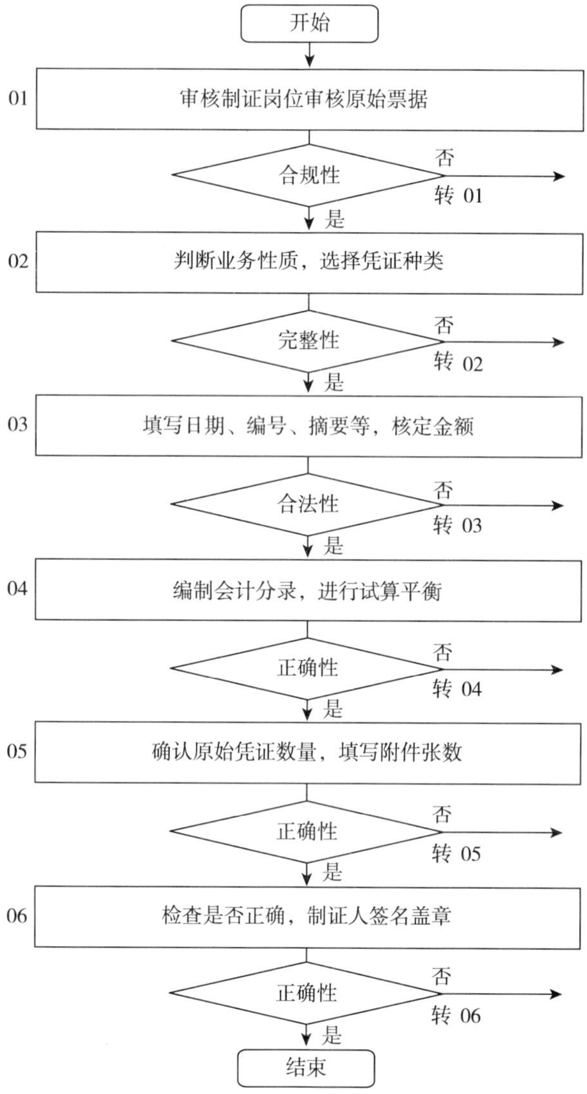

2.2.1.2 记账凭证编制工作标准训练平台

工作名称：记账凭证编制·工作标准

《企业会计制度》 《会计基础工作规范》

工作流程	工作人员	工作时间	工作地点	工作单位	工作资料
开始					
受理业务事项 审核原始票据	审核制证岗位	受理业务事项时	财务部办公地	财务部	
	业务经办人			业务经办部门	相关业务票据
合规性					
判断业务性质 选择凭证种类	审核制证岗位	即时	财务部办公地	财务部	相关业务票据
	业务经办人			业务经办部门	空白会计凭证
完整性					
填写日期、核定 金额、摘要等	审核制证岗位	即时	财务部办公地	财务部	原始凭证资料
	业务经办人			业务经办部门	会计记账凭证
合法性					
编制会计分录 进行试算平衡	审核制证岗位	即时	财务部办公地	财务部	原始凭证资料
	业务经办人			业务经办部门	会计记账凭证
正确性					原始凭证汇总表
确认原始凭证数 量填写附件张数	审核制证岗位	即时	财务部办公地	财务部	原始凭证资料
	业务经办人			业务经办部门	会计记账凭证
正确性					
检查正确无误 制证人签名盖章	审核制证岗位	编写完成时	财务部办公地	财务部	原始凭证资料
	业务经办人			业务经办部门	会计记账凭证
正确性					
结束					

圆通会计工作能力训练平台

监制：中国工作标准研究院
出品：理财世界网

2.2.1.3 记账凭证编制工作标准简述

记账凭证编制工作标准是指审核制证岗位会计根据经济活动发生的业务事项及相关原始凭证进行会计处理、编制记账凭证的工作规范。具体包括：

（1）工作核心目标：指根据单位会计核算制度和原始票据，正确及时编制出记账凭证。

（2）开始工作时间：制证人员取得审核无误的原始凭证。

（3）工作结束时间：记账凭证编制完成。

（4）相关工作地点：完成记账凭证编制工作的工作场所，包括财务部门办公地等，各单位可根据自身实际对此项内容进行准确化修改。

（5）相关工作单位：指完成记账凭证编制工作涉及的主要单位，即财务部。

（6）工作相关人员：指完成记账凭证编制工作涉及单位的具体工作人员，包括审核制证岗位。

（7）事前准备资料：指接受工作任务后，完成记账凭证编制工作需要准备的原始凭证等资料。

（8）事中产生资料：指接受任务后，在完成工作过程中，产生的原始凭证审核资料或文件。

（9）事后结果资料：指工作任务完成后编制的记账凭证。

（10）技术要求资料：指完成记账凭证编制工作需要遵守的《会计基础工作规范》、《企业会计准则》、《中华人民共和国会计法》、《资金管理制度》、《财务管理制度》等。

（11）内部控制措施：是指完成记账凭证编制工作需要表现的内部控制思想或适应的内部控制环节、内部控制点、内部控制工具。

对任何一项记账凭证编制工作，需要综合考虑工作完成的过程，对记账凭证编制工作的每一个环节按照先后顺序进行排序，形成该记账凭证编制工作标准的业务处理、控制流程。

（12）工作开始标志：受理业务，取得审核无误的原始凭证标志记账凭证编制工作“开始”。

（13）工作核心环节排序，具体要求是：

①审核制证岗位审核原始票据。

②判断业务性质，选择凭证种类。

③填写日期、编号、摘要等，核定金额。

④编制会计分录，进行试算平衡。

⑤确认原始凭证数量，填写附件张数。

⑥检查是否正确，制证人签名盖章。

（14）不同环节结果判断：总体来讲，根据“技术要求资料”对处理环节的处理结果进行判断，每一环节都有“真实性、及时性、完整性、可行性、合规性、正确性、合法性”等判断选择，这些判断的前提是熟悉技术要求资料，即各种文件要求内容，根据文件要求作出这些判断用语，也是工作进行中下一步三角判断框中的必选用语。

（15）不利结果修正：根据判断结果“是或否”来作出判断，明确下一步处理的路径方向，根据“是或否”来确定返回修改环节、终止还是继续下一步工作。这是体现内部控制思想、保证工作质量的重要标志。

（16）工作结束标志：完成记账凭证编制工作标准规定的工作环节后，使用“结束”标志结束工作。

2.2.2 会计记账工作标准

2.2.2.1 会计记账工作标准

标准编码：0508

标准名称：会计记账工作标准

2.2.2.1.1 工作标准名称释义

会计记账工作标准是指相关会计岗位依照会计制度与企业核算需要设置及启用会计账簿、记账、对账及结账的工作规范。

2.2.2.1.2 工作标准基本表格

工作核心目标	完成会计账簿的登记工作
工作开始时间	公司成立或年初
工作结束时间	日末、月末、年末
相关工作地点	财务部门办公地
相关工作单位	财务部
相关工作人员	会计机构负责人 总账与报表岗位 其他有关会计核算岗位 出纳岗位
备 注	会计电算化记账工作标准化现在软件程序中

2.2.2.1.3 工作标准所需资料

资料类型	编码	资料名称	单位	原件数	复印数
事前准备资料	01	会计科目设置明细表	份	1	1
	02	会计账簿设置明细表	份	1	1
	03	空白会计账簿	套	1	1
	04	账簿初始化资料	套	1	1
事中产生资料	05	原始凭证	套	1	1
	06	记账凭证	份	1	0
	07	登记的总账账簿	册	1	0
	08	登记的明细账账簿	套	1	0
	09	登记的现金日记账账簿	本	1	0
	10	登记的银行存款日记账簿	册	1	0
事后结果资料	11	登记结转的总账账簿	册	1	0
	12	登记结转的明细账账簿	套	1	0
	13	登记结转的现金日记账账簿	册	1	0
	14	登记结转的银行存款日记账簿	册	1	0
技术要求资料	15	《企业会计准则》	本	1	0
	16	《会计基础工作规范》	册	1	0

2.2.2.1.4 相关工作标准

标准编码	标准名称
0502	会计科目设置工作标准

2.2.2.1.5　工作标准流程图

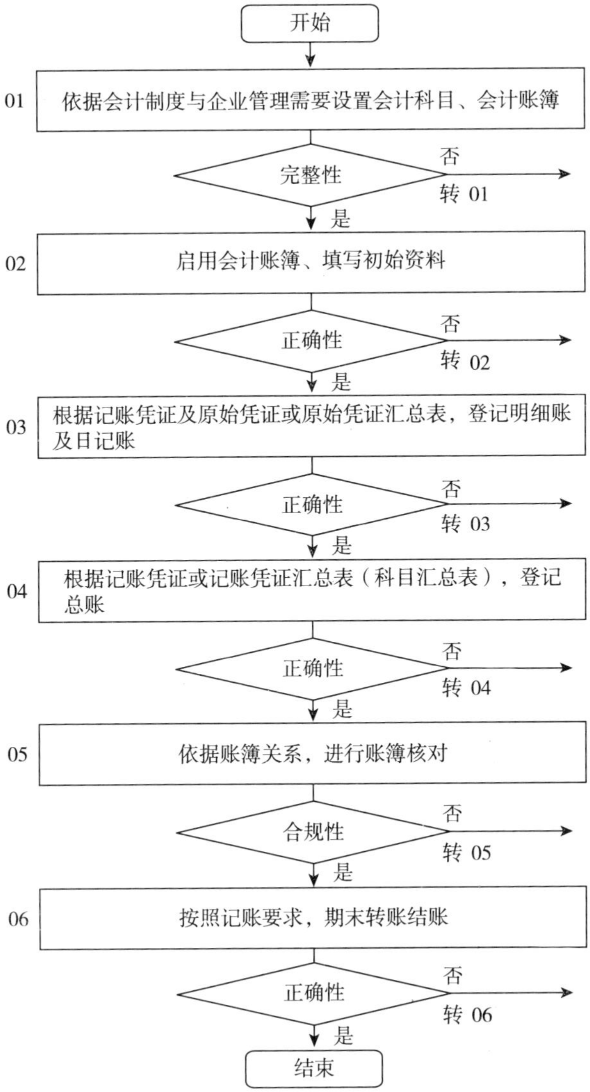

2.2.2.2 会计记账工作标准训练平台

工作名称：会计记账·工作标准

《企业会计准则》 《会计基础工作规范》

工作流程	工作人员	工作时间	工作地点	工作单位	工作资料
开始					
设置会计科目 建立会计账簿	会计机构负责人	公司成立或年初	财务部办公地	财务部	会计科目设置明细表
	总账与报表岗位				会计账簿设置明细表
完整性					
启用会计账簿 填写初始资料	相关会计岗位位	公司成立或年初	财务部办公地	财务部	初始化资料
	出纳岗位				填写的账簿启用表
正确性					初始化的账页账簿
根据相关凭证登记明细账及日记账	相关会计岗位	记账凭证复核后	财务部办公地	财务部	原始凭证
	出纳岗位				经复核的记账凭证
正确性					
根据相关凭证登记总账	总账与报表岗位	记账凭证复核后	财务部办公地	财务部	经复核的记账凭证
					会计科目汇总表
正确性					记账凭证汇总表
一局账簿关系 进行账簿核对	相关会计岗位	规定时间	财务部办公地	财务部	会计科目汇总表
	出纳岗位				总账、明细账
合规性					日记账
按照记账要求 期末转账结账	相关会计岗位	日末、月末、年末	财务部办公地	财务部	期末发生额与结余额
	出纳岗位				年末余额结转
正确性					
结束					

圆通会计工作能力训练平台

监制：中国工作标准研究院
出品：理财世界网

2.2.2.3　会计记账工作标准简述

会计记账工作标准是指相关会计岗位依照会计制度与企业核算需要设置及启用会计账簿、记账、对账及结账的工作规范。具体包括：

(1) 工作核心目标：完成有关会计账簿的登记工作。

(2) 开始工作时间：公司成立或者年初。

(3) 工作结束时间：日末、月末、年末。

(4) 相关工作地点：指完成会计记账工作时的工作场所，主要为财务部门办公地点，各单位可根据自身实际对此项内容进行修改。

(5) 相关工作单位：指完成会计记账工作涉及的单位，主要为财务部门。

(6) 工作相关人员：指完成会计记账工作涉及的具体工作人员：包括会计机构负责人岗位、总账报表岗位、相关会计、出纳岗位、复核岗位等。

(7) 事前准备资料：指接受工作任务后，完成会计记账工作需要准备的资料或物品，这些资料包括会计科目明细表、各类空白账簿、会计凭证等资料。

(8) 事中产生资料：指在完成工作任务过程中账簿启用表、初始化的账页、已经登记的账簿等资料，需要按照完成会计记账工作中产生的时间顺序排列。

(9) 事后结果资料：指工作任务完成后形成的记账后的账簿。

(10) 技术要求资料：指完成会计记账工作需要遵守的国家法规和行业制度、单位制度等文件规定的具体内容，如《企业会计准则》、《会计基础工作规范》。

(11) 内部控制措施：指完成会计记账工作需要表现的内部控制思想或适应的内部控制环节、内部控制点、内部控制工具。

对会计记账工作，需要对工作完成过程的每一个环节按照先后顺序进行排序，形成该工作标准的业务处理、控制流程。

(12) 工作开始标志：公司成立或年初标志会计记账工作“开始”。

(13) 工作核心环节排序，具体要求是：

①依据会计制度与企业管理需要设置会计科目、会计账簿。

②启用会计账簿、填写初始资料。

③根据记账凭证及原始凭证或原始凭证汇总表，登记明细账及日记账。

④根据记账凭证或记账凭证汇总表（科目汇总表），登记总账。

⑤依据账簿关系，进行账簿核对。

⑥按照记账要求，期末转账结账。

（14）不同环节结果判断：总体来讲，根据“技术要求资料”对处理环节的处理结果进行判断，每一环节都有“真实性、及时性、完整性、可行性、合规性、正确性、合法性”等判断选择，这些判断的前提是熟悉技术要求资料，即各种文件要求内容，根据文件要求作出这些判断用语，也是工作进行中下一步三角判断框中的必选用语。

（15）不利结果修正：根据判断结果“是或否”来作出判断，明确下一步处理的路径方向，根据“是或否”来确定返回修改环节、终止还是继续下一步工作。这是体现内部控制思想、保证工作质量的重要标志。

（16）工作结束标志：完成会计记账工作标准规定的工作环节后，使用“结束”标志结束工作。

2.2.3 内部借款业务复核工作标准

2.2.3.1 内部借款业务复核工作标准

标准编码：0313

标准名称：内部借款业务复核工作标准

2.2.3.1.1 工作标准名称释义

内部借款业务复核工作标准是指复核岗位对反映记录企业内部借款业务的记账凭证、原始凭证进行复核的工作规范。

2.2.3.1.2 工作标准基本表格

工作核心目标	完成内部借款业务的复核工作
工作开始时间	整理借款业务凭证
工作结束时间	复核人签章
相关工作地点	财务部门办公地
相关工作单位	财务部门
相关工作人员	审核制证岗位　复核岗位
备　注	

2.2.3.1.3 工作标准所需资料

资料类型	编码	资料名称	单位	原件数	复印数
事前准备资料	01	内部借款业务记账凭证	份	1	0
	02	内部借款业务所附文件	份	1	0
	03	内部借款业务申请单	份	1	0
事中产生资料	04	补充更正差错资料	份	1	0
事后结果资料	05	复核人签章的借款凭证	份	1	0
技术要求资料	06	《企业会计基础工作规范》	份	1	0
	07	《企业内部控制规范》	份	1	0

2.2.3.1.4 相关工作标准

标准编码	标准名称
0301	原始凭证复核工作标准
0302	复核制度建立工作标准

2.2.3.1.5 工作标准流程图

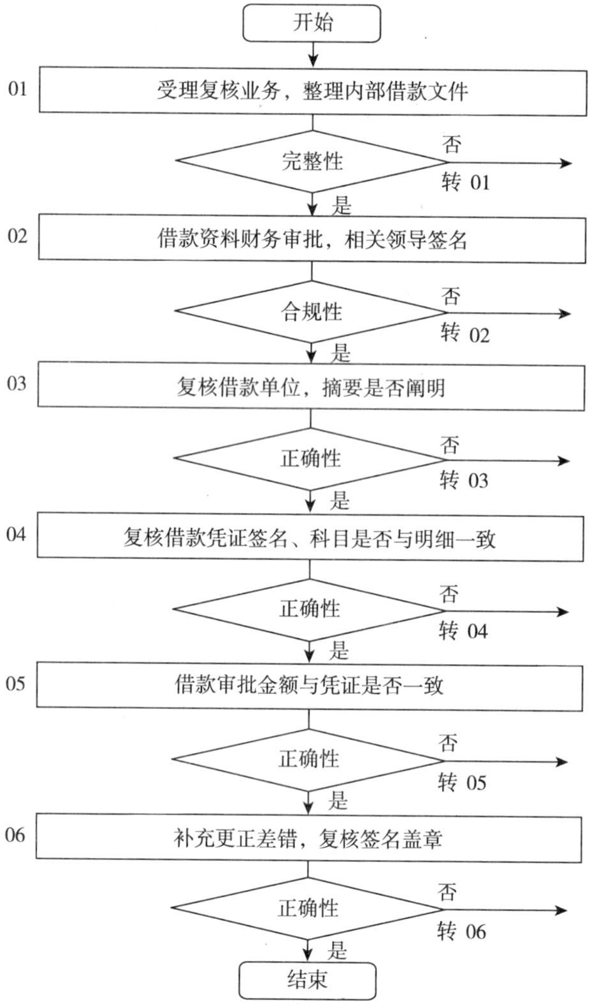

2.2.3.2 内部借款业务复核工作标准训练平台

工作名称：内部借款业务复核·工作标准

工作流程	工作人员	工作时间	工作地点	工作单位	工作资料
开始		《企业会计基础工作规范》		《内部会计控制规范》	
受理复核业务 整理借款凭证	复核岗位	规定时间	财务部办公地	财务部	借款业务记账凭证
	审核制证岗位				借款业务所附文件
完整性					借款业务申请单
借款财务审批 相关领导签名	复核岗位	即时	财务部办公地	财务部	借款业务记账凭证
					借款业务所附文件
合规性					借款业务申请单
借款业务事项 摘要是否阐明	复核岗位	即时	财务部办公地	财务部	借款业务记账凭证
					借款业务所附文件
正确性					借款业务申请单
借款单位人名 科目明细一致	复核岗位	即时	财务部办公地	财务部	借款业务记账凭证
					借款业务所附文件
正确性					借款业务申请单
借款申批金额 凭证支付一致	复核岗位	即时	财务部办公地	财务部	借款业务记账凭证
					借款业务所附文件
正确性					借款业务申请单
补充更正差错 复核签名盖章	复核岗位	即时	财务部办公地	财务部	补充更正差错资料
	审核制证岗位				复核人签章的借款凭证
正确性					
结束					

圆通会计工作能力训练平台

监制：中国工作标准研究院
出品：理财世界网

2.2.3.3 内部借款业务复核工作标准简述

内部借款业务复核工作标准是指财务部复核岗位依据反映企业借款业务的记账凭证与原始凭证复核借款业务的工作规范。具体包括：

（1）工作核心目标：完成借款业务的复核工作。

（2）开始工作时间：整理借款业务凭证。

（3）工作结束时间：复核人签章。

（4）相关工作地点：指完成内部借款业务复核工作时的工作场所或涉及的工作环境，包括财务部门办公地，各单位可根据自身实际对此项内容进行准确化修改。

（5）相关工作单位：指完成内部借款业务复核工作涉及的主要单位部门，主要是财务部门。可以是法人机构，也可以是自然人。

（6）工作相关人员：指完成企业借款业务复核工作涉及的主要工作人员，主要有审核制证岗位、复核岗位、会计机构负责人，可以是经办人、领导。

另外，完成企业借款业务复核工作标准，必须明确工作过程需要的资料清单、数量、单位及需要遵守的技术标准资料及管理标准资料。

（7）事前准备资料：指完成企业借款业务复核工作需要准备的借款业务记账凭证、借款业务所附文件、借款业务申请单等。

（8）事中产生资料：指在完成工作任务过程中，产生的借款业务复核记录资料补充更正差错资料等重要资料或文件，需要按照完成企业借款业务复核工作中产生的时间顺序排列中间文件。

（9）事后结果资料：指工作任务完成后或本项工作结束时或终止时需要的标志资料或结果文件，内部借款业务复核工作标准核心目标进行对应的复核人签名或盖章的借款凭证。

（10）技术要求资料：指完成内部借款业务复核工作需要遵守的国家法规和行业制度、单位制度等项文件规定的具体内容，主要有《会计基础工作规范》、《企业内部控制基本规范》。

（11）内部控制措施：指完成内部借款业务复核工作需要表现的内部控制思想或适应的内部控制环节、内部控制点、内部控制工具。

由于内部借款业务复核工作标准本身就构成单位的工作制度，因此，内部借款业务复核工作标准就可能是另一个工作执行过程中的一个环节。熟悉了解本标准可以培养企业工作人员借款事项综合处理能力。

对任何一项内部借款业务复核工作，需要综合考虑每一个要素（环节），按照先后顺序进行排序，形成该借款业务复核工作标准的处理、控制流程。

（12）工作开始标志：将整理需要复核的借款业务凭证确定为工作“开始”。

（13）工作核心环节排序，具体要求是：

①复核岗位受理复核借款业务、整理借款凭证；

②复核所附的借款文件申请是否完整、相关领导审批手续是否齐全；

③复核借款业务的经手人是否与明细科目记录一致；

④复核借款凭证支付金额是否与审批的金额一致；

⑤复核借款业务记账凭证编制是否正确；

⑥经复核正确的借款业务凭证由复核人签名或盖章；经复核不完整或有差错的借款凭证、与相关审核制证岗位及会计机构负责人核对后予以补充更正。

（14）不同环节结果判断：总体来讲，根据“技术要求资料”对处理环节的处理结果进行判断，每一环节都有“真实性、及时性、完整性、可行性、合规性、正确性、合法性”等判断选择，这些判断的前提是熟悉技术要求资料，即各种文件要求内容，根据文件要求作出这些判断用语，也是工作进行中下一步三角判断框中的必选用语。

（15）不利结果修正：根据判断结果“是或否”来作出判断，明确下一步处理的路径方向，根据“是或否”来确定返回修改环节、终止还是继续下一步工作。这是体现内部控制思想、保证工作质量的重要标志。

（16）工作结束标志：完成企业借款业务复核工作标准规定的工作环节后，没有问题，则使用“归档”或“结束”；若有错误，进行记录并上报处理标志工作结束。

2.2.4 原始凭证复核工作标准

2.2.4.1 原始凭证复核工作标准

标准编码：0301

标准名称：原始凭证复核工作标准

2.2.4.1.1 工作标准名称释义

原始凭证复核工作标准是指复核岗位对原始凭证的真实性、合规性、合法性、正确性、完整性进行复核的工作规范。

2.2.4.1.2 工作标准基本表格

工作核心目标	完成原始凭证的复核工作
工作开始时间	收到原始凭证
工作结束时间	原始凭证复核工作完成
相关工作地点	财务部门办公地
相关工作单位	财务部门　业务经办单位
相关工作人员	审核会计　业务经办人
备　　注	

2.2.4.1.3 工作标准所需资料

资料类型	编码	资料名称	单位	原件数	复印数
事前准备资料	01	所需复核的原始记账凭证及所附资料	份	1	0
事中产生资料	02	原始凭证复核记录	份	1	0
事后结果资料	03	复核盖印的原始凭证	份	1	0
技术要求资料	04	《会计基础工作规范》	份	1	0
	05	《中华人民共和国会计法》	份	1	1
	06	发票管理办法	份	1	0

2.2.4.1.4 相关工作标准

标准编码	标准名称
0305	原始凭证内容填写工作标准

2.2.4.1.5　工作标准流程图

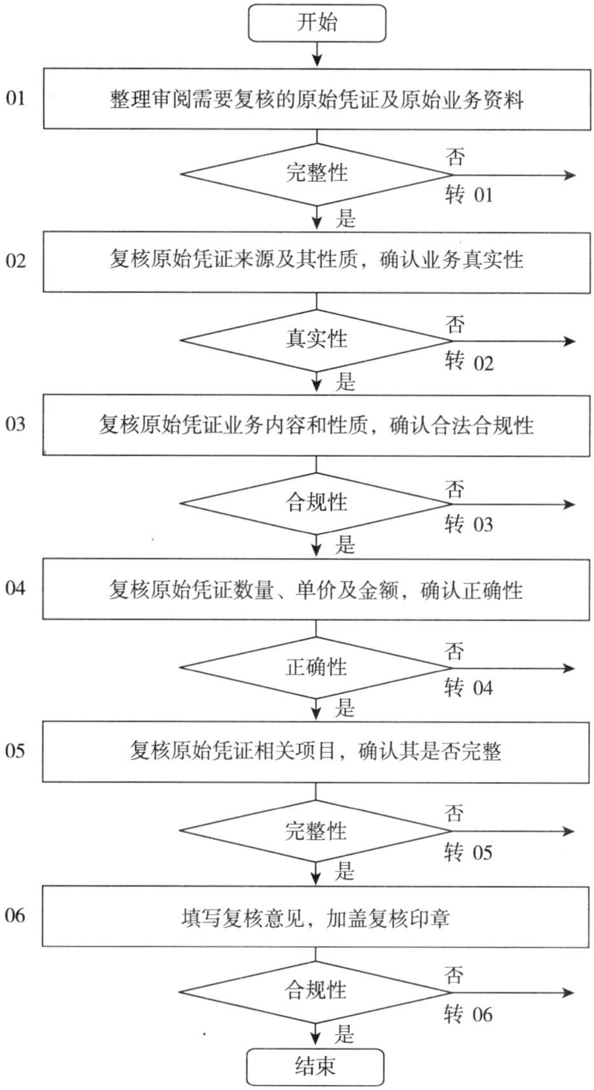

2.2.4.2 原始凭证复核工作标准训练平台

工作名称

·原始凭证复核·工作标准·

《会计基础工作规范》 《发票管理办法》

工作流程	工作人员	工作时间	工作地点	工作单位	工作资料
开始					
整理原始凭证 审阅业务资料	复核岗位	整理凭证时	财务部办公地	财务部	原始凭证
	业务经办岗位			业务办理单位	原始业务资料
完整性					
复核内容性质 确认业务真实	复核岗位	即时	财务部办公地	财务部	原始凭证复核记录
	业务经办岗位			业务经办单位	原始凭证
真实性					原始业务资料
复核凭证来源 确认合法合规	复核岗位	即时	财务部办公地	财务部	原始凭证复核记录
	业务经办岗位			业务经办单位	原始凭证
合规性					原始业务资料
复核数量单价 金额计算正确	复核岗位	即时	财务部办公地	财务部	原始凭证复核记录
	业务经办岗位			业务经办单位	原始凭证
正确性					原始业务资料
复核相关项目 填写是否完整	复核岗位	即时	财务部办公地	财务部	原始凭证复核记录
	业务经办岗位			业务经办单位	原始凭证
完整性					原始业务资料
填写复核意见 加盖复核名章	复核岗位	审核完成时	财务部办公地	财务部	复核盖印的原始凭证
合规性					
结束					

圆通会计工作能力训练平台

监制：中国工作标准研究院
出品：理财世界网

2.2.4.3 原始凭证复核工作标准简述

原始凭证复核工作标准是指复核岗位对原始凭证的真实性、合法性、正确性、完整性等进行复核的工作规范。具体包括：

（1）工作核心目标：完成原始凭证的复核工作。

（2）开始工作时间：收到原始凭证。

（3）工作结束时间：完成原始凭证复核工作。

（4）相关工作地点：完成原始凭证复核工作时的工作场所，主要指财务部办公地点，各单位可根据自身实际对此项内容进行准确化修改。

（5）相关工作单位：指完成原始凭证复核工作涉及的主要单位部门，包括财务部门、业务经办单位。

（6）工作相关人员：指完成原始凭证复核工作涉及的具体工作人员，主要指复核岗位。

（7）事前准备资料：指接受工作任务后，完成复核工作需要准备的原始凭证（如发票、材料入库单、验收单）、财务管理制度等资料。

（8）事中产生资料：指接受任务后，在完成工作任务过程中，产生的原始凭证复核记录等资料，需要按照完成原始凭证复核工作中产生的时间顺序排列文件的清单。

（9）事后结果资料：指工作任务完成后经复核过的原始凭证等。

（10）技术要求资料：指完成原始凭证复核工作需要遵守的国家法规和行业制度、单位制度中具体条款和具体内容，如《中华人民共和国会计法》、《会计基础工作规范》、《发票管理办法》等。

（11）内部控制措施：指完成原始凭证复核工作需要表现的内部控制思想或适应的内部控制环节、内部控制点、内部控制工具。

对任何一项原始凭证复核工作，需要对工作完成过程的每一个环节按照先后顺序进行排序，形成该工作标准的业务处理、控制流程。

（12）工作开始标志：收到原始凭证，标志原始凭证复核工作“开始”。

（13）工作核心环节排序，具体要求是：

①整理需要复核的原始凭证及相关业务资料；

②复核原始凭证内容、性质，确认业务真实性；

③复核原始凭证来源，确认其合规合法性；

④复核原始凭证数量、单价及金额，确认业务正确性；

⑤复核原始凭证全部项目，确认业务完整性；

⑥填写复核意见，加盖复核印章。

（14）不同环节结果判断：总体来讲，根据“技术要求资料”对处理环节的处理结果进行判断，每一环节都有“真实性、及时性、完整性、可行性、合规性、正确性、合法性”等判断选择，这些判断的前提是熟悉技术要求资料，即各种文件要求内容，根据文件要求作出这些判断用语，也是工作进行中下一步三角判断框中的必选用语。

（15）不利结果修正：根据判断结果“是或否”来作出判断，明确下一步处理的路径方向，根据“是或否”来确定返回修改环节、终止还是继续下一步工作。这是体现内部控制思想、保证工作质量的重要标志。

（16）工作结束标志：完成原始凭证复核工作标准规定的工作环节后，使用“结束”标志结束工作。

2.2.5 企业内部控制工作标准

2.2.5.1 企业内部控制工作标准

标准编码：0406

标准名称：企业内部控制工作标准

2.2.5.1.1 工作标准名称释义

企业内部控制工作标准是指企业由董事会、监事会、经理层和全体员工实施的、旨在科学实现企业发展目标的工作规范。

2.2.5.1.2 工作标准基本表格

工作核心目标	完成内部控制工作
工作开始时间	企业开始营运时
工作结束时间	即时
相关工作地点	监事会办公地　内部审计部门办公地　董事会办公地
相关工作单位	会计师事务所　监事会　内部审计部门 政府监管部门　董事会　财务部门
相关工作人员	稽核与内控岗位　法人代表　监事会成员　全体员工 内部审计人员　会计师事务所审计师　政府部门监管人员
备　　注	

2.2.5.1.3 工作标准所需资料

资料类型	编码	资料名称	单位	原件数	复印数
事前准备资料	01	组织架构图、机构设置图	份	1	0
	02	岗位职责划分图	份	1	0
	03	人力资源政策、企业核心文化	份	1	0
事中产生资料	04	企业内控分布图	份	1	0
	05	企业内部控制目标	份	1	0
	06	企业内部控制制度	份	1	0
	07	预算控制、运营分析	份	1	0
	08	内部审计机构审计结论	份	1	0
	09	外部审计机构审计结论	份	1	0
	10	政府监管部门检查结果	份	1	0
事后结果资料	11	内部绩效考评结果	份	1	0
	12	内部控制总结评价	份	1	0
	13	内部缺陷纠正方案	份	1	0
技术要求资料	14	《企业内部控制基本规范》	份	1	0
	15	《企业内部控制配套指引》	份	1	0

2.2.5.1.4 相关工作标准

标准编码	标准名称
0404	内部控制制度建立工作标准
0405	内部控制方法选用工作标准

2.2.5.1.5 工作标准流程图

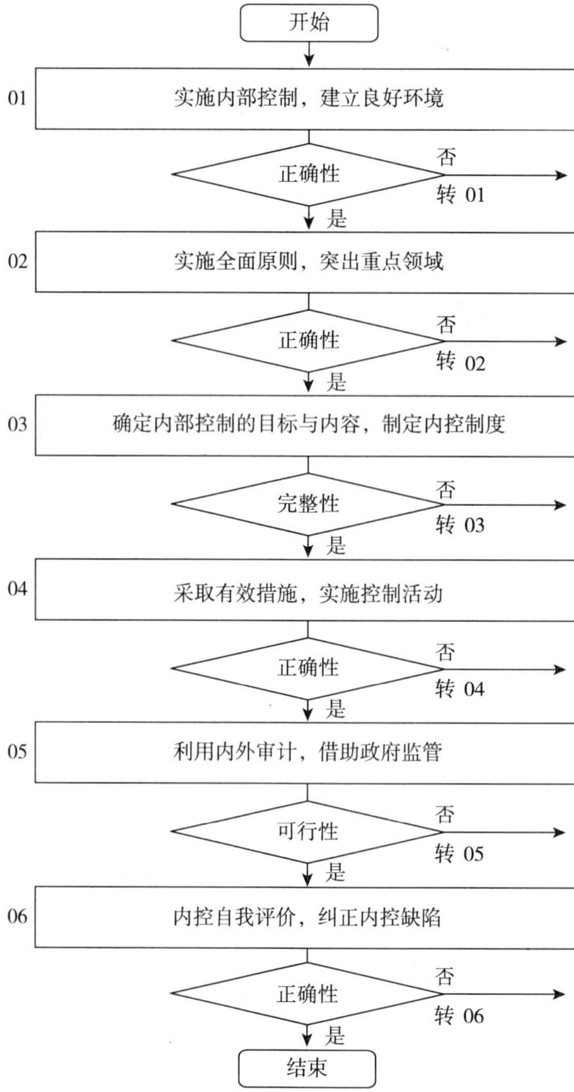

2.2.5.2　企业内部控制工作标准训练平台

工作名称：企业内部控制·工作标准

《企业内部控制基本规范》　《企业内部控制配套指引》

工作流程	工作人员	工作时间	工作地点	工作单位	工作资料
开始					
实施内部控制 建立良好环境	稽核与内控岗位	即时	董事会办公地	财务部	组织架构图、机构设置图
	董事会成员			董事会	岗位职责划分图
正确性	监事会成员			监事会	人力资源政策、企业核心文化
实施全面原则 突出重点领域	稽核与内控岗位	即时	董事会办公地	财务部	企业内控分布图
	董事会成员			董事会	
正确性	监事会成员			监事会	
明确控制目标 制定内控制度	稽核与内控岗位	即时	董事会办公地	董事会	企业内部控制目标
	董事会成员			监事会	企业内部控制制度
完整性	监事会成员				
采取有效措施 实施控制活动	董事会成员	即时	监事会办公地	监事会	不相容职责分离
	总经理				授权审批控制
正确性	全体员工				预算控制、运营分析
利用内外审计 借助政府监督	内部审计人员	即时	内部审计部门办公地	内部审计部门	内部审计机构审计结论
	会计师事务所审计师			会计师事务所	外部审计机构审计结论
可行性	政府部门监管人员			政府监管部门	政府监管部门检查结果
内控自我评价 纠正内控缺陷	稽核与内控岗位	即时	董事会办公地	财务部	内部绩效考评结果
	董事会成员			董事会	内部控制总结评价
正确性	总经理			监事会	内控缺陷纠正方案
结束					

圆通会计工作能力训练平台

监制：中国工作标准研究院
出品：理财世界网

2.2.5.3 企业内部控制工作标准简述

企业内部控制工作标准是指由企业董事会、监事会、经理层和全体员工实施的，旨在科学实现企业发展目标的工作规范。具体包括：

（1）工作核心目标：完成内部控制工作。

（2）开始工作时间：企业开始营运时。

（3）工作结束时间：即时。

（4）相关工作地点：完成企业内部控制工作时的工作场所或涉及的工作环境，如董事会办公地、内部审计部门办公地、监事会办公地，各单位可根据自身实际对此项内容进行准确化修改。

（5）相关工作单位：指完成企业内部控制工作涉及的主要单位部门，如财务部门、会计师事务所、董事会、监事会、内部审计部门、政府监管部门。

（6）工作相关人员：指完成企业内部控制工作涉及的主要工作人员，如稽核与内控岗位、法人代表、董事会成员、监事会成员、总经理、全体员工、内部审计人员、会计师事务所注册会计师、政府部门监管人员。

（7）事前准备资料：指接受工作任务后，完成企业内部控制工作需要准备的组织架构图、机构设置图、岗位职责划分图、人力资源政策、企业核心文化等资料。

（8）事中产生资料：指在完成工作任务过程中，产生的企业内控分布图、企业内部控制目标、企业内部控制制度、预算控制、运营分析、内部审计机构审计结论等资料，需要按照完成企业内部控制工作中产生的时间顺序排列中间文件。

（9）事后结果资料：指工作任务完成后形成的与企业内部控制工作标准核心目标相对应的内部绩效考核结果、内部控制总结评价、内部缺陷纠正方案等。

（10）技术要求资料：指完成企业内部控制工作需要遵守的国家法规和行业制度、单位制度等文件规定的具体内容，如《企业内部控制基本规范》、《企业内部控制配套指引》。

（11）内部控制措施：指完成企业内部控制工作需要表现的内部控制思想或适应的内部控制环节、内部控制点、内部控制工具。

对企业内部控制工作，需要综合考虑工作完成的过程，对每一个环节按照先后顺序进行排序，形成该企业内部控制工作标准的业务处理、控制流程。

（12）工作开始标志：企业开始运营时。

（13）工作核心环节排序，具体要求是：

①实施内部控制，建立良好环境；

②实施全面原则，突出重点领域；

③明确控制目标制定；

④采取有效措施实施控制活动；

⑤利用内外审计及借助政府监督；

⑥内控自我评价，纠正内控缺陷。

（14）不同环节结果判断：总体来讲，根据“技术要求资料”对处理环节的处理结果进行判断，每一环节都有“真实性、及时性、完整性、可行性、合规性、正确性、合法性”等判断选择，这些判断的前提是熟悉技术要求资料，即各种文件要求内容，根据文件要求作出这些判断用语，也是工作进行中下一步三角判断框中的必选用语。

（15）不利结果修正：根据判断结果“是或否”来作出判断，明确下一步处理的路径方向，根据“是或否”来确定返回修改环节、终止还是继续下一步工作。这是体现内部控制思想、保证工作质量的重要标志。

（16）工作结束标志：完成企业内部控制工作标准规定的工作环节后，使用“归档”或“结束”标志结束工作。

总之，企业内部控制制度首先应当明确科学工作过程，或者是指明正确的工作过程，这就是工作标准的作用。而控制具有“约束”、“限制”之意。因此，只有了解工作标准，才能做到自觉遵守。

2.2.6 会计备查账簿管理工作标准

2.2.6.1 会计备查账簿管理工作标准

标准编码：0108

标准名称：会计备查账簿管理工作标准

2.2.6.1.1 工作标准名称释义

会计备查账簿管理工作标准是指企业会计机构负责人根据管理需求，在按照会计科目设置的账簿之外，对相关会计工作岗位备查账簿的设置、登记、核对、管理的工作规范。

2.2.6.1.2 工作标准基本表格

工作核心目标	完成会计备查账簿的管理
工作开始时间	即时
工作结束时间	即时
相关工作地点	财务部门办公地
相关工作单位	财务部门
相关工作人员	会计机构负责人　相关会计工作岗位　出纳岗位
备　注	

2.2.6.1.3 工作标准所需资料

资料类型	编码	资料名称	单位	原件数	复印数
事前准备资料	01	备查账簿名称目录	份	1	0
事中产生资料	02	确立应收票据、应付票据等备查账簿格式	份	1	0
	03	登记的备查账簿	份	1	0
	04	登记的会计账簿	份	1	0
	05	与相关账簿核对表	份	1	0
事后结果资料	06	备查事项资料报告	份	1	0
	07	备查账簿改进意见	份	1	0
技术要求资料	08	《企业会计基础工作规范》	份	1	0
	09	《企业会计制度》	份	1	0

2.2.6.1.4 相关工作标准

标准编码	标准名称
0104	会计机构负责人岗位工作标准
1101	出纳岗位工作标准
1106	商业承兑汇票收款工作标准

2.2.6.1.5　工作标准流程图

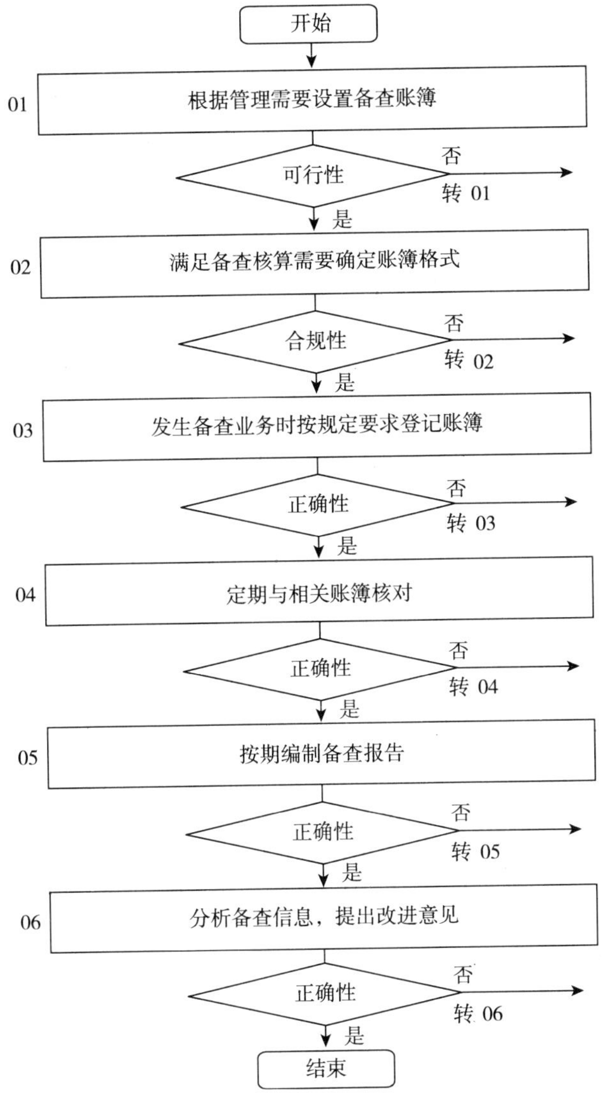

2.2.6.2 会计备查账簿管理工作标准训练平台

工作名称：会计备查账簿管理·工作标准

《企业会计基础工作规范》 《企业会计制度》

工作流程	工作人员	工作时间	工作地点	工作单位	工作资料
开始					
根据管理需要设置备查账簿	出纳岗位	即时	财务部办公地	财务部	备查账簿名称目录
	各岗位会计				
	会计机构负责人				
可行性					
满足备查需要确定账簿格式	出纳岗位	即时	财务部办公地	财务部	应收票据备查账簿格式
	各岗位会计				应付票据备查账簿格式
	会计机构负责人				
合规性					
发生备查业务按规登记账簿	出纳岗位	即时	财务部办公地	财务部	登记的备查账簿
	各岗位会计				
正确性					
定期核对相关账簿	出纳岗位	即时	财务部办公地	财务部	登记的会计账簿
	各岗位会计				登记的备查账簿
					与相关账簿核对表
正确性					
按期编制备查报告	出纳岗位	即时	财务部办公地	财务部	登记的会计账簿
	各岗位会计				登记的备查账簿
					备查事项资料报告
正确性					
分析备查信息提出改进意见	出纳岗位	即时	财务部办公地	财务部	登记的备查账簿
	各岗位会计				备查账簿改进意见
	会计机构负责人				
正确性					
结束					

圆通会计工作能力训练平台

监制：中国工作标准研究院
出品：理财世界网

2.2.6.3　会计备查账簿管理工作标准简述

会计备查账簿管理工作标准是指企业会计机构负责人根据管理需要，在按照会计科目设置的账簿之外，对相关会计工作岗位备查账簿的设置、登记、核对、管理的工作规范。具体包括：

（1）工作核心目标：完成会计备查账簿的管理。

（2）开始工作时间：即时。

（3）工作结束时间：即时。

（4）相关工作地点：指完成会计备查账簿管理工作时的工作场所，主要为财务部门办公地。各单位可根据自身实际对此项内容进行准确化修改。

（5）相关工作单位：指完成会计备查账簿管理工作涉及的主要部门，主要为财务部门。

（6）工作相关人员：指完成会计备查账簿管理工作涉及的主要工作人员，如会计机构负责人、相关会计工作岗位、出纳岗位。

（7）事前准备资料：指完成会计备查账簿管理工作需要准备的备查账簿名称目录等资料。

（8）事中产生资料：指在完成工作任务过程中产生的备查业务事项记录、登记的备查账簿、与相关账簿核对表等资料，要按照完成会计备查账簿管理工作中产生的时间顺序排列中间文件。

（9）事后结果资料：指工作任务完成后形成的与会计备查账簿管理工作标准核心目标进行对应的备查业务事项资料报告、备查账簿改进意见等。

（10）技术要求资料：指完成会计备查账簿管理工作需要遵守的国家法规和行业制度、单位制度等文件规定的具体内容，如《企业会计基础工作规范》、《企业会计制度》等。

另外，完成会计备查账簿管理工作标准，必须明确工作过程需要的资料清单、数量、单位及需要遵守的技术标准资料及管理标准资料。

（11）内部控制措施：指完成会计备查账簿管理工作需要表现的内部控制思想或适应的内部控制环节、内部控制点、内部控制工具。

对会计备查账簿管理工作，需要对工作完成过程的每一个环节按照先后顺序进行排序，形成该工作标准的业务处理、控制流程。

（12）工作开始标志：发生需要备查登记事项时。

（13）工作核心环节排序，具体要求是：

①根据管理需要设置备查账簿；

②确定备查账簿格式；

③登记备查业务；

④定期核对相关账簿；

⑤按期编制备查报告；

⑥分析备查信息，提出改进意见。

（14）不同环节结果判断：总体来讲，根据“技术要求资料”对处理环节的处理结果进行判断，每一环节都有“真实性、及时性、完整性、可行性、合规性、正确性、合法性”等判断选择，这些判断的前提是熟悉技术要求资料，即各种文件要求内容，根据文件要求作出这些判断用语，也是工作进行中下一步三角判断框中的必选用语。

（15）不利结果修正：根据判断结果“是或否”来作出判断，明确下一步处理的路径方向，根据“是或否”来确定返回修改环节、终止还是继续下一步工作。这是体现内部控制思想、保证工作质量的重要标志。

（16）工作结束标志：完成会计备查账簿管理工作标准规定的工作环节后，使用“结束”标志工作结束。

2.2.7 月度会计报表编制工作标准

2.2.7.1 月度会计报表编制工作标准

标准编码：0501

标准名称：月度会计报表编制工作标准

2.2.7.1.1 工作标准名称释义

月度会计报表编制工作标准是指总账与报表岗位月末在完成会计账务处理后，根据有关规定和管理需要编制月度会计报表的工作规范。

2.2.7.1.2 工作标准基本表格

工作核心目标	完成月度会计报表的编制工作
工作开始时间	月末编制会计报表日
工作结束时间	经会计机构负责人审核批准的月度会计报表
相关工作地点	财务部门办公地
相关工作单位	财务部门

续表

相关工作人员	会计机构负责人　总账与报表岗位
备　　注	月度会计报表编制的品种因企业不同而不同

2.2.7.1.3　工作标准所需资料

资料类型	编码	资料名称	单位	原件数	复印数
事前准备资料	01	会计账簿资料	套	1	0
事中产生资料	02	当月资产负债表	份	1	0
	03	当月利润表	份	1	0
	04	当月现金流量表	份	1	0
	05	月度会计报表附注	份	1	1
事后结果资料	06	经复核审批装订的月度会计报表	套	1	0
技术要求资料	07	《企业会计准则——中期财务报告》	册	1	1
	08	《企业会计制度》	册	1	0

2.2.7.1.4　相关工作标准

标准编码	标准名称
0503	年度财务报告编制工作标准
0504	会计报表附注编写工作标准
0505	财务情况说明书编写工作标准

2.2.7.1.5 工作标准流程图

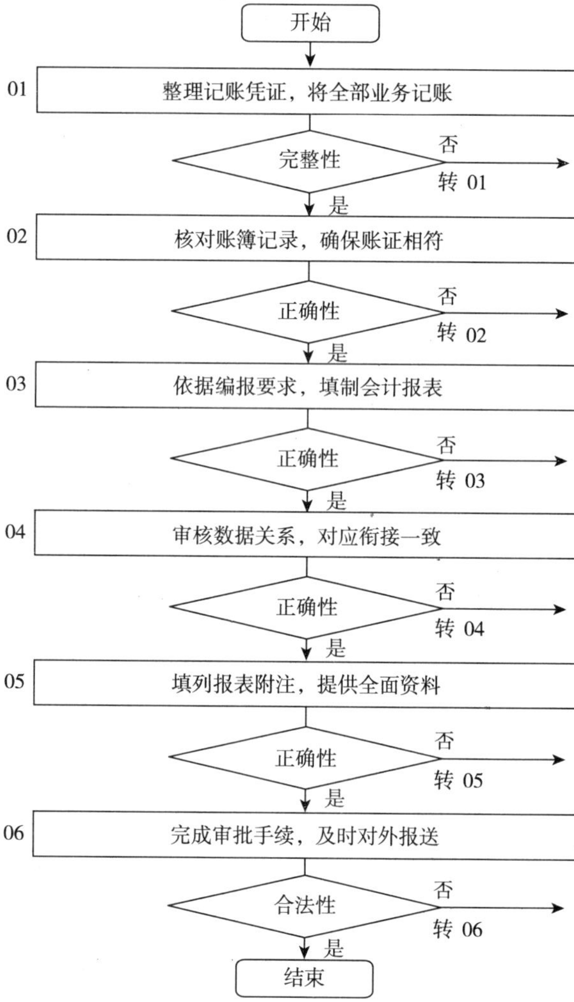

2.2.7.2　月度会计报表编制工作标准训练平台

工作名称：月度会计报表编制标准

工作流程	工作人员	工作时间	工作地点	工作单位	工作资料
开始	《企业财务会计报告条例》			《企业会计制度》	
整理记账凭证 全部业务记账	总账与报表岗位	当月	财务部办公地	财务部	记账凭证
					真实交易事项
完整性					会计账簿资料
核对账簿记录 确保账证相符	总账与报表岗位	结账日	财务部办公地	财务部	总账
					日记账
正确性					明细账
依据编报要求 填制会计报表	总账与报表岗位	及时	财务部办公地	财务部	资产核实资料
				资产管理部门	结算核对资料
真实性				采购部门	其他重要会计资料
审核数据关系 对应衔接一致	总账与报表岗位	规定时间	财务部办公地	财务部	资产负债表
					利润表
正确性					会计报表附注
填列报表附注 提供全面资料	总账与报表岗位	即时	财务部办公地	财务部	上月度资产负债表
					上月利润表
正确性					会计报表附注
完成审批手续 及时对外报送	总账与报表岗位	规定时间	财务负责人办公地	财务部	资产负债表
	会计机构负责人				利润表
合法性	单位法人代表				会计报表附注
结束					

圆通会计工作能力训练平台

监制：中国工作标准研究院
出品：理财世界网

2.2.7.3 月度会计报表编制工作标准简述

月度会计报表编制工作标准是指财务总账与报表岗位月末在完成会计账务处理后，根据有关规定和管理需要编制月度会计报表的工作规范。具体包括：

（1）工作核心目标：指完成月度会计报表编制工作。

（2）开始工作时间：会计账务处理完成时。

（3）工作结束时间：编制的月度会计报表经财务负责人审核批准。

（4）相关工作地点：指完成月度会计报表编制工作时的工作场所或涉及的工作环境。在本工作标准中指财务部及财务负责人办公地，各单位可根据自身实际对此项内容进行准确化修改。

（5）相关工作单位：指完成月度会计报表编制工作涉及的主要单位部门，包括财务部门及资金管理部门，可以是法人机构，也可以是自然人。

（6）工作相关人员：指完成月度会计报表编制工作涉及的主要工作人员，如总账及报表岗位、财务负责人。可以是经办人、领导。

（7）事前准备资料：指完成月度会计报表编制工作需要准备的上月资产负债表、利润表等资料。

（8）事中产生资料：指在完成工作任务过程中产生的资产负债表、利润表、现金流量表及报表附注等资料，需要按照完成月度会计报表编制工作中产生的时间顺序排列中间文件的清单。事中资料，也就是需要编制报表的品种数量，因企业性质不同而有不同的规定。

（9）事后结果资料：指工作任务完成后形成的资产负债表及利润表等。

（10）技术要求资料：指完成月度会计报表编制工作需要遵守的国家法规和行业制度、单位制度等文件规定的具体条款和具体章节内容，如《企业财务会计报告条例》、《企业会计制度》、《企业会计准则——中期财务报告》等。

（11）内部控制措施：指完成月度会计报表编制工作需要表现的内部控制思想或适应的内部控制环节、内部控制点、内部控制工具。

对月度会计报表编制工作，需要对工作完成过程的每一个环节按照先后顺序进行排序，形成该工作标准的业务处理、控制流程。

（12）工作开始标志：会计账务处理完成标志月度会计报表编制工作“开始”。

（13）工作核心环节排序，具体要求是：

①整理记账凭证，将全部业务记账。

②核对账簿记录，确保账证相符。

③依据编报要求，填制会计报表。

④审核数据关系，对应衔接一致。

⑤填列报表附注，提供全面资料。

⑥完成审批手续，及时对外报送。

（14）不同环节结果判断：总体来讲，根据“技术要求资料”对处理环节的处理结果进行判断，每一环节都有“真实性、及时性、完整性、可行性、合规性、正确性、合法性”等判断选择，这些判断的前提是熟悉技术要求资料，即各种文件要求内容，根据文件要求作出这些判断用语，也是工作进行中下一步三角判断框中的必选用语。

（15）不利结果修正：根据判断结果“是或否”来作出判断，明确下一步处理的路径方向，根据“是或否”来确定返回修改环节、终止还是继续下一步工作。这是体现内部控制思想、保证工作质量的重要标志。

（16）工作结束标志：完成月度会计报表编制工作标准规定的工作环节后，使用“归档”或“结束”，标志工作结束。

2.2.8 年度预算编制工作标准

2.2.8.1 年度预算编制工作标准

标准编码：0605

标准名称：年度预算编制工作标准

2.2.8.1.1 工作标准名称释义

年度预算编制工作标准是指企业制定未来年度经营目标，组织编制未来年度预算的工作规范。

2.2.8.1.2 工作标准基本表格

工作核心目标	编制年度预算
工作开始时间	董事会提出预算年度总体目标
工作结束时间	经董事会审批年度预算
相关工作地点	预算编制小组办公地 各责任单位办公地 财务部门办公地 董事会办公地
相关工作单位	财务部门 预算编制小组 各责任单位 董事会

续表

相关工作人员	预算管理岗位　预算小组成员　各责任单位领导　部门预算编制员　董事会成员
备　注	

2.2.8.1.3 工作标准所需资料

资料类型	编码	资料名称	单位	原件数	复印数
事前准备资料	01	年度经营目标指标	份	1	0
事中产生资料	02	企业编制年度预算文件	套	1	0
	03	年度预算编制领导小组名单	份	1	0
	04	经营指标责任单位分解表	份	1	0
	05	各责任单位年度预算	份	1	0
	06	各责任单位年度预算汇总表	份	1	0
事后结果资料	07	综合平衡后的企业年度预算	份	1	0
	08	董事会批准的企业年度预算	份	1	0
技术要求资料	09	《企业内部控制指引——全面预算》	份	1	0

2.2.8.1.4 相关工作标准

标准编码	标准名称
0601	部门预算编制工作标准

2.2.8.1.5 工作标准流程图

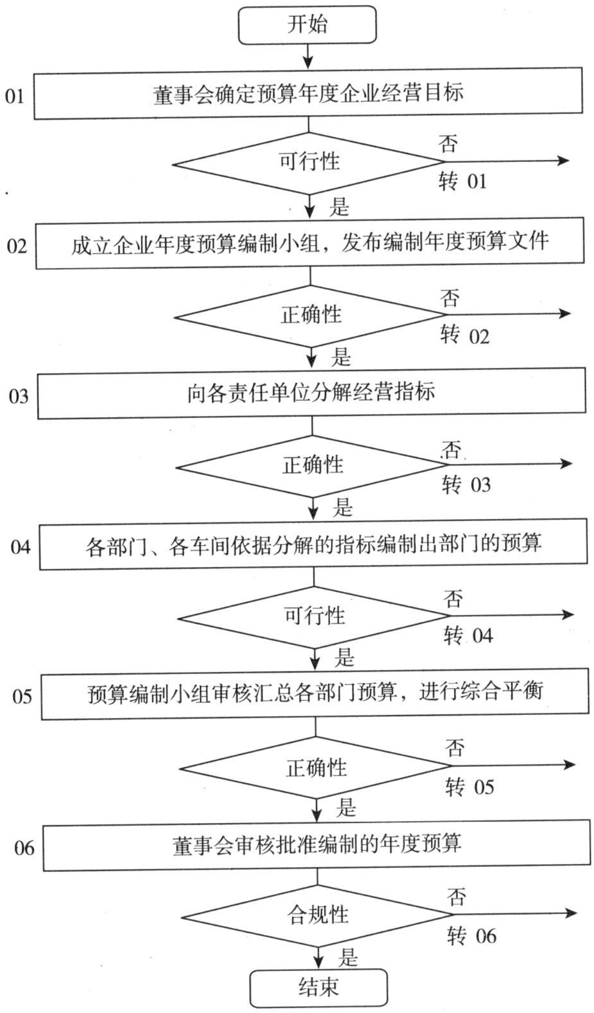

2.2.8.2 年度预算编制工作标准训练平台

工作名称 ·年度预算编制·工作标准·

工作流程	工作人员	工作时间	工作地点	工作单位	工作资料
开始		《企业内部控制指引》		管理会计	
拟定年度经营目标	预算管理岗位	年末	董事会办公地	董事会	年度经营目标指标
	董事会成员				
可行性					
成立预算小组	预算管理岗位	即时	预算编制小组办公地	预算编制小组	企业编制年度预算文件
	预算小组成员			董事会	年度预算编制领导小组名单
正确性				财务部	
分解经营指标	预算管理岗位	即时	预算编制小组办公地	财务部	年度经营目标指标
	预算小组成员			预算编制小组	经营指标责任单位分解表
正确性	各责任单位领导			各责任单位	
编制部门预算	预算小组成员	即时	各责任单位办公地	预算编制小组	年度经营目标指标
	部门预算编制员			各责任单位	经营指标责任单位分解表
可行性					各责任单位年度预算
预算汇总平衡	预算管理岗位	即时	预算编制小组办公地	各责任单位	各责任单位年度预算
	预算小组成员			预算编制小组	各责任单位年度预算汇总
正确性	各责任单位领导			财务部	综合平衡后的企业年度预算
董事会审核批准	预算管理岗位	即时	董事会办公地	财务部	综合平衡后的企业年度预算
	预算小组成员			预算编制小组	
合规性	董事会成员			董事会	董事会批准的企业年度预算
结束					

圆通会计工作能力训练平台

监制：中国工作标准研究院
出品：理财世界网

2.2.8.3　年度预算编制工作标准简述

年度预算编制工作标准是指企业制定未来年底经营目标，组织编制未来年底预算的工作规范。具体包括：

（1）工作核心目标：编制年度预算。

（2）开始工作时间：董事会提出预算年度总体目标时。

（3）工作结束时间：编制的年度预算经董事会批准时。

（4）相关工作地点：指完成年度预算编制工作时的工作场所，包括预算编制小组办公室、各责任单位办公地、董事会办公地，财务部办公地等。各单位可根据自身实际对此项内容进行准确化修改。

（5）相关工作单位：指完成年度预算编制工作涉及的主要单位，包括财务部门、预算编制小组、各责任单位、董事会。

（6）工作相关人员：指完成年度预算编制工作涉及主要工作人员，包括预算管理岗位、预算小组成员、各责任单位领导、部门预算编制员、董事会成员等。

（7）事前准备资料：指完成年度预算编制工作需要准备的预算年度经营总目标等资料。

（8）事中产生资料：指在完成工作过程中产生的企业编制年度预算文件、年度预算编制领导小组名单、经营指标责任单位分解表、各责任单位年度预算、各责任单位年度预算汇总表、综合平衡后的企业年度预算等资料或文件。

（9）事后结果资料：指工作任务完成后形成的企业年度预算。

（10）技术要求资料：指完成年度预算编制工作需要遵守的国家法规和行业制度、单位制度等文件规定的具体条款和具体章节内容，如《企业内部控制指引——全面预算》。

（11）内部控制措施：指完成年度预算编制工作需要表现的内部控制思想或适应的内部控制环节、内部控制点、内部控制工具。

对年度预算编制工作，需要对工作完成过程的每一个环节按照先后顺序进行排序，形成该工作标准的业务处理、控制流程。

（12）工作开始标志：预算年度生产经营总体目标确定时。

（13）工作核心环节排序，具体要求是：

①拟定年度经营目标；

②成立预算小组；

③分解经营指标；

④编制部门预算；

⑤部门预算汇总平衡；

⑥董事会审核批准编制的年底预算。

（14）不同环节结果判断：总体来讲，根据“技术要求资料”对处理环节的处理结果进行判断，每一环节都有“真实性、及时性、完整性、可行性、合规性、正确性、合法性”等判断选择，这些判断的前提是熟悉技术要求资料，即各种文件要求内容，根据文件要求作出这些判断用语，也是工作进行中下一步三角判断框中的必选用语。

（15）不利结果修正：根据判断结果“是或否”来作出判断，明确下一步处理的路径方向，根据“是或否”来确定返回修改环节、终止还是继续下一步工作。这是体现内部控制思想、保证工作质量的重要标志。

（16）工作结束标志：完成年度预算编制工作标准规定的工作环节后，使用“归档”或“结束”，标志工作结束。

2.2.9 盈利能力评价工作标准

2.2.9.1 盈利能力评价工作标准

标准编码：0703

标准名称：盈利能力评价工作标准

2.2.9.1.1 工作标准名称释义

盈利能力评价工作标准是指财务分析与评价岗位依据财务报表及其他有关财务资料对企业的盈利能力在分析基础上进行评价的工作规范。

2.2.9.1.2 工作标准基本表格

工作核心目标	完成企业盈利能力的评价工作
工作开始时间	收集整理财务报表及相关资料
工作结束时间	盈利能力综合评价报经领导审批
相关工作地点	财务部门办公地
相关工作单位	财务部门
相关工作人员	会计机构负责人　财务分析与评价岗位　总账与报表岗位
备　　注	

2.2.9.1.3 工作标准所需资料

资料类型	编码	资料名称	单位	原件数	复印数
事前准备资料	01	评价期资产负债表	份	1	0
	02	评价期利润表	份	1	0
	03	前期盈利能力资料	份	1	1
	04	同行业盈利能力资料	份	1	0
	05	评价指标体系表	份	1	0
事中产生资料	06	实际盈利能力指标计算表	份	1	0
	07	评价盈利能力标准指标	份	1	0
	08	逐项指标对比评价资料	份	1	0
事后结果资料	09	盈利能力综合评价资料	份	1	0
技术要求资料	10	《财务管理与分析》	份	1	0
	11	《企业财务通则》	份	1	0

2.2.9.1.4 相关工作标准

标准编码	标准名称
0702	偿债能力评价工作标准
0704	资产运营能力评价工作标准

2.2.9.1.5 工作标准流程图

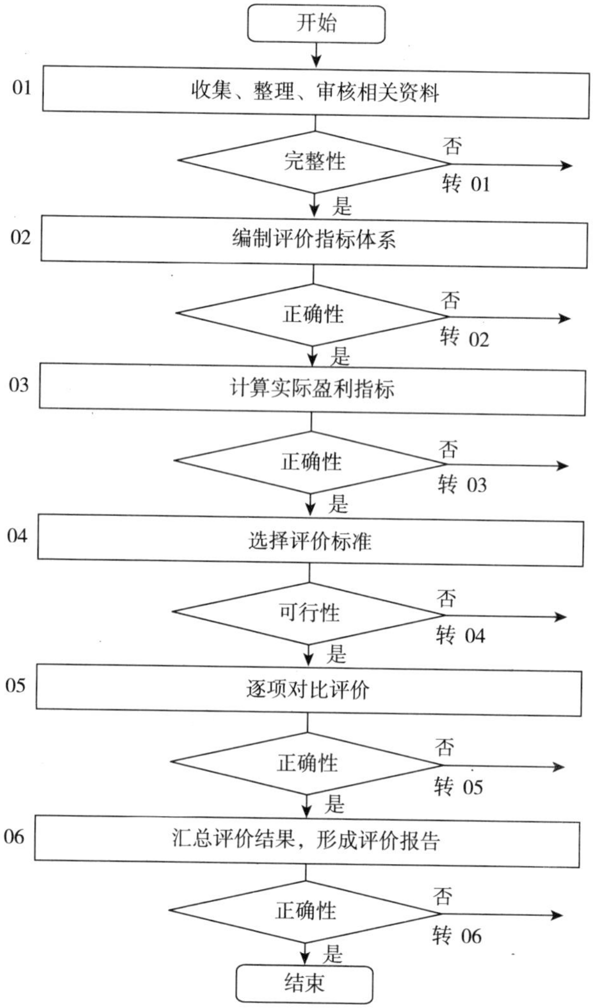

2.2.9.2 盈利能力评价工作标准训练平台

工作名称：盈利能力评价·工作标准

《财务管理与分析》 《企业财务通则》

工作流程	工作人员	工作时间	工作地点	工作单位	工作资料
开始					
收集评价资料	财务分析与评价岗位	即时	财务部办公地	财务部	评价期资产负债表
	总账与报表岗位				评价期利润表
完整性					同行业盈利能力指标资料
编制评价指标体系	财务分析与评价岗位	即时	财务部办公地	财务部	评价指标体系表
正确性					
计算实际盈利指标	财务分析与评价岗位	即时	财务部办公地	财务部	评价期资产负债表
					评价期利润表
正确性					实际盈利能力指标
选择评价标准	财务分析与评价岗位	即时	财务部办公地	财务部	评价盈利能力标准指标
可行性					
逐项对比评价	财务分析与评价岗位	即时	财务部办公地	财务部	实际盈利能力指标
					评价盈利能力标准指标
正确性					逐项指标对比评价资料
汇总评价结果 形成评价报告	财务分析与评价岗位	即时	财务部办公地	财务部	逐项指标对比评价结果
	会计机构负责人				盈利能力综合评价报告
正确性					
结束					

圆通会计工作能力训练平台

监制：中国工作标准研究院
出品：理财世界网

2.2.9.3 盈利能力评价工作标准简述

盈利能力评价工作标准是指财务分析与评价岗位依据财务报表及其他有关财务资料，对企业的盈利能力在分析基础上进行评价的工作规范。具体包括：

（1）工作核心目标：完成企业盈利能力的评价工作。

（2）开始工作时间：收集整理财务资料时。

（3）工作结束时间：盈利能力综合评价报领导审批时。

（4）相关工作地点：指完成盈利能力评价工作时的工作场所，包括财务部门办公地。各单位可根据自身实际对此项内容进行准确化修改。

（5）相关工作单位：指完成盈利能力评价工作的主要单位，如财务部门等。

（6）工作相关人员：指完成会计备查账簿管理工作涉及主要工作人员，如会计机构负责人、财务分析与评价岗位、总账与报表岗位。

（7）事前准备资料：指完成盈利能力评价工作需要准备的评价期资产负债表和利润表、前期盈利能力资料、同行业盈利能力资料、评价指标体系等资料。

（8）事中产生资料：指在完成任务过程中产生的实际盈利能力指标、评价盈利能力标准指标、单项指标对比评价资料等资料，需要按照完成盈利能力评价工作中产生的时间顺序排列中间文件。

（9）事后结果资料：指工作任务完成后形成的盈利能力综合评价资料。

（10）技术要求资料：指完成盈利能力评价工作需要遵守的国家法规和行业制度、单位制度等文件规定的具体条款和具体章节内容，比如《企业财务通则》、《财务管理与分析》。

（11）内部控制措施：指完成盈利能力评价工作需要表现的内部控制思想或适应的内部控制环节、内部控制点、内部控制工具。

对盈利能力评价工作，需要对工作完成过程的每一个环节按照先后顺序进行排序，形成该工作标准的业务处理、控制流程。

（12）工作开始标志：收集评价相关资料。

（13）工作核心环节排序，具体要求是：

①收集评价资料；

②编制评价指标体系；

③计算实际盈利指标；

④选择评价标准；

⑤逐项对比评价；

⑥汇总评价结果，形成评价报告。

（14）不同环节结果判断：总体来讲，根据“技术要求资料”对处理环节的处理结果进行判断，每一环节都有“真实性、及时性、完整性、可行性、合规性、正确性、合法性”等判断选择，这些判断的前提是熟悉技术要求资料，即各种文件要求内容，根据文件要求作出这些判断用语，也是工作进行中下一步三角判断框中的必选用语。

（15）不利结果修正：根据判断结果“是或否”来作出判断，明确下一步处理的路径方向，根据“是或否”来确定返回修改环节、终止还是继续下一步工作。这是体现内部控制思想、保证工作质量的重要标志。

（16）工作结束标志：完成盈利能力评价工作标准规定的工作环节后，使用“归档”或“结束”，标志工作结束。

2.2.10 单位产品成本评价工作标准

2.2.10.1 单位产品成本核定工作标准

标准编码：2301

标准名称：单位产品成本评价工作标准

2.2.10.1.1 工作标准名称释义

单位产品成本评价工作标准是指成本管理与核算岗位为满足企业经营决策的需要对新投产品制造成本进行预测、评价的工作规范。

2.2.10.1.2 工作标准基本表格

工作核心目标	完成单位产品成本的评价工作
工作开始时间	准备单位产品成本评价相关资料
工作结束时间	核定的单位产品成本经主管领导审核同意
相关工作地点	财务部门办公地
相关工作单位	财务部门
相关工作人员	会计机构负责人岗位　财务分析与评价岗位
备　　注	

2.2.10.1.3 工作标准所需资料

资料类型	编码	资料名称	单位	原件数	复印数
事前准备资料	01	产品名称及规格型号	份	1	1
	02	产品设计图纸	份	1	0
	03	产品工艺技术资料	份	1	1
	04	生产工艺流程图	份	1	1
事中产生资料	05	核定的材料用量明细表	份	1	0
	06	测定的产品生产工时定额	份	1	0
	07	所耗材料市场价格明细表	份	1	0
	08	测定的工时单位成本资料	份	1	0
	09	测定的专用费用资料	份	1	1
事后结果资料	10	核定的单位产品成本	份	1	0
技术要求资料	11	《内部会计控制规范——成本费用》	份	1	0

2.2.10.1.4 相关工作标准

标准编码	标准名称
2302	单位工时定额成本制定工作标准
2303	单位产品定额成本制定工作标准

2.2.10.1.5 工作标准流程图

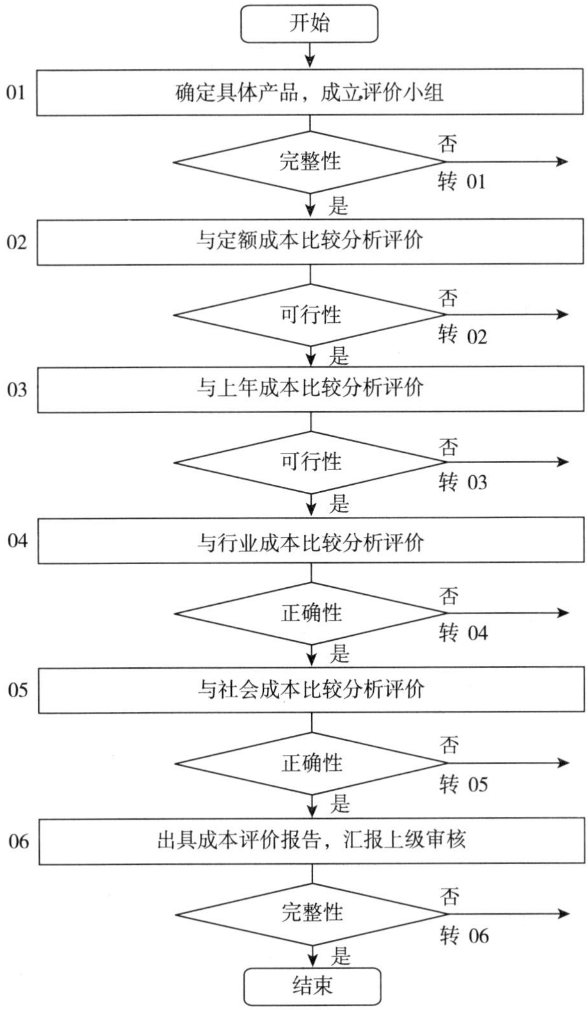

2.2.10.2 单位产品成本核定工作标准训练平台

工作名称：单位产品成本评价·工作标准

工作流程	工作人员	工作时间	工作地点	工作单位	工作资料
开始		《企业会计制度》		《统计法》	
确定评价产品 搜集成本资料	财务分析与评价岗位	规定时间	财务部办公地	财务部	评价产品
	会计机构负责人				单位产品实际成本报表
完整性					单位产品实际成本明细表
与定额成本 比较分析评价	财务分析与评价岗位	即时	财务部办公地	财务部	单位产品实际成本报表
					企业单位产品定额成本
可行性					比较评价结果
与上年成本 比较分析评价	财务分析与评价岗位	即时	财务部办公地	财务部	单位产品实际成本报表
					企业上年实际单位成本
可行性					比较评价结果
与行业成本 比较分析评价	财务分析与评价岗位	即时	财务部办公地	财务部	单位产品实际成本报表
					同行业实际单位成本
正确性					比较评价结果
与社会成本 比较分析评价	财务分析与评价岗位	即时	财务部办公地	财务部	单位产品实际成本报表
					单位产品社会平均成本
正确性					比较评价结果
成本评价报告 汇报上级审核	财务分析与评价岗位	规定时间	财务负责人办公地	财务部	单位产品成本综合比较表
	会计机构负责人				单位产品成本评价报告
完整性					
结束					

圆通会计工作能力训练平台

监制：中国工作标准研究院
出品：理财世界网

2.2.10.3 单位产品成本评价工作标准简述

单位产品成本评价工作标准是指财务分析与评价岗位对企业某项产品单位成本合理性水平的分析与评价工作规范。具体包括：

（1）工作核心目标：完成某项产品的单位成本核定工作。

（2）开始工作时间：确认评价对象、收集相关信息资料。

（3）工作结束时间：指编制出某项产品单位成本报告。

（4）相关工作地点：指完成单位产品成本评价工作时的工作场所或涉及的工作环境，如财务部门所在地、会计机构负责人办公地。各单位可根据自身实际对此项内容进行准确化修改。

（5）相关工作单位：指完成单位产品成本评价工作涉及的主要单位部门，如财务部门。

（6）工作相关人员：指完成单位产品成本评价工作涉及主要工作人员，如财务分析与评价岗位、会计机构负责人岗位。

（7）事前准备资料：指完成单位产品成本评价工作需要准备的资料，本年度实际单位成本资料、上年度实际单位成本资料、单位定额成本资料、社会平均成本资料、同行业平均单位成本资料等资料。

（8）事中产生资料：指在完成工作任务过程中产生的单位产品成本与上年实际成本比较分析评价资料、单位实际成本与单位定额成本比较分析评价资料、单位成本与社会成本比较分析评价资料、单位实际成本与同行单位业平均成本比较分析评价资料等重要资料或文件，需要按照完成单位产品成本评价工作中产生的时间顺序排列中间文件的清单。

（9）事后结果资料：指工作任务完成后或本项工作结束时或终止时需要的标志资料或结果文件：与单位产品成本评价工作标准核心目标进行对应等单位产品成本综合比较分析表及分析评价报告。

（10）技术要求资料：指完成单位产品成本评价工作需要遵守的国家法规和行业制度、单位制度。资料的详细内容是单位产品成本评价工作需要遵守这项文件规定的具体条款和具体章节内容，如《企业会计制度》中的成本及费用部分、成本会计学。

（11）内部控制措施：指完成单位产品成本评价工作需要表现的内部控制思想或适应的内部控制环节、内部控制点、内部控制工具。

由于单位产品成本评价工作标准本身就构成单位的工作制度，因此，单位产品成本评价工作标准就可能是另一个工作执行过程中的一个环节，熟悉了解标准可以培养综合处理能力。

对任何一项单位产品成本评价工作，需要综合考虑工作完成的过程，即对单位产品成本评价工作需要进行分解，分解后对每一个要素（环节）按照先后顺序进行排序，形成该单位产品成本评价工作标准的业务处理、控制流程。

（12）工作开始标志：确认评估对象，收集相关资料标志单位产品成本评价工作“开始”。

（13）工作核心环节排序，具体要求是：

①确定评价产品，搜集成本资料；

②与定额成本比较分析评价；

③与上年成本比较分析评价；

④与行业成本比较分析评价；

⑤与社会成本比较分析评价；

⑥成本评价报告，汇报上级审核。

（14）不同环节结果判断：总体来讲，根据“技术要求资料”对处理环节的处理结果进行判断，每一环节都有“真实性、及时性、完整性、可行性、合规性、正确性、合法性”等判断选择，这些判断的前提是熟悉技术要求资料，即各种文件要求内容，根据文件要求作出这些判断用语，也是工作进行中下一步三角判断框中的必选用语。

（15）不利结果修正：根据判断结果“是或否”来作出判断，明确下一步处理的路径方向，根据“是或否”来确定返回修改环节、终止还是继续下一步工作。这是体现内部控制思想、保证工作质量的重要标志。

（16）工作结束标志：完成单位产品成本评价工作标准规定的工作环节后，使用“归档”或“结束”，标志工作结束。

2.2.11 内部结算价格制定工作标准

2.2.11.1 内部结算价格制定工作标准

标准编码：0802

标准名称：内部结算价格制定工作标准

2.2.11.1.1 工作标准名称释义

内部结算价格制定工作标准是指为满足企业内部生产部门之间相互提供劳务或产品结算的需要而制定内部结算价格的工作规范。

2.2.11.1.2 工作标准基本表格

工作核心目标	完成企业内部结算价格的制定
工作开始时间	确定内部结算产品范围　准备相关资料
工作结束时间	制定的企业内部结算价格经总会计师审核批准
相关工作地点	总会计师办公地　行政部办公室　财务部门办公地
相关工作单位	财务部门　相关生产部门　行政部
相关工作人员	总会计师岗位　会计机构负责人　价格管理与核算岗位　生产车间负责人 行政部负责人　文件资料员　成本管理与核算岗位
备　　注	

2.2.11.1.3 工作标准所需资料

资料类型	编码	资料名称	单位	原件数	复印数
事前准备资料	01	制定内部结算价格通知	份	1	0
	02	产品名称规格资料	份	1	0
	03	产品制造成本资料	份	1	0
	04	产品市场价格资料	份	1	0
事中产生资料	05	内部结算价格草案	份	1	0
	06	内部结算价格修改稿	份	1	0
	07	内部结算价格审批稿	份	1	0
事后结果资料	08	内部结算价格执行文件	份	1	0
	09	内部结算价格执行明细表	份	1	0
技术要求资料	10	《价格法》	份	1	0
	11	《企业内部控制基本规范》	份	1	0

2.2.11.1.4 相关工作标准

标准编码	标准名称
0803	内部结算价格执行工作标准

2.2.11.1.5 工作标准流程图

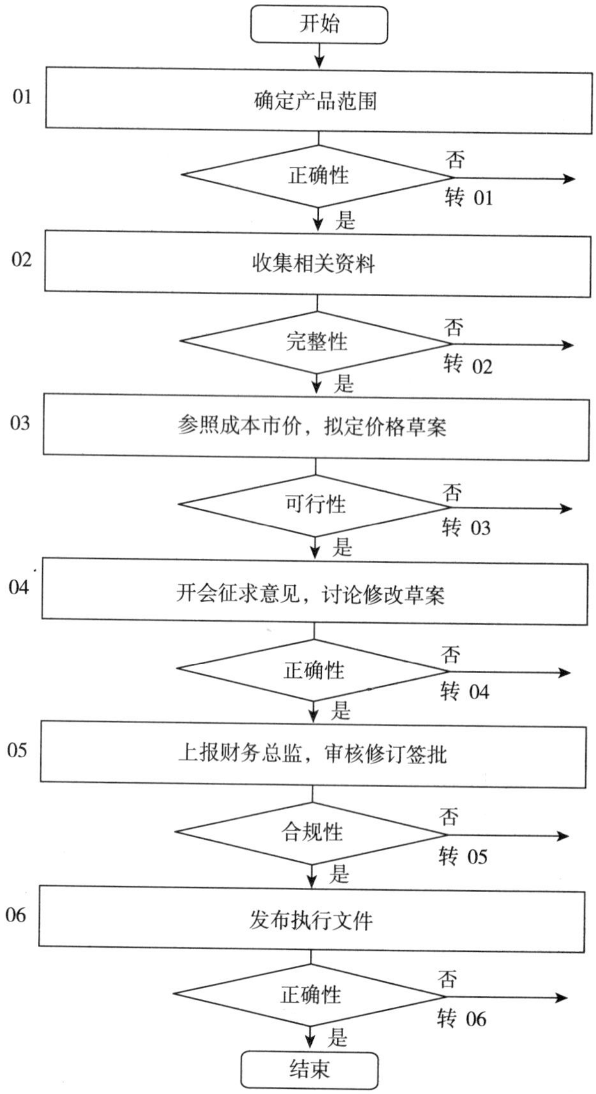

2.2.11.2　内部结算价格制定工作标准训练平台

工作名称：·内部结算价格制定·　·工作标准·

依据：·《价格法》·　·《企业内部控制基本规范》·

工作流程	工作人员	工作时间	工作地点	工作单位	工作资料
开始					
确定产品范围	价格管理与核算岗位	即时	财务总监办公地	财务部	制定内部结算价格通知
	会计机构负责人				产品名称规格资料
可行性					
收集相关资料	价格管理与核算岗位	即时	财务部办公地	财务部	产品名称规格资料
	成本管理与核算岗位			相关生产部门	产品制造成本资料
完整性					产品市场价格资料
参照成本市价拟定价格草案	价格管理与核算岗位	即时	财务部办公地	财务部	产品制造成本资料
					产品市场价格资料
可行性					内部结算价格草案
开会征求意见讨论修改草案	会计机构负责人	即时	财务部办公地	财务部	内部结算价格草案
	生产车间负责人			相关生产部门	内部结算价格修改稿
正确性	价格管理与核算岗位				
上报财务总监审核修订签批	总会计师	即时	财务总监办公地	财务部	内部结算价格修改稿
	会计机构负责人				内部结算价格审批稿
合规性	价格管理与核算岗位				
发布执行文件	价格管理与核算岗位	内部结算价格发布	行政部办公地	行政部	内部结算价格审批稿
	行政部负责人			财务部	内部结算价格执行文件
正确性	文件资料员				内部结算价格执行明细表
结束					

圆通会计工作能力训练平台

监制：中国工作标准研究院
出品：理财世界网

2.2.11.3 内部结算价格制定工作标准简述

内部结算价格制定工作标准是指为满足企业内部生产部门之间相互提供劳务或产品结算的需要而制定内部结算价格的工作规范。具体包括：

（1）工作核心目标：完成企业内部结算价格的制定。

（2）开始工作时间：确定内部结算产品、准备相关资料。

（3）工作结束时间：制定的内部结算价格经总会计师审核批准。

（4）相关工作地点：指完成内部结算价格制定工作时的工作场所或涉及的工作环境，如财务部门办公地、总会计师办公室、行政办公室。各单位可根据自身实际对此项内容进行准确化修改。

（5）相关工作单位：指完成内部结算价格制定工作涉及的主要单位，如财务部门、相关生产部门、行政部门。

（6）工作相关人员：指价格制定工作涉及的主要工作人员，如价格管理与核算岗位、财务机构负责人、成本管理与核算岗位、总会计师、生产车间负责人、行政部负责人、文件资料员等。

（7）事前准备资料：指接受工作任务后，完成内部结算价格制定工作需要准备的制定内部结算价格通知、产品名称规格资料、劳务类别名称、产品及劳务制造成本、产品市场价格等资料。

（8）事中产生资料：指在完成工作任务过程产生的内部结算价格草案、内部结算价格修改稿、内部结算价格审批稿等重要资料或文件，需要按照完成内部结算价格制定工作中产生的时间顺序排列中间文件。

（9）事后结果资料：指工作任务完成后或本项工作结束时或终止时需要的标志资料或结果文件：内部结算价格制定工作标准核心目标进行对应的内部结算价格执行明细表、内部结算价格执行文件。

（10）技术要求资料：指完成内部结算价格制定工作需要遵守的国家法规和行业制度、单位制度等文件规定的具体内容，如《价格法》、《内部会计控制规范——基本规范》等。

（11）内部控制措施：指完成内部结算价格制定工作需要表现的内部控制思想或适应的内部控制环节、内部控制点、内部控制工具。

由于内部结算价格制定工作标准本身就构成单位的工作制度，因此内部结算价格制定工作标准就可能是另一个工作执行过程中的一个环节，熟悉了解标准可以培养综合处理能力。

对任何一项内部结算价格制定工作，需要对工作完成过程的每一个环节按照先后顺序进行排序，形成该工作标准的业务处理、控制流程。

（12）工作开始标志：将确定内部结算产品、准备相关资料确定为工作“开始”。

（13）工作核心环节排序，具体要求是：

①确定内部结算产品与劳务的类别名称；

②收集准备内部结算价格制定的相关资料；

③参照产品劳务成本市价、拟定内部结算；

④召集相关部门征求意见、讨论修改草案；

⑤上报财务总监、审核修订签批；

⑥经公司行政部编排行文批号、打印发布执行。

（14）不同环节结果判断：总体来讲，根据“技术要求资料”对处理环节的处理结果进行判断，每一环节都有“真实性、及时性、完整性、可行性、合规性、正确性、合法性”等判断选择，这些判断的前提是熟悉技术要求资料，即各种文件要求内容，根据文件要求作出这些判断用语，也是工作进行中下一步三角判断框中的必选用语。

（15）不利结果修正：根据判断结果“是或否”来作出判断，明确下一步处理的路径方向，根据“是或否”来确定返回修改环节、终止还是继续下一步工作。这是体现内部控制思想、保证工作质量的重要标志。

（16）工作结束标志：完成内部结算价格制定工作标准规定的工作环节后，使用“归档”或“结束”，标志工作结束。

2.2.12 销售产品价格制定工作标准

2.2.12.1 销售产品价格制定工作标准

标准编码：0801

标准名称：销售产品价格制定工作标准

2.2.12.1.1 工作标准名称释义

销售产品价格制定工作标准是指企业价格管理岗位制定企业销售产品价格的工作规范。

2.2.12.1.2 工作标准基本表格

工作核心目标	完成企业销售产品的价格制定
工作开始时间	准备相关资料
工作结束时间	制定的销售产品价格经主管领导审批
相关工作地点	价格管理部所在地 销售部门办公地 财务部门办公地
相关工作单位	财务部门 价格管理部 销售部门
相关工作人员	会计机构负责人 价格管理岗位 成本管理与核算岗位 销售部经理
备　注	

2.2.12.1.3 工作标准所需资料

资料类型	编码	资料名称	单位	原件数	复印数
事前准备资料	01	单位产品实际制造成本	份	1	0
	02	单位产品同行业销售价格	份	1	0
	03	单位产品完全成本资料	份	1	0
事中产生资料	04	按照单位制造成本期望毛利率计算的销售价格资料	份	1	0
	05	按照单位完全成本期望利润率计算的销售价格	份	1	0
	06	参照同行业及市场同类产品价格制定的销售价格	份	1	0
	07	对外销售产品定价初稿	份	1	0
事后结果资料	08	对外销售产品价格终稿	份	1	0
技术要求资料	09	《内部会计控制规范——销售与收款》	份	1	1
	10	《企业会计准则——存货》	份	1	0
	12	《价格法》	份	1	1

2.2.12.1.4 相关工作标准

标准编码	标准名称
0802	内部结算价格制定工作标准

2.2.12.1.5　工作标准流程图

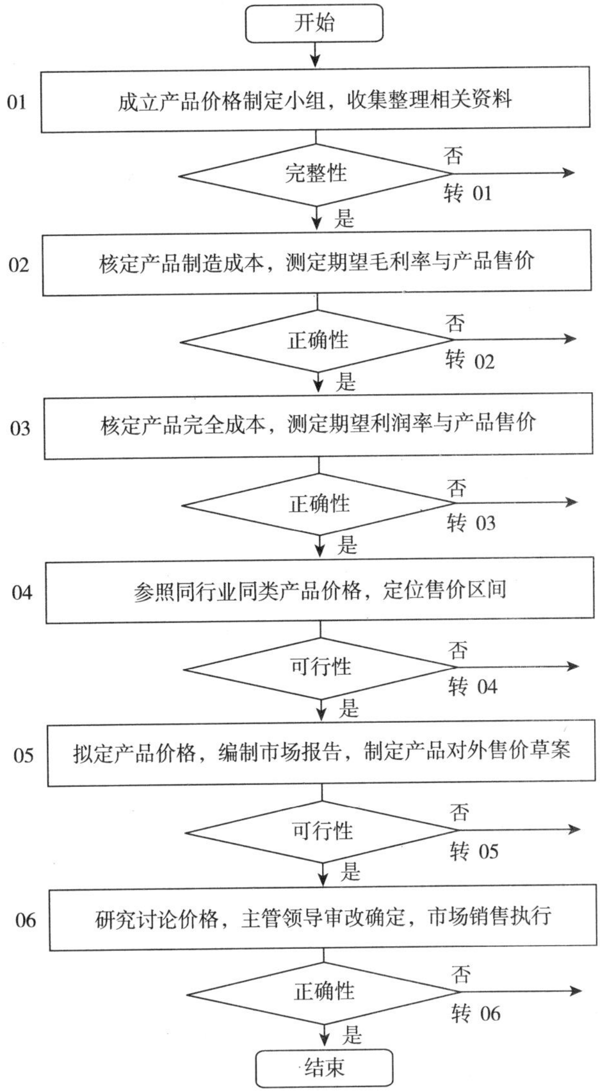

2.2.12.2 销售产品价格制定工作标准训练平台

工作名称：销售产品价格制定·工作标准

工作流程	工作人员	工作时间	工作地点	工作单位	工作资料
开始		《价格法》		《企业内部控制规范》	
成立定价小组准备相关资料	价格管理岗位	计划时间	财务部办公地	财务部	产品类别
	定价小组成员			价格制定小组	单位产品成本资料
完整性					产品研发资料
核定制造成本测定期望毛利	价格管理岗位	规定时间	财务部办公地	财务部	单位产品制造成本
	定价小组成员			价格制定小组	制造成本期望毛利
正确性					产品测算价格
核定完全成本测定期望利润	价格管理岗位	规定时间	财务部办公地	财务部	单位产品完全成本
	定价小组成员			价格制定小组	完全成本期望毛利
正确性					产品测算价格
参考行业价格定位价格区间	价格管理岗位	规定时间	财务部办公地	财务部	产品市场价格调查资料
	定价小组成员			价格制定小组	产品定价测算表
可行性					产品行业价格分析报告
拟定产品价格编制市场报告	价格管理岗位	规定时间	财务部办公地	财务部	产品价格草案
	定价小组成员			价格制定小组	产品价格市场竞争力报告
可行性				销售部	
研究核批价格市场销售执行	价格管理岗位	规定时间	总经理办公地	财务部	审批的产品价格表
	总经理			销售部	
正确性					
结束					

圆通会计工作能力训练平台

监制：中国工作标准研究院
出品：理财世界网

2.2.12.3　销售产品价格制定工作标准简述

销售产品价格制定工作标准是指企业价格管理部门价格管理岗位制定企业对外销售产品价格的工作规范。具体包括：

（1）工作核心目标：完成销售产品价格的制定工作。

（2）开始工作时间：准备销售产品相关成本价格资料。

（3）工作结束时间：制定的销售产品价格经总经理审核批准执行。

（4）相关工作地点：指完成销售产品价格制定工作时的工作场所或涉及的工作环境，如价格管理部门办公地、销售部门办公地、财务部门办公地、总经理办公室。各单位可根据自身实际，对此项内容进行准确化修改。

（5）相关工作单位：指完成销售产品价格制定工作涉及的主要单位部门，如价格管理部门、财务部门、销售部门。

（6）工作相关人员：指完成销售产品价格制定工作涉及的主要工作人员，如价格管理岗位、价格管理部门负责人、销售部门负责人、财务部门负责人、总经理。

（7）事前准备资料：指完成销售产品价格制定工作需要准备的单位产品制造成本、制造成本期望毛利率、单位产品完全成本、完全成本期望利润率、市场同类产品销售价格等资料或物品，这些资料包括技术资料文件清单中提出或要求的资料，也包括完成销售产品价格制定工作时需要提前完成的调研资料、参考资料或档案资料。

（8）事中产生资料：指接受任务后，在完成工作任务过程产生的制造成本期望毛利率销售价格测定表、单位完全成本期望利润率售价测定、综合因素、拟定的销售产品价格草案等重要资料或文件，需要按照完成销售产品价格制定工作中产生的时间顺序排列中间文件的清单。

（9）事后结果资料：指工作任务完成后形成的与销售产品价格制定工作标准核心目标相对应的经研究审核批准的销售执行价格。

（10）技术要求资料：指完成销售产品价格制定工作需要遵守的国家法规和行业制度、单位制度等文件规定的具体条款和具体章节内容，如《中华人民共和国价格法》、《内部会计控制规范——销售与收款》等。

另外，完成销售产品价格制定工作标准，必须明确工作过程需要的资料清单、数量、单位及需要遵守的技术标准资料及管理标准资料。

（11）内部控制措施：指完成销售产品价格制定工作需要表现的内部控制

思想或适应的内部控制环节、内部控制点、内部控制工具。

由于销售产品价格制定工作标准本身就构成单位的工作制度，因此，销售产品价格制定工作标准就可能是另一个工作执行过程中的一个环节，熟悉了解本标准可以培养企业销售产品价格确定事务综合处理能力。

对任何一项销售产品价格制定工作，需要对工作完成过程的每一个环节按照先后顺序进行排序，形成该工作标准的业务处理、控制流程。

（12）工作开始标志：准备销售产品相关成本价格资料标志着工作“开始”。

（13）工作核心环节排序，具体要求是：

①成立产品价格制定机构、准备相关资料；

②核定制造成本、测定期望毛利；

③核定完全成本、测定期望利润；

④参考行业价格、定位价格区间；

⑤拟定产品价格、编制市场报告；

⑥研究核批价格、市场销售执行。

（14）不同环节结果判断：总体来讲，根据“技术要求资料”对处理环节的处理结果进行判断，每一环节都有“真实性、及时性、完整性、可行性、合规性、正确性、合法性”等判断选择，这些判断的前提是熟悉技术要求资料，即各种文件要求内容，根据文件要求作出这些判断用语，也是工作进行中下一步三角判断框中的必选用语。

（15）不利结果修正：根据判断结果“是或否”来作出判断，明确下一步处理的路径方向，根据“是或否”来确定返回修改环节、终止还是继续下一步工作。这是体现内部控制思想、保证工作质量的重要标志。

（16）工作结束标志：完成销售产品价格制定工作标准规定的工作环节后，使用“归档”或“结束”，标志工作结束。

2.2.13 会计凭证收集与立卷工作标准

2.2.13.1 会计凭证收集与立卷工作标准

标准编码：1003

标准名称：会计凭证收集与立卷工作标准

2.2.13.1.1 工作标准名称释义

会计凭证收集与立卷工作标准是制证岗位会计在每月末对当月形成的会计记账凭证收集整理、核对编号，装订立卷的工作规范。

2.2.13.1.2 工作标准基本表格

工作核心目标	完成当月记账凭证的收集整理、装订立卷工作
工作开始时间	上月报表完成后
工作结束时间	每月15日内
相关工作地点	会计档案管理办公地　财务部门办公地
相关工作单位	财务部门　会计档案管理部门
相关工作人员	总账与报表岗位　会计机构负责人　会计档案管理岗位　审核制证岗位
备　注	

2.2.13.1.3 工作标准所需资料

资料类型	编码	资料名称	单位	原件数	复印数
事前准备资料	01	装订凭证封皮、财务印章等	份	1	1
	02	会计科目汇总表	份	1	0
	03	当月全部记账凭证	套	1	0
事中产生资料	04	整理核对好的记账凭证	套	1	1
	05	加盖装订人名章、骑缝公章的凭证封面	份	1	0
事后结果资料	06	会计凭证收集立卷登记册	份	1	0
	07	装订完整的会计记账凭证	份	1	0
技术要求资料	08	《会计档案管理办法》	份	1	0
	09	《会计基础工作规范》	份	1	0

2.2.13.1.4 相关工作标准

标准编码	标准名称
1010	会计档案移交工作标准
1011	记账凭证输出、立卷、归档工作标准

2. 2. 13. 1. 5 工作标准流程图

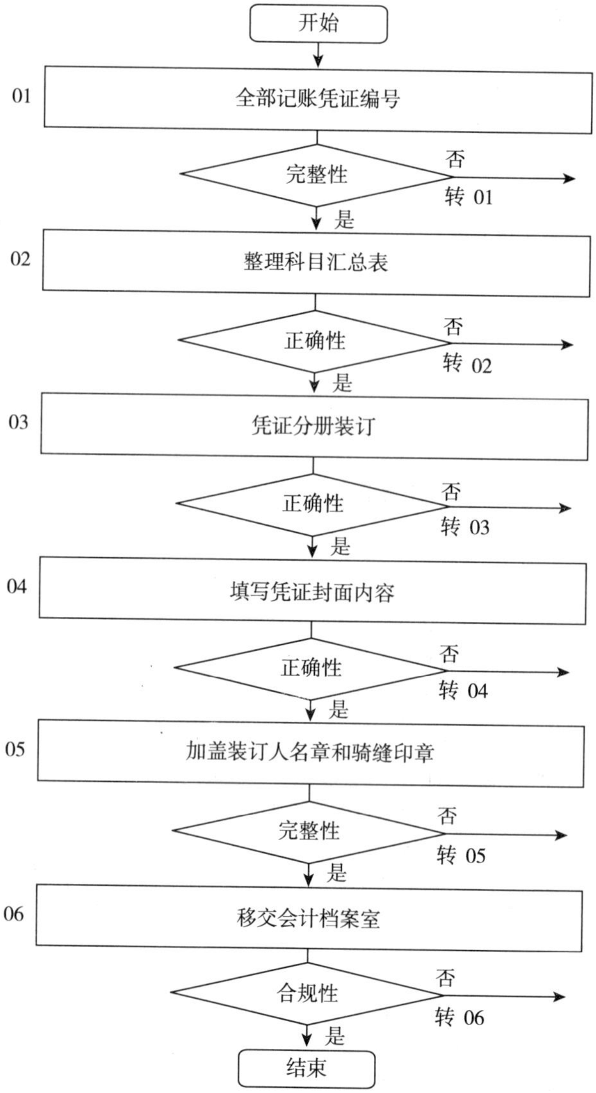

2.2.13.2 会计凭证收集与立卷工作标准训练平台

工作名称：会计凭证收集立卷·工作标准

《会计基础工作规范》 《会计档案管理办法》

工作流程	工作人员	工作时间	工作地点	工作单位	工作资料
开始					
全部记账凭证编号	审核制证岗位	月末	财务部办公地	财务部	整理的全月会计凭证
	总账与报表岗位				连续编号的记账凭证
完整性					
整理科目汇总表	审核制证岗位	月初	财务部办公地	财务部	会计科目汇总表
	总账与报表岗位				
正确性					
凭证分册装订	审核制证岗位	即时	财务部办公地	财务部	分册装订的记账凭证
	总账与报表岗位				
正确性					
填写凭证封面内容	审核制证岗位	即时	财务部办公地	财务部	装订成册的会计凭证
	总账与报表岗位				
正确性					
加盖装订人名章和骑缝印章	审核制证岗位	即时	财务部办公地	财务部	填写完整的凭证封面
	总账与报表岗位				加盖装订人名章的凭证封面
完整性	会计机构负责人				加盖骑缝公章的凭证封面
凭证造册登记按期移交归档	审核制证岗位	规定时间	档案室所在地	档案室	会计凭证收集立卷登记册
	总账与报表岗位				装订完整的会计记账凭证
合规性	会计档案管理岗位				
结束					

圆通会计工作能力训练平台

监制：中国工作标准研究院
出品：理财世界网

2.2.13.3　会计凭证收集立卷工作标准简述

会计凭证收集立卷工作标准是指制证岗位会计在本月末对当月的形成的会计记账凭证收集、整理、核对编号，装订立卷的工作规范。具体包括：

（1）工作核心目标：完成当月记账凭证的收集整理装订立卷工作。

（2）开始工作时间：上月报表完成后。

（3）工作结束时间：每月15日内。

（4）相关工作地点：指完成会计凭证收集立卷工作时的工作场所或涉及的工作环境，如财务部门办公地、会计档案管理办公地。各单位可根据自身实际对此项内容进行准确化修改。

（5）相关工作单位：指完成会计凭证收集立卷工作涉及的主要单位部门，如财务部门、会计档案管理部门。

（6）工作相关人员：指完成会计凭证收集立卷工作涉及主要工作人员，如总账与报表岗位、审核制证岗位、会计机构负责人、会计档案管理岗位。

（7）事前准备资料：指接受工作任务后，完成会计凭证收集立卷工作需要准备的装订凭证封皮、财务印章等，还有会计科目汇总表、利润表、资产负债表、当月全部记账凭证等资料，这些资料包括在技术资料文件清单中提出或要求的资料。

（8）事中产生资料：指在完成工作任务过程中，产生的装订成册的记账凭证、加盖装订人名章和骑缝公章的凭证封面等资料，需要按照完成会计凭证收集立卷工作中产生的时间顺序排列中间文件。

（9）事后结果资料：指工作任务完成后形成的与会计凭证收集立卷工作标准核心目标相对应的装订完整的会计凭证及会计凭证收集立卷登记册等。

（10）技术要求资料：指完成会计凭证收集立卷工作需要遵守的国家法规和行业制度、单位制度等文件规定的具体条款和具体章节内容，如《会计档案管理办法》、《会计基础工作规范》。

另外，完成会计凭证收集立卷工作标准，必须明确工作过程需要的资料清单、数量、单位及需要遵守的技术标准资料及管理标准资料。

（11）内部控制措施：是指完成会计凭证收集立卷工作需要表现的内部控制思想或适应的内部控制环节、内部控制点、内部控制工具。

由于会计凭证收集立卷工作标准本身就构成单位的工作制度，因此会计凭证收集立卷工作标准就可能是另一个工作执行过程中的一个环节，熟悉了解本标准可以培养会计凭证管理工作综合处理能力。

对会计凭证收集立卷工作需要对工作完成过程的每一个环节按照先后顺序进行排序，形成该工作标准的业务处理、控制流程。

（12）工作开始标志：上月会计报表完成后。

（13）工作核心环节排序，具体要求是：

①全部记账凭证整理连续编号；

②整理科目汇总表；

③凭证分册装订；

④填写凭证封面；

⑤加盖装订人名章，装订骑缝处加盖财务印章；

⑥凭证造册登记，会计机构负责人复核签名，在规定时间移交会计档案室。

（14）不同环节结果判断：总体来讲，根据“技术要求资料”对处理环节的处理结果进行判断，每一环节都有“真实性、及时性、完整性、可行性、合规性、正确性、合法性”等判断选择，这些判断的前提是熟悉技术要求资料，即各种文件要求内容，根据文件要求作出这些判断用语，也是工作进行中下一步三角判断框中的必选用语。

（15）不利结果修正：根据判断结果“是或否”来作出判断，明确下一步处理的路径方向，根据“是或否”来确定返回修改环节、终止还是继续下一步工作。这是体现内部控制思想、保证工作质量的重要标志。

（16）工作结束标志：完成会计凭证收集立卷工作标准规定的工作环节后，使用“归档”或“结束”，标志工作结束。

2.2.14 会计档案借用工作标准

2.2.14.1 会计档案借用工作标准

标准编码：1001

标准名称：会计档案借用工作标准

2.2.14.1.1 工作标准名称释义

会计档案借用工作标准是指会计档案借用人因工作需要，经申请批准将会计档案借出进行查阅摘录或复印的工作规范。

2.2.14.1.2 工作标准基本表格

工作核心目标	完成会计档案借用工作
工作开始时间	借用经办人提出申请
工作结束时间	借用的会计档案完整归还
相关工作地点	借用会计档案部门办公地　会计档案管理办公地　财务部门办公地
相关工作单位	财务部门　会计档案管理部门　会计档案借用部门
相关工作人员	会计机构负责人　会计档案管理岗位　会计档案借用人　业务部门负责人岗位
备　　注	

2.2.14.1.3 工作标准所需资料

资料类型	编码	资料名称	单位	原件数	复印数
事前准备资料	01	归档保管的会计档案	套	1	1
	02	会计档案借出登记簿	份	1	0
事中产生资料	03	会计档案申请借条	份	1	0
	04	记录有借出会计档案的登记簿	份	1	0
	05	借用的会计档案	册	1	1
	06	查阅会计档案复印件或资料摘录	份	1	0
事后结果资料	07	会计档案归还登记簿	册	1	0
技术要求资料	08	《会计档案管理办法》	份	1	0
	09	《会计基础工作规范》	份	1	0
	10	《中华人民共和国会计法》	份	1	0

2.2.14.1.4 相关工作标准

标准编码	标准名称
1002	会计档案管理制度制定工作标准

2.2.14.1.5　工作标准流程图

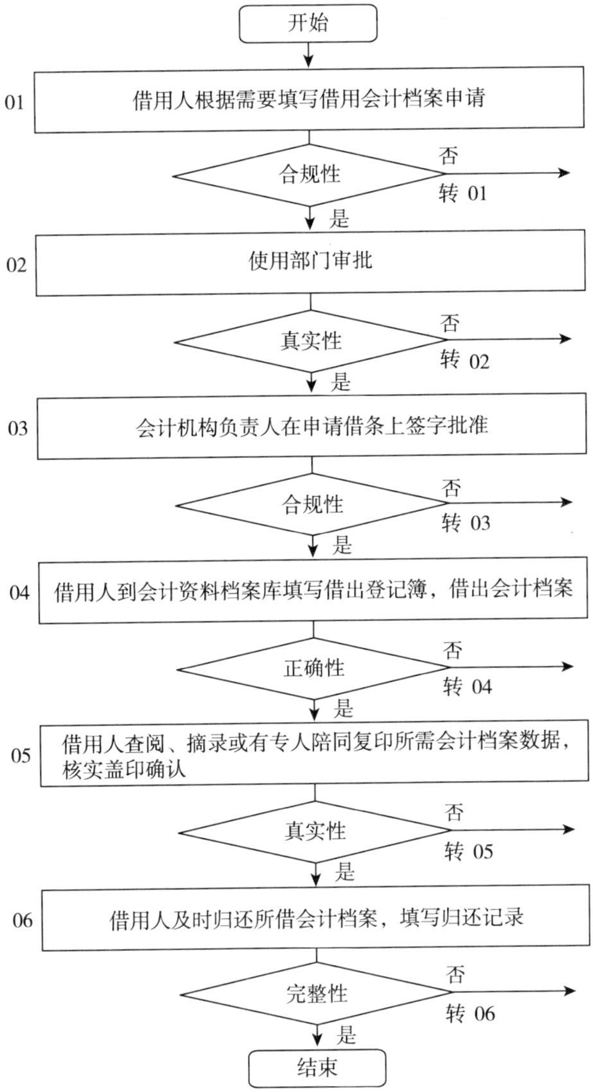

2.2.14.2 会计档案借用工作标准训练平台

工作名称：会计档案借用·工作标准

工作流程	工作人员	工作时间	工作地点	工作单位	工作资料
开始	《会计法》			《会计档案管理办法》	
档案借用申请	档案使用人	需要时	业务部门办公地	档案借用部门	会计档案用途说明
					档案借用申请
合规性					
借用部门审批	档案使用人	规定时间	业务部门办公地	档案借用部门	档案借用申请审批
	借用部门领导				
真实性					
财务部门审批	档案使用人	规定时间	财务负责人办公地	财务部	档案借用申请审批
	财务部负责人				
合规性					
填写借出记录	档案使用人	即时	会计档案所在地	财务部	会计档案借用审批表
	会计档案管理岗位				会计档案借出登记簿登记
正确性					借出会计档案清单
资料复印抄录	档案使用人	即时	会计档案所在地	财务部	档案抄录资料
	会计档案管理岗位				档案复印资料
真实性					
档案借用归还 填写归还记录	档案使用人	规定时间	会计档案所在地	财务部	会计档案借用归还记录
	会计档案管理岗位				
完整性					
结束					

圆通会计工作能力训练平台

监制：中国工作标准研究院
出品：理财世界网

2.2.14.3　会计档案借用工作标准简述

会计档案借用工作标准是指会计档案借用人因工作需要，经申请批准将会计档案借出进行查阅摘录或复印的工作规范。具体包括：

（1）工作核心目标：完成会计档案的借用工作。

（2）开始工作时间：借用经办人提出申请时。

（3）工作结束时间：指会计档案完整归还时。

（4）相关工作地点：指完成会计档案借用工作时的工作场所或涉及的工作环境，如财务部门所在地、财务负责人办公地、借用会计档案部门办公地、会计档案管理办公地。各单位可根据自身实际对此项内容进行准确化修改。

（5）相关工作单位：指完成会计档案借用工作涉及的主要单位部门，如财务部门、会计档案管理部门、会计档案借用部门。

（6）工作相关人员：指完成会计档案借用工作涉及的主要工作人员，如会计机构负责人岗位、会计档案管理岗位、业务部门负责人岗位、会计档案借用人等。

（7）事前准备资料：指接受工作任务后，完成会计档案借用工作需要准备的会计档案借用登记薄等资料，这些资料包括技术资料文件清单中提出或要求的资料，也包括完成会计档案借用工作时需要提前完成的调研资料、参考资料或档案资料。

（8）事中产生资料：指在完成工作任务过程中产生的会计档案借用申请单、会计档案借用登记薄等重要资料或文件，需要按照完成会计档案借用工作中产生的时间顺序排列中间文件的清单。

（9）事后结果资料：指工作任务完成后形成的与会计档案借用工作标准核心目标相对应的会计档案借用登记薄。

（10）技术要求资料：指完成会计档案借用需要遵守的单位制度等文件规定的具体内容，如《会计档案借用管理办法》、《会计基础工作规范——会计核算的基本规范》、《会计法——会计核算》等。

另外，完成会计档案借用工作标准，必须明确工作过程需要的资料清单、数量、单位及需要遵守的技术标准资料及管理标准资料。

（11）内部控制措施：指完成会计档案借用工作需要表现的内部控制思想或适应的内部控制环节、内部控制点、内部控制工具。

由于会计档案借用工作标准本身就构成单位的工作制度，因此会计档案借用工作标准就可能是另一个工作执行过程中的一个环节，熟悉了解档案借用工作标准可以培养档案综合处理能力。

对任何一项会计档案借用工作，需要对工作完成过程的每一个环节按照先后顺序进行排序，形成该工作标准的业务处理、控制流程。

（12）工作开始标志：填写会计档案借用申请单为工作“开始”的标志。

（13）工作核心环节排序，具体要求是：

①档案借用申请；

②借用部门审批；

③财务部门审批；

④填写借出记录，借出会计档案；

⑤资料复印抄录，核实盖印确认；

（14）不同环节结果判断：总体来讲，根据“技术要求资料”对处理环节的处理结果进行判断，每一环节都有“真实性、及时性、完整性、可行性、合规性、正确性、合法性”等判断选择，这些判断的前提是熟悉技术要求资料，即各种文件要求内容，根据文件要求作出这些判断用语，也是工作进行中下一步三角判断框中的必选用语。

（15）不利结果修正：根据判断结果“是或否”来作出判断，明确下一步处理的路径方向，根据“是或否”来确定返回修改环节、终止还是继续下一步工作。这是体现内部控制思想、保证工作质量的重要标志。

（16）工作结束标志：完成会计档案借用工作标准规定的工作环节后，使用“归档”或“结束”，标志工作结束。

2.3 资产管理与核算岗位工作标准

2.3.1 现金收款工作标准

2.3.1.1 现金收款工作标准

标准编码：1116

标准名称：现金收款工作标准

2.3.1.1.1 工作标准名称释义

现金收款工作标准是指出纳岗位以现金（包括人民币、外币）方式完成收款结算业务的工作规范。

2.3.1.1.2 工作标准基本表格

工作核心目标	完成现金收款业务
工作开始时间	受理现金收款业务时
工作结束时间	当即
相关工作地点	财务部门办公地
相关工作单位	财务部门　缴款单位
相关工作人员	出纳岗位　交款（单位经办）人
备　注	

2.3.1.1.3 工作标准所需资料

资料类型	编码	资料名称	单位	原件数	复印数
事前准备资料	01	验钞机	份	1	1
	02	财务专用章	件	1	1
	03	空白现金收据	本	1	0
	04	交款人身份证明	份	1	0
	05	交款经济事项证明文件	份	1	0
事中产生资料	06	收款收据		0	0
	07	现金备查账簿	份	1	0
事后结果资料	08	现金存款单	份	1	0
	09	收款记账凭证	份	1	1
技术要求资料	10	《企业内部控制规范》	份	1	0
	11	《会计基础工作规范》	份	1	1

2.3.1.1.4 相关工作标准

标准编码	标准名称
1103	现金付款工作标准

2.3.1.1.5 工作标准流程图

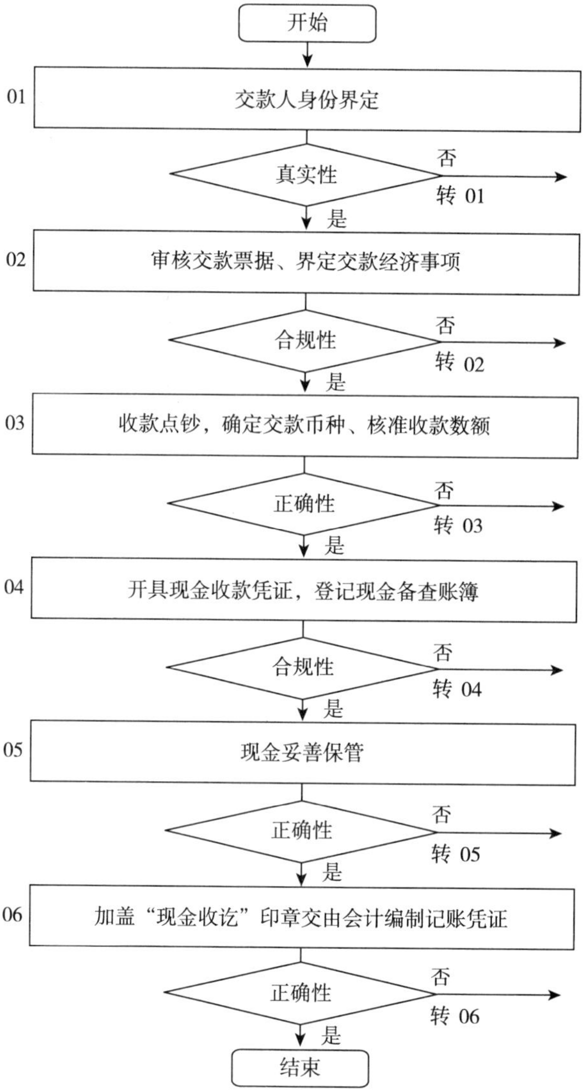

2.3.1.2 现金收款工作标准训练平台

工作名称 · 现金收款 · 工作标准 ·

工作流程	工作人员	工作时间	工作地点	工作单位	工作资料
开始		《现金管理条例》		《人民币管理条例》	
交款人身份界定	出纳岗位	当即	财务部办公地	财务部	介绍信
	单位经办人		收款地点	交款单位	身份证
真实性	交款人				
交款经济事项界定	出纳岗位	当即	财务部办公地	财务部	交款事项证明文件
	单位经办人		收款地点	交款单位	
合规性	交款人				
收款点钞	出纳岗位	当即	财务部办公地	财务部	现金
	单位经办人		收款地点	交款单位	验钞机
正确性	交款人				假钞没收登记表
开具现金收款收据 登记现金备查账簿	出纳岗位	当即	财务部办公地	财务部	假钞没收证明
	单位经办人		收款地点	交款单位	收款凭证存根
合规性	交款人				现金备查账簿
现金妥善保管	出纳岗位	当日	财务部办公地	财务部	保险柜
	单位经办人		收款地点		
正确性	交款人		开户银行办公地	开户银行	现金存款单
会计编制记账凭证	审核制证岗位	当日	财务部办公地	财务部	会计记账凭证
	单位经办人				现金备查账簿
正确性	交款人				
结束					

圆通会计工作能力训练平台

监制：中国工作标准研究院
出品：理财世界网

2.3.1.3 现金收款工作标准简述

现金收款工作标准是指出纳岗位以现金（包括人民币、外币）方式完成收款结算业务的工作规范。具体包括：

（1）工作核心目标：准确及时地完成现金收款业务。

（2）开始工作时间：受理现金收款业务时。

（3）工作结束时间：就现金收款这项工作来讲，对个人交纳现金的规定是当面点清，不存在差异的时间。出纳全日现金收款工作结束时间，是出纳登记完现金收付流水台账，完整的结束时间应为资料移交会计编制收款记账凭证、登记完现金日记账时。

（4）相关工作地点：是完成现金收款工作时的工作场所或涉及的工作环境，指财务部办公室。各单位可根据自身实际情况对此项内容进行修改。

（5）相关工作单位：指完成现金收款工作涉及的主要单位部门，如财务部门及交款单位等。

（6）相关工作人员：指完成现金收款工作涉及主要工作人员，指财务部门出纳岗位、交款人及相关交款单位经办人等。

（7）事前准备资料：指的是接受工作任务后，完成现金收款工作需要准备的空白的收款收据、财务专用章、交款的经济事项证明、交款人身份证、单位证明、法人委托书、验钞机、假币收没登记簿及保险柜等资料或物品，这些资料包括技术资料文件清单中提出或要求的资料，也包括完成现金收款工作时需要提前完成的调研资料、参考资料或档案资料。

（8）事中产生资料：指接受任务后，在完成工作任务过程中产生的收款收据等重要资料或文件，需要按照完成现金收款工作中产生的时间顺序排列中间文件的清单。

（9）事后结果资料：指工作任务完成后或本项工作结束时或终止时需要的标志资料或结果文件和现金收款工作标准核心目标进行对应的收款收据存根联及记账联、收款记账凭证。

（10）技术要求资料：是指完成现金收款工作需要遵守的国家法规和行业制度、单位制度等文件规定的具体条款和具体章节内容，如《会计基础工作规范》、《企业内部控制规范》、《现金管理暂行条例》等。

另外，完成现金收款工作标准，必须明确工作过程需要资料清单、数量、单位及需要遵守的技术标准资料及管理标准资料。

（11）内部控制措施：是指完成现金收款工作需要表现的内部控制思想或适应的内部控制环节、内部控制点、内部控制工具。

由于现金收款工作标准本身就构成单位的工作制度，因此现金收款工作标准就可能是另一个工作执行过程中的一个环节，熟悉了解标准可以培养综合处理能力。

对任何一项现金收款工作，需要对工作完成过程的每一个环节按照先后顺序进行排序，形成该工作标准的业务处理、控制流程。

（12）工作开始标志：受理现金收款业务标志现金收款工作“开始”。

（13）工作核心环节排序，具体要求是：

①交款人身份界定；

②交款经济事项界定；

③收款点钞；

④开具现金收款凭证，登记现金备查账簿；

⑤现金妥善保管；

⑥会计编制记账凭证。

（14）不同环节结果判断：总体来讲，根据“技术要求资料”对处理环节的处理结果进行判断，每一环节都有“真实性、及时性、完整性、可行性、合规性、正确性、合法性”等判断选择，这些判断的前提是熟悉技术要求资料，即各种文件要求内容，根据文件要求作出这些判断用语，也是工作进行中下一步三角判断框中的必选用语。

（15）不利结果修正：根据判断结果“是或否”来作出判断，明确下一步处理的路径方向，根据“是或否”来确定返回修改环节、终止还是继续下一步工作。这是体现内部控制思想、保证工作质量的重要标志。

（16）工作结束标志：完成现金收款工作标准规定的工作环节后，使用“归档”或“结束”，标志工作结束。

2.3.2 现金付款工作标准

2.3.2.1 现金付款工作标准

标准编码：1103

标准名称：现金付款工作标准

2.3.2.1.1 工作标准名称释义

现金付款工作标准是指出纳岗位以现金（包括人民币、外币、现金等价票据等）方式完成付款结算业务的工作规范。

2.3.2.1.2 工作标准基本表格

工作核心目标	完成现金付款业务
工作开始时间	受理现金付款业务时
工作结束时间	现金支付完毕
相关工作地点	财务部门办公地
相关工作单位	财务部门　收款单位
相关工作人员	审核制证岗位　出纳岗位　收款（单位经办）人
备　　注	

2.3.2.1.3 工作标准所需资料

资料类型	编码	资料名称	单位	原件数	复印数
事前准备资料	01	“现金付讫”印章	份	1	1
	02	收款人身份证明	份	1	0
	03	支付现金经济事项票据	份	1	1
	04	现金	份	0	0
事中产生资料	05	“现金付讫”的业务票据	份	1	0
事后结果资料	06	现金付款记账凭证	份	1	0
技术要求资料	07	《会计基础工作规范》	份	1	1
	08	《企业内部控制规范》	份	1	0

2.3.2.1.4 相关工作标准

标准编码	标准名称
1116	现金收款工作标准

2.3.2.1.5　工作标准流程图

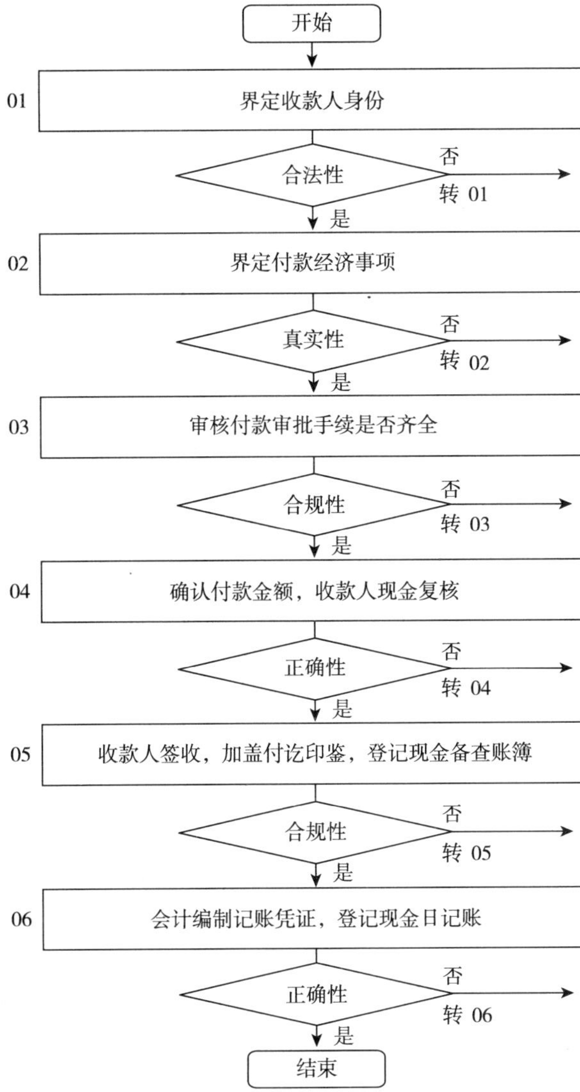

2.3.2.2 现金付款工作标准训练平台

工作名称：现金付款·工作标准

工作流程	工作人员	工作时间	工作地点	工作单位	工作资料
开始		《现金管理条例》		《企业内部控制规范》	
界定收款人身份	出纳岗位	受理付款业务时	财务部办公地	财务部	领款人身份证明
	收款人			收款单位	
合法性					
界定经济事项	出纳岗位	即时	财务部办公地	财务部	付款经济事项文件资料
	收款人			收款单位	
真实性					
付款审批齐全	出纳岗位	即时	财务部办公地	财务部	付款凭证
	收款人			收款单位	
合规性					
确认付款金额 付款点钞复核	出纳岗位	即时	财务部办公地	财务部	付款凭证
	收款人			收款单位	现金
正确性					点钞机
收款人签收 登记备查账	出纳岗位	即时	财务部办公地	财务部	付款凭证
	收款人			收款单位	现金备查账
合规性					
编制付款 记账凭证	审核制证岗	即时	财务部办公地	财务部	付款记账凭证
	出纳岗位				现金日记账
正确性					
结束					

圆通会计工作能力训练平台

监制：中国工作标准研究院
出品：理财世界网

2.3.2.3 现金付款工作标准简述

现金付款工作标准是指出纳岗位以现金（包括人民币、外币、现金等价票据等）方式完成付款结算业务的工作规范。具体包括：

（1）工作核心目标：完成现金付款业务。

（2）开始工作时间：受理现金付款业务时。

（3）工作结束时间：就现金付款这项工作来讲，是在领款人收取现金当面点清，并在付款票据上签名后即为工作结束时间。出纳全日现金付款工作结束时间，是出纳登记完现金收付流水台账，完整的结束时间应为付款资料移交会计编制付款记账凭证、登记完现金日记账时。

（4）相关工作地点：是完成现金付款工作时的工作场所。一般只有财务部办公室，各单位可根据自身实际对此项内容进行准确化修改。

（5）相关工作单位：指完成现金付款工作涉及的主要单位部门，指财务部门及收款单位等。

（6）相关工作人员：指完成现金付款工作涉及主要工作人员，如出纳岗位、收款人或者收款单位等。

（7）事前准备资料：指完成现金付款工作需要准备的现金借款单、借款人身份证明、现金付讫章、验钞机及现金等资料或物品等。

（8）事中产生资料：指接受任务后，在完成工作任务过程中产生的借款人签名并加盖“现金付讫”印章的借款单或者是报销人签名及加盖“现金付讫”章的费用报销单等单据资料或文件，需要按照完成现金付款工作中产生的时间顺序排列中间文件的清单。

（9）事后结果资料：指工作任务完成后形成的与现金付款工作标准核心目标相对应的付款记账凭证等。

（10）技术要求资料：是指完成现金付款工作需要遵守的国家法规和行业制度、单位制度等文件规定的具体内容，如《会计基础工作规范》、《企业内部控制规范——货币资金》、《现金管理暂行条例》。

另外，完成现金付款工作标准，必须明确工作过程需要的资料清单、数量、单位及需要遵守的技术标准资料及管理标准资料。

（11）内部控制措施：是指完成现金付款工作需要表现的内部控制思想或适应的内部控制环节、内部控制点、内部控制工具。

由于现金付款工作标准本身就构成单位的工作制度，因此现金付款工作标准就可能是另一个工作执行过程中的一个环节，熟悉了解本标准可以培养对关联现金收付事务综合处理能力。

对任何一项现金付款工作，需要综合考虑工作完成的过程，即对现金付款工作需要进行分解，分解后对每一个要素（环节）按照先后顺序进行排序，形成该现金付款工作标准的业务处理、控制流程。

（12）工作开始标志：受理现金付款业务标志现金付款工作“开始”。

（13）工作核心环节排序，具体要求是：

①领款人身份界定；

②付款经济事项界定；

③审核付款审批手续是否齐全；

④确认付款金额，付款点钞；

⑤收款人签收，登记备查账簿；

⑥编制付款记账凭证。

（14）不同环节结果判断：总体来讲，根据“技术要求资料”对处理环节的处理结果进行判断，每一环节都有“真实性、及时性、完整性、可行性、合规性、正确性、合法性”等判断选择，这些判断的前提是熟悉技术要求资料，即各种文件要求内容，根据文件要求作出这些判断用语，也是工作进行中下一步三角判断框中的必选用语。

（15）不利结果修正：根据判断结果“是或否”来作出判断，明确下一步处理的路径方向，根据“是或否”来确定返回修改环节、终止还是继续下一步工作。这是体现内部控制思想、保证工作质量的重要标志。

（16）工作结束标志：完成现金付款工作标准规定的工作环节后，使用“归档”或“结束”，标志工作结束。

2.3.3 转账支票付款工作标准

2.3.3.1 转账支票付款工作标准

标准编码：1110

标准名称：转账支票付款工作标准

2.3.3.1.1 工作标准名称释义

转账支票付款工作标准是指按照银行转账支票结算规定，通过给收款人开具银行转账支票或将收取的转账支票背书转让，完成付款结算的工作规范。

2.3.3.1.2 工作标准基本表格

工作核心目标	完成转账支票付款业务
工作开始时间	受理转账支票付款业务时
工作结束时间	完成付款结算的工作
相关工作地点	收款单位开户银行　开户银行所在地　财务部门办公地
相关工作单位	财务部门　收款单位　开户银行
相关工作人员	出纳岗位　收款（单位经办）人　开户银行工作人员
备　　注	

2.3.3.1.3 工作标准所需资料

资料类型	编码	资料名称	单位	原件数	复印数
事前准备资料	01	转账支票使用登记簿	本	1	0
	02	付款审批手续资料	份	1	0
	03	收款单位身份证明及银行账户资料	份	1	0
	04	空白转账支票或可背书转让的转账支票	份	1	0
	05	单位财务专用章	枚	1	0
	06	银行预留的法人代表私章	枚	1	0
事中产生资料	07	填制完整的转账支票	份	1	0
	08	收款单位收到背书转让支票的收据	份	1	0
事后结果资料	09	转账支票付款记账凭证	份	1	0
	10	转账付款委托单	份	1	0
技术要求资料	11	《票据管理实施办法》	份	1	0
	12	《支付结算办法》	份	1	0
	13	《企业内部控制规范》	份	1	1

2.3.3.1.4 相关工作标准

标准编码	标准名称
1102	转账支票收款工作标准

2.3.3.1.5 工作标准流程图

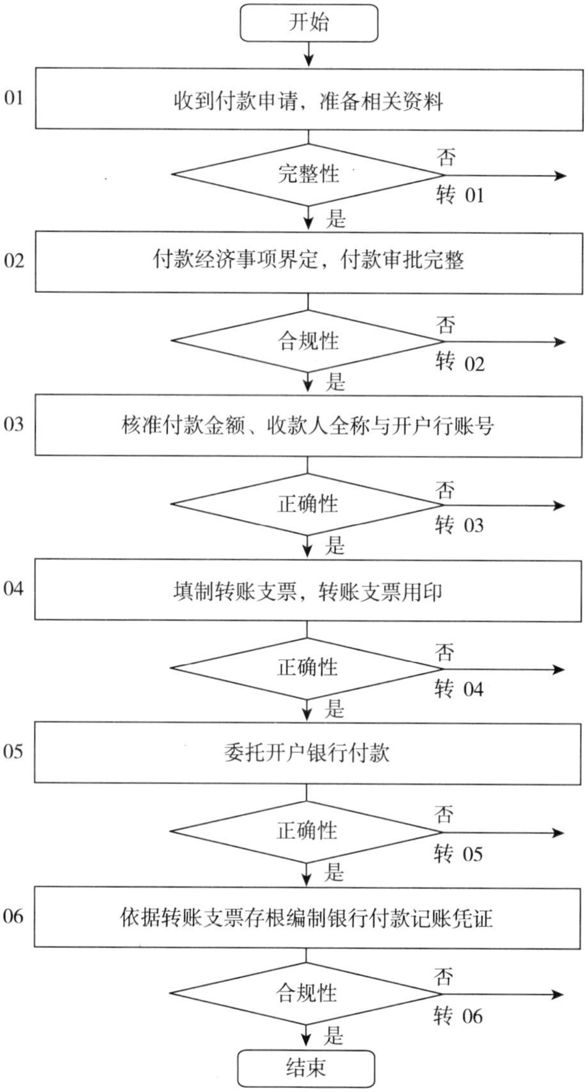

2.3.3.2 转账支票付款工作标准训练平台

工作名称：转账支票付款·工作标准

工作流程	工作人员	工作时间	工作地点	工作单位	工作资料
开始		《支付结算办法》		《企业内部控制规范》	
收到付款申请 准备相关资料	出纳岗位	收到付款申请时	财务部办公地	财务部	付款申请资料
	业务经办人			业务经办单位	空白转账支票
完整性					银行预留印鉴
界定经济事项 付款审批完整	出纳岗位	即时	财务部办公地	财务部	付款申请资料
	业务经办人				相关票据文件
合规性					
确认付款金额 收款人账号名称	出纳岗位	即时	财务部办公地	财务部	付款申请资料
	业务经办人			业务经办单位	相关票据文件
正确性					收款单位银行账号
填制转账支票 转账支票用印	出纳岗位	即时	财务部办公地	财务部	转账支票及存根
					银行预留印鉴
正确性					
委托开户 银行付款	出纳岗位	即时	开户银行办公地	开户银行	转账支付委托单
	开户银行对公岗位				转账支票
正确性					
支票存根粘贴 编辑记账凭证	出纳岗位	规定时间	财务部办公地	财务部	转账支票存根
	审核制证岗位				付款记账凭证
合规性					
结束					

圆通会计工作能力训练平台

监制：中国工作标准研究院
出品：理财世界网

2.3.3.3 转账支票付款工作标准简述

转账支票付款工作标准是指出纳岗位按照银行转账支票结算规定，通过给收款人开具银行转账支票或将收取的转账支票背书转让的方式，完成付款结算的工作规范。具体包括：

（1）工作核心目标：指完成转账支票付款工作。

（2）开始工作时间：受理转账支票付款业务时。

（3）工作结束时间：指编制转账支票付款记账凭证。

（4）相关工作地点：是完成转账支票付款工作时的工作场所或涉及的工作环境：财务部门办公地、开户银行所在地，各单位可根据自身实际对此项内容进行准确化修改。

（5）相关工作单位：指完成转账支票付款工作涉及的主要单位部门，如财务部门、收款单位、开户银行等。

（6）相关工作人员：指完成转账支票付款工作涉及主要工作人员，如出纳岗位、收款人（单位经办人）、会计机构负责人、主管会计、银行工作人员，也可以是经办人等。

（7）事前准备资料：指的是接受工作任务后，对完成转账支票付款工作需要准备的资料或物品，包括转账支票登记薄、收款人身份证明、收款单位的开户银行账号、银行预留印鉴、空白银行支票、付款审批单等。

（8）事中产生资料：指在完成工作任务过程中产生新的重要资料或文件，如填制完整的银行转账支票等。需要按照完成转账支票付款工作中产生的时间顺序排列中间文件的清单。

（9）事后结果资料：指工作任务完成后形成的与转账支票付款工作标准核心目标相对应的记账凭证。

（10）技术要求资料：是指完成转账支票付款工作需要遵守的国家法规和行业制度、单位制度等文件规定的具体条款和具体章节内容，如《票据管理实施办法》、《企业内部控制规范》、《支付结算办法》等。

另外，完成转账支票付款工作标准，必须明确工作过程需要的资料清单、数量、单位及需要遵守的技术标准资料及管理标准资料。

（11）内部控制措施：是指完成转账支票付款工作需要表现的内部控制思想或适应的内部控制环节、内部控制点、内部控制工具。

由于转账支票付款工作标准本身就构成单位的工作制度，因此转账支票付款工作标准就可能是另一个工作执行过程中的一个环节，熟悉了解本标准可以培养通过银行结算事务的综合处理能力。

对转账支票付款工作，需要对每一个工作环节按照先后顺序进行排序，形成该转账支票付款工作标准的业务处理、控制流程。

（12）工作开始标志：受理转账支票付款标志转账支票付款工作“开始”。

（13）工作核心环节排序，具体要求是：

①收款人身份界定；

②付款经济事项界定；

③核准付款金额；

④填制转账支票，转账支票用印；

⑤委托开户银行付款；

⑥粘贴支票存根，编制记账凭证。

（14）不同环节结果判断：总体来讲，根据“技术要求资料”对处理环节的处理结果进行判断，每一环节都有“真实性、及时性、完整性、可行性、合规性、正确性、合法性”等判断选择，这些判断的前提是熟悉技术要求资料，即各种文件要求内容，根据文件要求作出这些判断用语，也是工作进行中下一步三角判断框中的必选用语。

（15）不利结果修正：根据判断结果“是或否”来作出判断，明确下一步处理的路径方向，根据“是或否”来确定返回修改环节、终止还是继续下一步工作。这是体现内部控制思想、保证工作质量的重要标志。

（16）工作结束标志：完成转账支票付款工作标准规定的工作环节后，使用“归档”或“结束”，标志工作结束。

2.3.4 商业承兑汇票收款工作标准

2.3.4.1 商业承兑汇票收款工作标准

标准编码：1106

标准名称：商业承兑汇票收款工作标准

2.3.4.1.1 工作标准名称释义

商业承兑汇票收款工作标准是指出纳岗位办理商业承兑汇票结算方式收取货款的工作规范。

2.3.4.1.2 工作标准基本表格

工作核心目标	完成商业承兑汇票收款工作
工作开始时间	收到客户的商业承兑汇票
工作结束时间	收到商业承兑汇票承兑款
相关工作地点	开户银行所在地　财务部门办公地
相关工作单位	财务部门　开户银行　出票单位开户行　客户单位　销售部门
相关工作人员	出纳岗位　开户银行工作人员　客户单位经办人　出票单位开户行业务员　往来款项管理与核算岗位　主营业务收入管理与核算岗位　销售经办人
备　注	

2.3.4.1.3 工作标准所需资料

资料类型	编码	资料名称	单位	原件数	复印数
事前准备资料	01	商业承兑汇票	份	1	0
	02	业务事项证明	份	1	0
事中产生资料	03	商业承兑汇票复印件	份	1	0
	04	商业承兑汇票收据	份	1	0
	05	会计记账凭证	份	1	0
	06	银行托收凭证	份	1	0
事后结果资料	07	收取回款通知单	份	1	0
	08	记账凭证	份	1	0
	09	应收票据备查账簿	份	1	0
事前准备资料	10	《企业会计制度》	份	1	0
技术要求资料	11	《银行结算办法》	份	1	0

2.3.4.1.4 相关工作标准

标准编码	标准名称
1104	银行存款收款工作标准
1107	银行承兑汇票收款工作标准

2.3.4.1.5 工作标准流程图

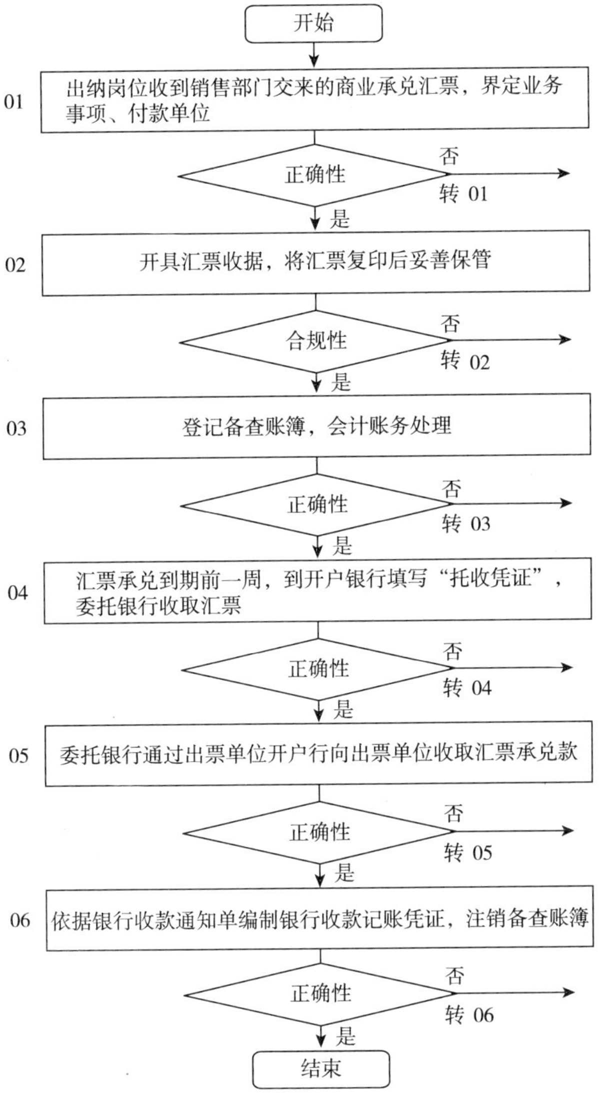

2.3.4.2 商业承兑汇票收款工作标准训练平台

工作名称·商业承兑汇票收款·工作标准·

工作流程	工作人员	工作时间	工作地点	工作单位	工作资料
开始		·《企业会计制度-应收票据》·		·《银行结算办法》·	
收取商业汇票 界定内容事项 确认付款单位	·出纳岗位·	·即时·	·财务部办公地·	·财务部·	·商业承兑汇票·
	·销售经办人·	· ·	· ·	·销售部·	·业务事项证明·
正确性	·客户单位经办人·	· ·	· ·	·客户单位·	· ·
复印商业汇票 开据汇票收据	·出纳岗位·	·即时·	·财务部办公地·	·财务部·	·商业承兑汇票·
	·销售经办人·	· ·	· ·	·销售部·	·商业承兑汇票复印件·
合规性	·客户单位经办人·	· ·	· ·	· ·	·商业承兑汇票收据·
登记备查账簿 会计账务处理	往来管理与核算岗位	·即时·	·财务部办公地·	·财务部·	·承兑汇票复印件与收据·
	主营收入管理与核算岗位	· ·	· ·	·销售部·	·应收票据备查账簿·
正确性	·出纳岗位·	· ·	· ·	· ·	·会计记账凭证·
汇票承兑到期 委托银行收取	·出纳岗位·	·承兑到期·	·开户银行所在地·	·财务部·	·商业承兑汇票·
	·开户银行经办业务员·	· ·	· ·	·开户银行·	·银行托收凭证·
正确性	· ·	· ·	· ·	· ·	· ·
通过双方银行 收取承兑款项	·出纳岗位·	·即时·	·开户银行所在地·	·财务部·	·商业承兑汇票·
	·开户银行经办业务员·	· ·	· ·	·开户银行·	·银行托收凭证·
正确性	·出票单位开户行业务员·	· ·	· ·	·出票单位开户行·	·收取回款通知单·
编制记账凭证 注销备查账簿	·出纳岗位·	·即时·	·财务部办公地·	·财务部·	·收取回款通知单·
	·往来管理与核算岗·	· ·	· ·	· ·	·记账凭证·
正确性	· ·	· ·	· ·	· ·	·承兑汇票备查账簿·
结束					

圆通会计工作能力训练平台

监制：中国工作标准研究院
出品：理财世界网

2.3.4.3 商业承兑汇票收款工作标准简述

商业承兑汇票收款工作标准是指出纳岗位办理商业承兑汇票结算方式收取货款的工作规范。具体包括：

（1）工作核心目标：完成商业承兑汇票收款工作。

（2）开始工作时间：收到客户的商业承兑汇票。

（3）工作结束时间：收到商业承兑汇票承兑款。

（4）相关工作地点：是完成商业承兑汇票收款工作时的工作场所或涉及的工作环境，如财务部门办公地、开户银行所在地等，各单位可根据自身实际对此项内容进行准确化修改。

（5）相关工作单位：指完成商业承兑汇票收款工作涉及的主要单位部门，如财务部门、开户银行、出票单位开户行、客户单位、销售部门等。

（6）相关工作人员：指完成商业承兑汇票收款工作涉及主要工作人员，如出纳岗位、开户银行工作人员、客户单位经办人、出票单位开户行业务员、往来款项管理与核算岗位、主营业务收入管理与核算岗位、销售经办人等。

（7）事前准备资料：指的是接受工作任务后，对完成商业承兑汇票收款工作需要准备的商业承兑汇票、业务事项证明等资料。

（8）事中产生资料：指在完成工作任务过程中产生的商业承兑汇票复印件、商业承兑汇票收据、应收票据备查账簿、会计记账凭证、银行托收凭证等资料，需要按照完成商业承兑汇票收款工作中产生的时间顺序排列中间文件。

（9）事后结果资料：指工作任务完成后形成的与商业承兑汇票收款工作标准核心目标相对应的收取回款通知单、记账凭证、应收票据备查账簿等。

（10）技术要求资料：是指完成商业承兑汇票收款工作需要遵守的国家法规和行业制度、单位制度等文件规定的具体条款和具体章节内容，如《企业会计制度》、《银行结算办法》。

另外，完成商业承兑汇票收款工作标准，必须明确工作过程需要的资料清单、数量、单位及需要遵守的技术标准资料及管理标准资料。

（11）内部控制措施：是指完成商业承兑汇票收款工作需要表现的内部控制思想或适应的内部控制环节、内部控制点、内部控制工具。

由于商业承兑汇票收款工作标准本身就构成单位的工作制度，因此商业承兑汇票收款工作标准就可能是另一个工作执行过程中的一个环节，因此，熟悉了解本标准可以培养通过银行垫付结算业务综合处理能力。

对商业承兑汇票收款工作，需要每一个工作环节按照先后顺序进行排序，形成该商业承兑汇票收款工作标准的业务处理、控制流程。

（12）工作开始标志：收取商业承兑汇票时。

（13）工作核心环节排序，具体要求是：

①收取商业汇票，界定内容事项，确认付款单位；

②复印商业汇票，开具汇票收据；

③登记备查账簿会计账务处理；

④汇票承兑到期，委托银行收取；

⑤通过双方银行收取承兑款项；

⑥编制记账凭证，注销备查账簿。

（14）不同环节结果判断：总体来讲，根据“技术要求资料”对处理环节的处理结果进行判断，每一环节都有“真实性、及时性、完整性、可行性、合规性、正确性、合法性”等判断选择，这些判断的前提是熟悉技术要求资料，即各种文件要求内容，根据文件要求作出这些判断用语，也是工作进行中下一步三角判断框中的必选用语。

（15）不利结果修正：根据判断结果“是或否”来作出判断，明确下一步处理的路径方向，根据“是或否”来确定返回修改环节、终止还是继续下一步工作。这是体现内部控制思想、保证工作质量的重要标志。

（16）工作结束标志：完成商业承兑汇票收款工作标准规定的工作环节后，使用“归档”或“结束”，标志工作结束。

2.3.5 投资项目可行性研究工作标准

2.3.5.1 投资项目可行性研究工作标准

标准编码：1204

标准名称：投资项目可行性研究工作标准

2.3.5.1.1 工作标准名称释义

投资项目可行性研究工作标准是指对投资项目进行分析研究论证，确定投资项目是否可行的工作规范。

2.3.5.1.2 工作标准基本表格

工作核心目标	完成投资项目可行性研究
工作开始时间	收到投资项目建议书
工作结束时间	经研究论证作出投资决策时
相关工作地点	总师办办公室 财务部门办公地 董事会办公地
相关工作单位	财务部门 董事会
相关工作人员	总会计师岗位 法人代表 会计机构负责人 投资管理与核算岗位 董事会成员
备 注	

2.3.5.1.3 工作标准所需资料

资料类型	编码	资料名称	单位	原件数	复印数
事前准备资料	01	项目投资方案	份	1	0
	02	企业发展战略规划	份	1	1
	03	投资项目相关国家法律法规	份	1	0
	04	相关国家产业发展方向	份	1	0
事中产生资料	05	投资方案的可行性论证报告	份	1	0
	06	投资方案的资金来源与概算报告	份	1	0
事后结果资料	07	项目投资最大风险评估	份	1	0
	08	项目投资最低收益评估	份	1	0
	09	投资项目可行性综合论证	份	1	0
技术要求资料	10	《企业会计准则》	份	1	0
	11	《企业内部控制规范》	份	1	0

2.3.5.1.4 相关工作标准

标准编码	标准名称
1203	对外投资内部管理制度建设工作标准

2.3.5.1.5 工作标准流程图

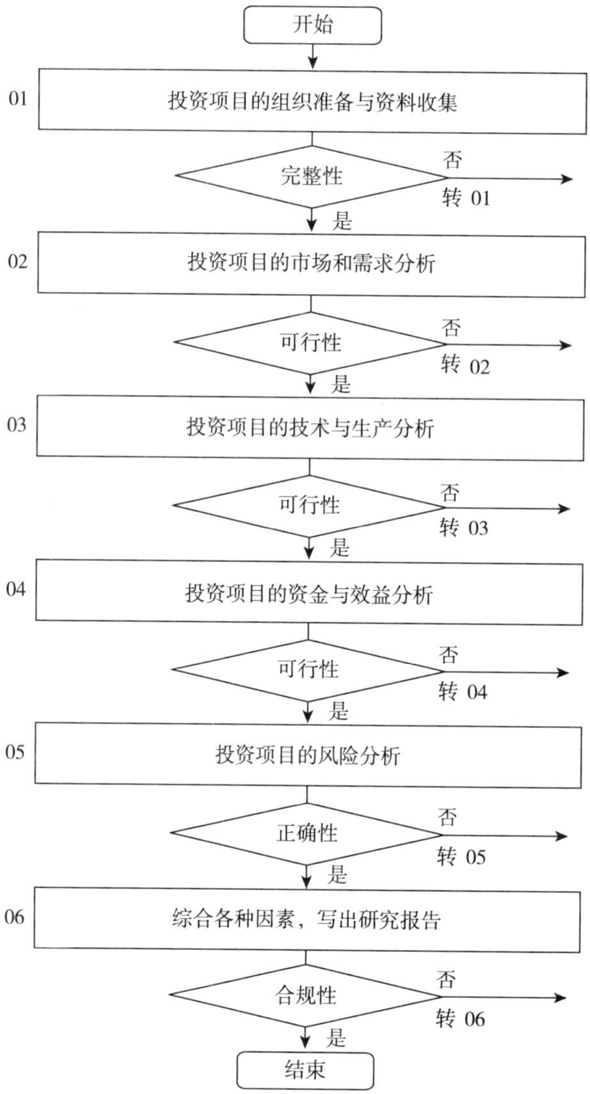

2.3.5.2　投资项目可行性研究工作标准训练平台

工作名称：投资项目可行性研究·工作标准

《企业内部控制应用指引》《内部会计控制规范》

工作流程	工作人员	工作时间	工作地点	工作单位	工作资料
开始					
选择投资项目搜集相关资料	投资管理与核算岗位	即时	总师办办公地	董事会	项目投资方案
	总工程师			总师办	国家有关法律法规
完整性	董事会成员			财务部	国家产业发展方向
投资项目的市场和需求分析	投资管理与核算岗位	即时	总师办办公地	财务部	项目投资方案
	总工程师			总师办	市场需求分析资料
合法性	董事会成员			董事会	符合企业发展战略规划论证
投资项目的技术与生产分析	投资管理与核算岗位	即时	总师办办公地	财务部	项目投资方案
	总工程师			总师办	项目技术先进性论证
正确性	董事会成员			董事会	
投资项目的资金与效益分析	投资管理与核算岗位	即时	财务部办公地	财务部	项目成本收入效益论证
	总会计师			董事会	项目所需资金来源论证
正确性	董事会成员				
投资项目的风险分析	投资管理与核算岗位	即时	财务部办公地	财务部	投资项目风险评估
	总会计师			总师办	
正确性	董事会成员			董事会	
综合各种因素写出研究报告	投资管理与核算岗位	即时	董事会办公地	财务部	项目投资最大风险评估
	总会计师			总师办	项目投资最低收益评估
正确性	总工程师			董事会	投资项目可行性综合论证
结束					

圆通会计工作能力训练平台

监制：中国工作标准研究院
出品：理财世界网

2.3.5.3 投资项目可行性研究工作标准简述

投资项目可行性研究工作标准是指企业在投资决策前，对投资项目进行分析研究论证，确定投资项目是否可行的工作规范。具体包括：

（1）工作核心目标：完成投资项目可行性研究。

（2）开始工作时间：收到投资项目建议书。

（3）工作结束时间：经研究论证作出投资决策时。

（4）相关工作地点：是完成投资项目可行性研究工作时的工作场所或涉及的工作环境，如财务部门办公地、总工程师办公地、董事会办公地等。各单位可根据自身实际对此项内容进行准确化修改。

（5）相关工作单位：指完成投资项目可行性研究工作涉及的主要单位部门，包括财务部门、总工程师办公室、董事会等。

（6）相关工作人员：指完成投资项目可行性研究工作涉及主要工作人员，如投资管理与核算岗位、会计机构负责人、法人代表、总会计师岗位及董事会成员等。

（7）事前准备资料：指的是接受工作任务后，完成投资项目可行性研究工作需要准备的项目投资方案、企业发展战略规划、国家有关法律法规及产业发展方向等资料，这些资料包括在技术资料文件清单中提出或要求的资料，也包括完成投资项目可行性研究工作时需要提前完成的调研资料、参考资料或档案资料。

（8）事中产生资料：指在完成工作任务过程中，产生的各种分析论证资料或文件，需要按照完成投资项目可行性研究工作中产生的时间顺序排列中间文件。

（9）事后结果资料：指工作任务完成后形成的与投资项目可行性研究工作标准核心目标相对应的项目可行性研究报告。

（10）技术要求资料：是指完成投资项目可行性研究工作需要遵守的国家法规和行业制度、单位制度等文件规定的具体条款和具体章节内容，如《企业会计准则》、《企业内部控制规范》。

（11）内部控制措施：是指完成投资项目可行性研究工作需要表现的内部控制思想或适应的内部控制环节、内部控制点、内部控制工具。

由于投资项目可行性研究工作标准本身就构成单位的工作制度，因此投资项目可行性研究工作标准就可能是另一个工作执行过程中的一个环节，熟悉了解本标准可以培养对企业扩充发展事务综合处理能力。

对投资项目可行性研究工作，需要对工作完成过程的每一个环节按照先后顺序进行排序，形成该工作标准的业务处理、控制流程。

（12）工作开始标志：收到投资项目建议书标志投资项目可行性研究工作“开始”。

（13）工作核心环节排序，具体要求是：

①组织准备与资料收集。进行项目可行性研究首先要组建研究班子，负责可行性研究的构想、经费筹集、制定研究计划方案等。资料收集主要包括项目的背景、宗旨的基本情况，项目的自然、经济、水文地质等基本条件，项目的规模、功能和主要技术经济指标等。

②投资项目的市场和需求分析。在深入调查和充分掌握各类资料的基础上，对拟开发项目的市场需求及市场供给状况应进行科学分析、客观预测，包括开发成本、市场售价、销售对象及开发周期、销售期等。

③投资项目的技术与生产分析。在对可供选择的规划方案进行比较分析的基础上，优选出最为合理、可行的方案作为最后方案，并对其进行详细描述。对开发进程进行合理的时间安排。

④投资项目的资金与效益分析。根据项目投资估算即对开发项目所涉及的成本费用进行分析。合理估算资金需求量，拟订筹资方案，对筹资成本进行计算和分析。依据国家现行财税制度、现行价格和有关法规，从项目角度对项目的盈利能力、偿债能力等项目财务状况进行效益分析。

⑤投资项目的风险分析。通过对影响投资效果的社会、经济、环境、政策、市场等因素的分析，了解各因素对项目的影响性质和程度，为控制项目运作过程中的关键因素提供依据，也为投资者了解项目的风险大小及来源提供参考。

⑥综合各种因素，写出研究报告。

（14）不同环节结果判断：总体来讲，根据“技术要求资料”对处理环节的处理结果进行判断，每一环节都有“真实性、及时性、完整性、可行性、合规性、正确性、合法性”等判断选择，这些判断的前提是熟悉技术要求资料，即各种文件要求内容，根据文件要求作出这些判断用语，也是工作进行中下一步三角判断框中的必选用语。

（15）不利结果修正：根据判断结果“是或否”来作出判断，明确下一步处理的路径方向，根据“是或否”来确定返回修改环节、终止还是继续下一步工作。这是体现内部控制思想、保证工作质量的重要标志。

（16）工作结束标志：完成投资项目可行性研究工作标准规定的工作环节后，使用“归档”或“结束”，标志工作结束。

2.3.6 基建项目预算编制工作标准

2.3.6.1 基建项目预算编制工作标准

标准编码：1304

标准名称：基建项目预算编制工作标准

2.3.6.1.1 工作标准名称释义

基建项目预算编制工作标准是指在工程设计图纸与施工图纸审批后组织或委托专业建筑工程预算员编制工程预算的工作规范。

2.3.6.1.2 工作标准基本表格

工作核心目标	编制基建项目预算
工作开始时间	基建项目设计与施工图审批后
工作结束时间	编制的基建项目预算经审核通过
相关工作地点	总经理办公地　基建工程部办公地
相关工作单位	财务部门　基建工程部　编制预算受托部门　公司总部
相关工作人员	会计机构负责人　在建工程管理与核算岗位　基建工程部部长　预算员　受托部门预算员
备　　注	

2.3.6.1.3 工作标准所需资料

资料类型	编码	资料名称	单位	原件数	复印数
事前准备资料	01	工程项目设计图	份	1	0
	02	工程项目施工图	份	1	0
事中产生资料	03	项目预算编制委托合同	份	1	0
	04	工程数量分类计算稿	份	1	0
	05	工程预算总价汇算表	份	1	1
	06	工程取费分类计算稿	份	1	0

续表

资料类型	编码	资料名称	单位	原件数	复印数
事后结果资料	07	工程项目预算会审意见	份	1	0
	08	主管总经理审批意见	份	1	0
	09	工程预算总价会算表	份	1	0
技术要求资料	10	《工程预算定额标准》	套	1	1
	11	《建筑材料预算价格》	册	1	0

2.3.6.1.4 相关工作标准

标准编码	标准名称
1302	在建工程内部管理制度制定工作标准

2.3.6.1.5 工作标准流程图

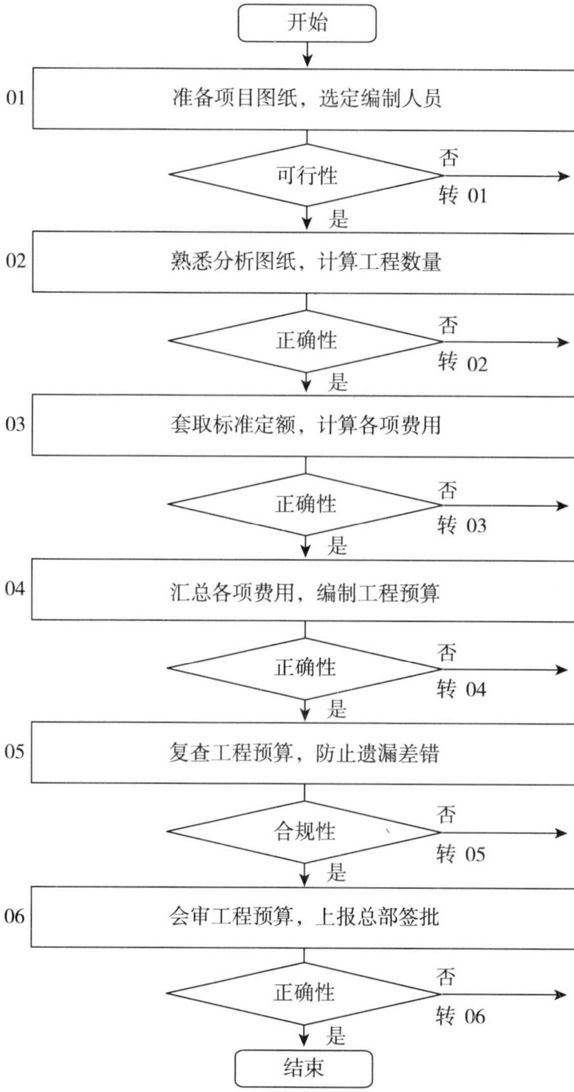

2.3.6.2 基建项目预算编制工作标准训练平台

工作名称

·基建项目预算编制· 工作标准

工作流程	工作人员	工作时间	工作地点	工作单位	工作资料
开始		《建筑工程预算定额》		《建筑材料预算价格》	
准备项目图纸 选定编制人员	在建工程管理与核算岗位	即时	基建工程部办公地	基建工程部	工程项目设计图
	本部门预算员			编制预算受托部门	工程项目施工图
可行性	受托部门预算员				项目预算编制委托合同
熟悉分析图纸 计算工程数量	本部门预算员	即时	基建工程部办公地	基建工程部	施工设计图纸
	受托部门负责人			编制预算受托部门	工程数量分类计算稿
正确性					
套取标准定额 计算各项费用	本部门预算员	即时	基建工程部办公地	基建工程部	工程数量分类计算稿
	受托部门预算员			编制预算受托部门	工程预算定额标准
合规性					工程取费分类计算稿
汇总各项费用 编制工程预算	本部门预算员	即时	基建工程部办公地	基建工程部	工程取费分类计算稿
	受托部门预算员			编制预算受托部门	工程预算总价汇算表
正确性					
复查所编预算 防止遗漏差错	本部门预算员	即时	基建工程部办公地	基建工程部	工程数量分类计算稿
	受托部门预算员			编制预算受托部门	工程取费分类计算稿
正确性					工程预算总价汇算表
预算通过会审 上报总部签批	主管总经理	即时	总经理办公室	公司总部	工程项目预算会审意见
	在建工程管理与核算岗位			基建工程部	主管总经理审批意见
正确性	会计机构负责人			财务部	工程预算总价汇算表
结束					

圆通会计工作能力训练平台

监制：中国工作标准研究院
出品：理财世界网

2.3.6.3 基建项目预算编制工作标准简述

基建项目预算编制工作标准是指企业基建工程部在工程设计图纸与施工图纸审批后组织或委托专业建筑工程预算员编制工程预算的工作规范。具体包括：

（1）工作核心目标：完成基建项目预算的编制。

（2）开始工作时间：基建项目设计施工图纸审批后。

（3）工作结束时间：编制的基建工程预算经审核通过。

（4）相关工作地点：是指完成基建项目预算编制工作时的工作场所或涉及的工作环境，如财务部门办公地、工程建设部办公地、编制预算受托部门所在地等，各单位可根据自身实际对此项内容进行具体修改。

（5）相关工作单位：指完成基建项目预算编制工作涉及的主要单位部门，包括财务部门、编制预算受托部门、基建工程部等。

（6）相关工作人员：指完成基建项目预算编制工作涉及主要工作人员，包括在建工程管理与核算岗位、预算员、受托部门预算员、基建工程部部长、财务机构负责人等。

（7）事前准备资料：指的是接受工作任务后，完成基建项目预算编制工作需要准备的工程项目设计图、工程项目施工图、项目预算编制合同等资料或物品。这些资料包括在技术资料文件清单中提出或要求的资料，也包括完成工作时需要提前完成基建项目预算编制的调研资料、参考资料或档案资料。

（8）事中产生资料：指在完成工作任务过程中产生的工程数量分类计算稿、工程取费分类计算稿、工程预算总价汇算表等资料，需要按照完成基建项目预算编制工作中产生的时间顺序排列中间文件。

（9）事后结果资料：指工作任务完成后形成的与基建项目预算编制工作标准核心目标相对应的工程项目预算汇算表、工程项目预算会审意见、主管总经理审批意见等。

（10）技术要求资料：是指完成基建项目预算编制工作需要遵守的国家法规和行业制度、单位制度等文件规定的具体条款和具体章节内容，比如《工程预算定额标准》、《建筑材料预算价格》。

另外，完成基建项目预算编制工作标准，必须明确工作过程需要资料清单、数量、单位及需要遵守的技术标准资料及管理标准资料。

（11）内部控制措施：是指完成基建项目预算编制工作需要表现的内部控

制思想或适应的内部控制环节、内部控制点、内部控制工具。

由于基建项目预算编制工作标准本身就构成单位的工作制度，因此基建项目预算编制工作标准就可能是另一个工作执行过程中的一个环节，熟悉了解本标准可以培养对基建项目工程事务综合处理能力。

对任何一项基建项目预算编制工作需要对工作完成过程的每一个环节按照先后顺序进行排序，形成基建项目预算编制工作标准的业务处理、控制流程。

（12）工作开始标志：将取得经审批的工程项目设计与施工图纸确定为工作“开始”。

（13）工作核心环节排序，具体要求是：

①准备项目预算编制资料、选定预算编制人员；

②熟悉分析图纸、计算工程数量；

③套取标准定额，计算各项费用；

④汇总各项费用，编制工程预算；

⑤复查工程预算，防止遗漏差错；

⑥会审工程预算，上报总部签批。

（14）不同环节结果判断：总体来讲，根据“技术要求资料”对处理环节的处理结果进行判断，每一环节都有“真实性、及时性、完整性、可行性、合规性、正确性、合法性”等判断选择，这些判断的前提是熟悉技术要求资料，即各种文件要求内容，根据文件要求作出这些判断用语，也是工作进行中下一步三角判断框中的必选用语。

（15）不利结果修正：根据判断结果“是或否”来作出判断，明确下一步处理的路径方向，根据“是或否”来确定返回修改环节、终止还是继续下一步工作。这是体现内部控制思想、保证工作质量的重要标志。

（16）工作结束标志：完成基建项目预算编制工作标准规定的工作环节后，使用“归档”或“结束”，标志工作结束。

2.3.7 在建工程费用结算工作标准

2.3.7.1 在建工程费用结算工作标准

标准编码：1301

标准名称：在建工程费用结算工作标准

2.3.7.1.1 工作标准名称释义

在建工程费用结算工作标准是指在建工程核算岗位对于已经达到阶段性完工程度的工程费用进行结算的工作规范。

2.3.7.1.2 工作标准基本表格

工作核心目标	完成在建工程费用的结算
工作开始时间	收到在建工程费用结算通知单
工作结束时间	在建工程费用的结算结果经主管领导审核正确
相关工作地点	基建工程部办公地　财务部门办公地
相关工作单位	财务部门　项目承建单位　基建工程部
相关工作人员	在建工程核算岗位　基建工程部部长　工程监理　承建单位经办人
备　　注	

2.3.7.1.3 工作标准所需资料

资料类型	编码	资料名称	单位	原件数	复印数
事前准备资料	01	工程承包合同	份	1	0
	02	工程完工程度结算通知单	份	1	0
	03	完工工程验收单	份	1	0
事中产生资料	04	工程费用结算单	份	1	1
	05	工程费用结算审批单	份	1	0
	06	建筑工程发票	份	1	0
事后结果资料	07	在建工程费用结算会计凭证	份	1	0
技术要求资料	08	《基建工程财务管理制度》	份	1	1
	09	《企业内部控制规范》	份	1	0

2.3.7.1.4 相关工作标准

标准编码	标准名称
1302	在建工程内部管理制度制定工作标准

2.3.7.1.5　工作标准流程图

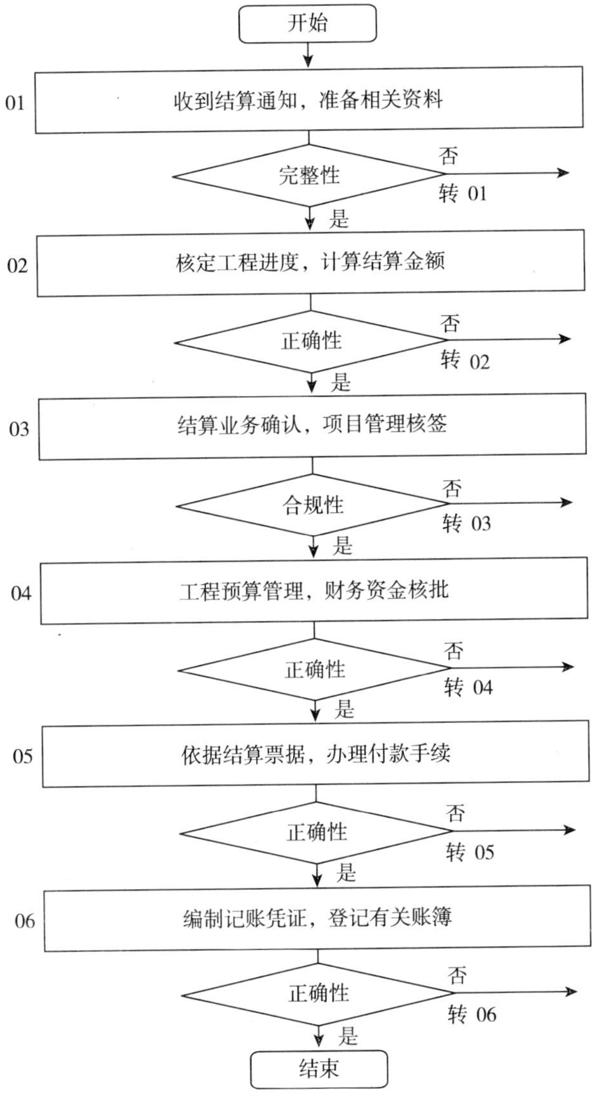

2.3.7.2 在建工程费用结算工作标准训练平台

工作名称：在建工程费用结算·工作标准

《基建工程财务管理制度》 《企业内部控制规范》

工作流程	工作人员	工作时间	工作地点	工作单位	工作资料
开始					
收到结算通知 准备相关资料	在建工程管理与核算岗位	规定时间	财务部办公地	财务部	工程预算
	承建单位经办人			工程部	承包工程合同
				承建单位	完工进度费用结算通知单
完整性					
核定工程进度 计算结算金额	在建工程管理与核算岗位	规定时间	财务部办公地	财务部	完工进度费用结算通知单
	承建单位经办人			工程建设部	工程质量检验单
				承建单位	工程资料
正确性					
结算业务确认 项目管理核签	工程建设管理岗位	规定时间	工程部办公地	工程建设部	工程施工资料
	工程项目负责人			承建单位	工程项目进度确认单
	承建单位经办人				结算票据工程审批单
合规性					
工程预算管理 财务资金审批	在建工程核算岗位	规定时间	财务部办公地	财务部	工程费用结算单
	会计机构负责人岗位			承建单位	结算票据财务审批单
	承建单位经办人				预付工程款核对记录
正确性					
依据结算票据 办理付款手续	在建工程管理与核算岗位	规定时间	财务部办公地	财务部	结算票据财务审批单
	开户银行业务员			开户银行	付款转账支票
	出纳岗位				
正确性					
编制记账凭证 登记相关账簿	在建工程管理与核算岗位	规定时间	财务部办公地	财务部	付款记账凭证
	出纳岗位				日记账
					明细账
正确性					
结束					

圆通会计工作能力训练平台

监制：中国工作标准研究院
出品：理财世界网

2.3.7.3 在建工程费用结算工作标准简述

在建工程费用结算工作标准是指在建工程管理与核算岗位对于已经达到阶段性完工程度的工程费用进行结算的工作规范。具体包括：

（1）工作核心目标：完成在建工程费用结算。

（2）开始工作时间：收到工程结算费用通知单。

（3）工作结束时间：工程款支付后。

（4）相关工作地点：是完成在建工程费用结算工作时的工作场所或涉及的工作环境，包括财务部门办公地、工程建设部办公地、承建单位办公地等，各单位可根据自身实际对此项内容进行准确化修改。

（5）相关工作单位：指完成在建工程费用结算工作涉及的主要单位部门，包括财务部门、工程建设部、承建单位等。

（6）相关工作人员：指完成在建工程费用结算工作涉及主要工作人员，包括出纳岗位、收款人、承建单位经办人、在建工程管理与核算岗位、会计机构负责人、工程项目负责人、工程建设管理岗位、工程监理等。

（7）事前准备资料：指的是接受工作任务后，对完成在建工程费用结算工作需要准备的在建工程承包工程合同、工程预算、在建工程完工进度结算通知单等资料。

（8）事中产生资料：指在完成工作任务过程中产生的工程项目进度确认单、工程费用结算单、预付工程款核对记录、财务付款审批单等重要资料或文件，需要按照完成在建工程费用结算工作中产生的时间顺序排列中间文件。

（9）事后结果资料：指工作任务完成后或本项工作结束时形成的与在建工程费用结算工作标准核心目标相对应的记账凭证。

（10）技术要求资料：是指完成在建工程费用结算工作需要遵守的国家法规和行业制度、单位制度等文件规定的具体条款和具体章节内容，如《基建工程财务管理制度》、《企业内部控制规范》等。

另外，完成在建工程费用结算工作标准，必须明确工作过程中需要的资料清单、数量、单位及需要遵守的技术标准资料及管理标准资料。

（11）内部控制措施：是指完成在建工程费用结算工作需要表现的内部控制思想或适应的内部控制环节、内部控制点、内部控制工具。

由于在建工程费用结算工作标准本身就构成单位的工作制度，因此在建工程费用结算工作标准就可能是另一个工作执行过程中的一个环节，熟悉了解本标准可以培养对在建工程项目结算业务的综合处理能力。

对任何一项在建工程费用结算工作，需要对工作完成过程的每一个环节按照先后顺序进行排序，形成该工作标准的业务处理、控制流程。

（12）工作开始标志：收到工程费用结算通知单标志在建工程费用结算工作“开始”。

（13）工作核心环节排序，具体要求是：

①收到结算通知，准备相关资料；

②核定工程进度，计算结算金额；

③结算业务确认，项目管理核签；

④工程预算管理，财务资金核批；

⑤依据结算票据，办理付款手续；

⑥编制记账凭证，登记有关账簿。

（14）不同环节结果判断：总体来讲，根据“技术要求资料”对处理环节的处理结果进行判断，每一环节都有“真实性、及时性、完整性、可行性、合规性、正确性、合法性”等判断选择，这些判断的前提是熟悉技术要求资料，即各种文件要求内容，根据文件要求作出这些判断用语，也是工作进行中下一步三角判断框中的必选用语。

（15）不利结果修正：根据判断结果“是或否”来作出判断，明确下一步处理的路径方向，根据“是或否”来确定返回修改环节、终止还是继续下一步工作。这是体现内部控制思想、保证工作质量的重要标志。

（16）工作结束标志：完成在建工程费用结算工作标准规定的工作环节后，使用“归档”或“结束”，标志工作结束。

2.3.8 存货计划成本核算体系建立工作标准

2.3.8.1 存货计划成本核算体系建立工作标准

标准编码：1407

标准名称：存货计划成本核算体系建立工作标准

2.3.8.1.1 工作标准名称释义

存货计划成本核算体系建立工作标准是指企业建立完善计划成本核算与管理体系的工作规范。

2.3.8.1.2　工作标准基本表格

工作核心目标	存货计划成本体系建立
工作开始时间	存货按计划成本核算方法确定时
工作结束时间	建立的存货计划成本核算体系经验收合格
相关工作地点	价格管理部所在地　财务部办公地　库房所在地
相关工作单位	价格管理部门　财务部门　存货仓库　董事会
相关工作人员	会计机构负责人　存货管理与核算岗位　库房管理员　采购部负责人岗位
备　　注	

2.3.8.1.3　工作标准所需资料

资料类型	编码	资料名称	单位	原件数	复印数
事前准备资料	01	董事会关于建立存货计划成本核算体系的决议	份	1	0
	02	产品成本资料	份	1	0
事中产生资料	03	计划成本核算存货范围	份	1	0
	04	计划成本核算存货明细表	份	1	0
	05	库房计价与会计账面金额核对表	份	1	0
	06	存货计划成本核算分类账簿	份	1	0
	07	存货计划成本差异核算账簿	份	1	0
	08	库房计划成本核算存货账簿	份	1	0
	09	存货计划成本明细手册	份	1	0
事后结果资料	10	存货计划成本核算管理制度	份	1	0
技术要求资料	11	《企业会计准则——存货》	份	1	0

2.3.8.1.4　相关工作标准

标准编码	标准名称
1405	存货计划成本核算工作标准

2.3.8.1.5 工作标准流程图

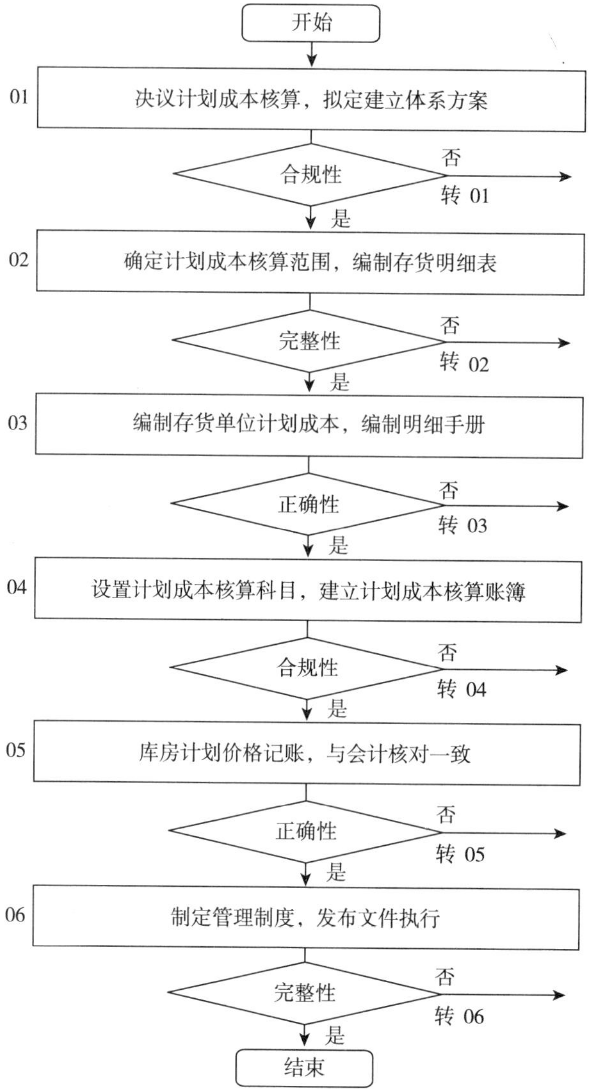

2.3.8.2　存货计划成本核算体系建立工作标准训练平台

工作名称：·存货计划成本核算体系建立·工作标准·

工作流程	工作人员	工作时间	工作地点	工作单位	工作资料
开始					·《企业会计准则——存货》·
决议计划成本核算拟订建立体系方案	·存货管理与核算岗位·	·即时·	·董事会办公地·	·董事会·	·董事会决议·
	·价格管理岗位·	· ·	· ·	·财务部·	·产品成本资料·
合规性	·总会计师·	· ·	· ·	·价格管理部·	· ·
确定计划成本范围编制存货明细表	·存货管理与核算岗位·	·即时·	·财务部办公地·	·财务部·	·计划成本核算存货范围·
	·价格管理岗位·	· ·	· ·	·价格管理部·	·计划成本核算存货明细表·
完整性	·会计机构负责人·	· ·	· ·	· ·	· ·
制定存货计划成本编制明细手册	·存货管理与核算岗位·	·即时·	·财务部办公地·	·财务部·	·存货计划成本明细手册·
	·价格管理岗位·	· ·	· ·	·价格管理部·	· ·
正确性	·会计机构负责人·	· ·	· ·	· ·	· ·
设置会计科目建立核算账簿	·存货管理与核算岗位·	·即时·	·财务部办公地·	·财务部·	·存货计划成本核算分类账簿·
	·会计机构负责人·	· ·	· ·	·库房·	·存货计划成本差异核算账簿·
合规性	· ·	· ·	· ·	· ·	·库房计划成本核算存货账簿·
库房计划价格记账会计核对一致	·存货管理与核算岗位·	·即时·	·库房所在地·	·财务部·	·存货计划成本核算分类账簿·
	·库房保管员·	· ·	· ·	·库房·	·库房计划成本核算存货账簿·
正确性	· ·	· ·	· ·	· ·	·库房计价与会计账面金额核对表·
制定管理制度发布文件执行	·总会计师·	·即时·	·财务部办公地·	·财务部·	·存货计划成本核算管理制度·
	·会计机构负责人·	· ·	· ·	·价格管理部·	·存货计划成本明细手册·
完整性	·价格管理岗位·	· ·	· ·	·董事会·	·存货计划成本执行文件·
结束					

圆通会计工作能力训练平台

监制：中国工作标准研究院
出品：理财世界网

2.3.8.3 存货计划成本核算体系建立工作标准简述

存货计划成本核算体系建立工作标准是指企业建立及完善存货计划成本核算体系的工作规范。具体包括：

（1）工作核心目标：建立存货计划成本核算体系。

（2）开始工作时间：确定存货按计划成本方法核算时。

（3）工作结束时间：建立的存货计划成本核算体系经验收合格。

（4）相关工作地点：是指完成存货计划成本核算体系建立工作时的工作场所或涉及的工作环境，包括财务部门办公地、库房所在地、价格管理部门办公地等，各单位可根据自身实际对此项内容进行准确化修改。

（5）相关工作单位：指完成存货计划成本核算体系建立工作涉及的主要单位部门，包括董事会、财务部门、价格管理部门、存货仓库等。

（6）相关工作人员：指完成存货计划成本核算体系建立工作涉及主要工作人员：存货管理与核算岗位、会计机构负责人、库房管理员、价格管理岗位、总会计师等。

（7）事前准备资料：指完成存货计划成本核算体系建立工作需要准备的董事会关于建立计划成本核算体系的决议等资料。

（8）事中产生资料：指在完成工作任务过程中，产生的界定的计划成本核算存货范围、计划成本核算存货明细表、存货清查表、存货计划成本明细手册、存货计划成本执行文件、存货计划成本核算分类账簿、存货计划成本差异核算账簿、库房存货计划成本核算账簿等资料或文件，需要按照完成存货计划成本核算体系建立工作中产生的时间顺序排列中间文件。

（9）事后结果资料：指工作任务完成后形成的与存货计划成本核算体系建立工作标准核心目标相对应的存货计划成本核算管理制度。

（10）技术要求资料：是指完成存货计划成本核算体系建立工作需要遵守的国家法规和行业制度、单位制度等文件规定的具体条款和具体章节内容，如《会计基础工作规范》、《企业会计准则——存货》。

另外，完成存货计划成本核算体系建立工作标准，必须明确工作过程中需要的资料清单、数量、单位及需要遵守的技术标准资料及管理标准资料。

（11）内部控制措施：是指完成存货计划成本核算体系建立工作需要表现的内部控制思想或适应的内部控制环节、内部控制点、内部控制工具。

对存货计划成本核算体系建立工作，需要对工作完成过程的每一个环节按照先后顺序进行排序，形成该工作标准的业务处理、控制流程。

（12）工作开始标志：将决议存货按计划成本核算确定为工作“开始”。

（13）工作核心环节排序，具体要求是：

①确定计划成本核算方案，建立计划成本核算体系；

②确定计划成本核算范围，编制存货明细；

③编制存货单位计划成本，发布执行文件；

④设置计划成本核算科目，建立计划成本核算账簿；

⑤库房计划价格记账，与会计核对一致；

⑥计算计划成本差异，编制调整差异凭证。

（14）不同环节结果判断：总体来讲，根据“技术要求资料”对处理环节的处理结果进行判断，每一环节都有“真实性、及时性、完整性、可行性、合规性、正确性、合法性”等判断选择，这些判断的前提是熟悉技术要求资料，即各种文件要求内容，根据文件要求作出这些判断用语，也是工作进行中下一步三角判断框中的必选用语。

（15）不利结果修正：根据判断结果“是或否”来作出判断，明确下一步处理的路径方向，根据“是或否”来确定返回修改环节、终止还是继续下一步工作。这是体现内部控制思想、保证工作质量的重要标志。

（16）工作结束标志：完成存货计划成本核算体系建立工作标准规定的工作环节后，使用“归档”或“结束”，标志工作结束。

2.3.9　材料出库工作标准

2.3.9.1　材料出库工作标准

标准编码：1404

标准名称：材料出库工作标准

2.3.9.1.1　工作标准名称释义

材料出库工作标准是指库存材料因生产领用或对外销售、捐赠、投资等经营活动发出材料的工作规范。

2.3.9.1.2 工作标准基本表格

工作核心目标	完成库存材料出库工作
工作开始时间	填写领料单、材料出库单
工作结束时间	编制记账凭证，结转发出材料成本
相关工作地点	库房所在地
相关工作单位	存货管理与核算岗位　存货仓库　辅助生产部门　其他管理部门　生产制造车间　销售部门
相关工作人员	车间领料人员　各领料部门负责人　采购部负责人岗位　仓库管理员
备　注	

2.3.9.1.3 工作标准所需资料

资料类型	编码	资料名称	单位	原件数	复印数
事前准备资料	01	存货管理制度	份	1	0
	02	仓库材料明细表	份	1	0
事中产生资料	03	领料部门填写的领料单	份	1	0
	04	填写的基建领料单	份	1	1
事后结果资料	05	填写的销售发货单和其他用途发货单	份	1	1
	06	填写实发数据的领料单或出库单	份	1	0
	07	记账凭证	份	1	0
技术要求资料	08	《企业内部控制规范》	份	1	1
	09	《企业会计准则——存货》	份	1	0

2.3.9.1.4 相关工作标准

标准编码	标准名称
1408	限额领料单填制工作标准
1414	销售出库单填制工作标准

2.3.9.1.5　工作标准流程图

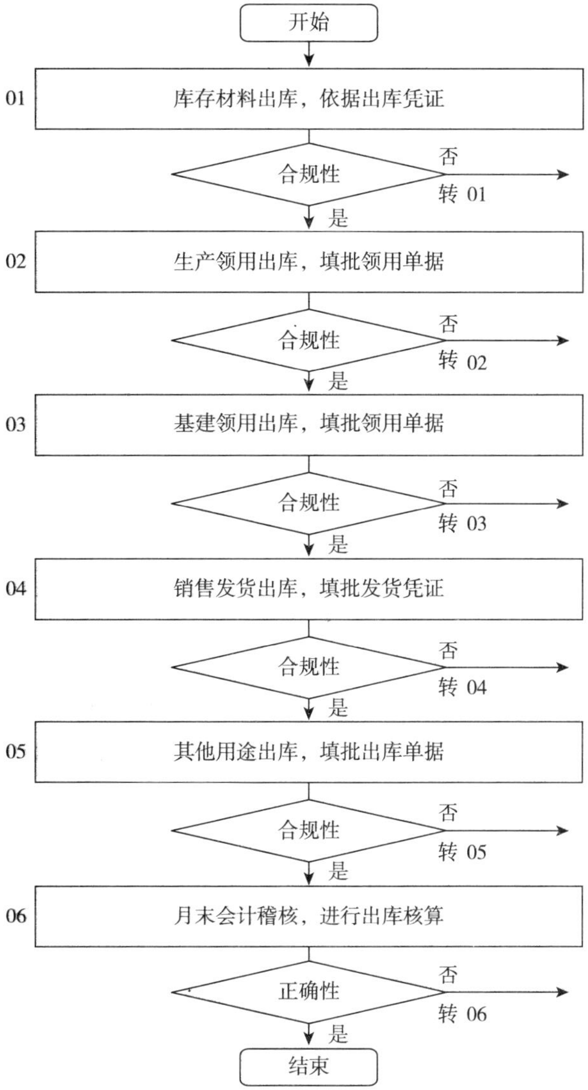

2.3.9.2 材料出库工作标准训练平台

工作名称：材料出库·工作标准

工作流程	工作人员	工作时间	工作地点	工作单位	工作资料
开始	《企业内部控制规范》		《企业会计准则——存货》		
库存材料出库依据出库凭据	库房管理负责人	计划时间	库房所在地	库房管理部门	存货管理制度
	库管员				仓库材料明细表
合规性					
生产领用出库填批领用单据	生产车间负责人	即时	库房所在地	生产车间	生产领料单
	库管员		生产车所在地	库房管理部门	
合规性	车间领料员				
基建领用出库填批领用单据	基建部负责人	即时	基建部所在地	基建工程部	基建领料单
	库管员		库房所在地	库房管理部门	
合规性	基建领料员				
销售发货出库填批发货凭证	销售部负责人	即时	销售部办公地	销售部	销售发货单
	库管员		库房所在地	库房管理部门	
合规性	销售经办人				
其他用途出库填批出库单据	相关部门负责人	即时	经办部门办公地	业务经办部门	其他用途发货单
	库管员		库房所在地	库房管理部门	
合规性	业务经办人				
月末会计稽核进行出库核算	成本管理与核算岗位	当月	财务部办公地	财务部	生产领料单
	库管员		库房所在地	库房管理部门	销售发货单
正确性					记账凭证
结束					

圆通会计工作能力训练平台

监制：中国工作标准研究院
出品：理财世界网

2.3.9.3 材料出库工作标准简述

材料出库工作标准基本内容符合圆通制思想，具有其科学性和规范性，学习中只有准确理解材料出库工作标准的定义，才能将圆通工作标准与实际工作相结合。材料出库工作标准是指库存材料因生产领用，或对外销售、捐赠、投资等经营活动发出仓库的工作规范。具体包括：

（1）工作核心目标：完成库存材料的出库工作。

（2）开始工作时间：根据工作需要填写领料单、材料出库单。

（3）工作结束时间：编制记账凭证，结转材料出库成本。

（4）相关工作地点：是完成材料出库工作时的工作场所或涉及的工作环境，包括财务部门办公地、存货仓库所在地、辅助生产部门所在地、生产制造车间所在地、材料采购部门所在地、销售部门所在地、投资管理部门所在地。各单位可根据自身实际对此项内容进行准确化修改。

（5）相关工作单位：指完成材料出库工作涉及的主要单位部门，包括财务部门、存货仓库、辅助生产部门、生产制造车间、材料采购部门、销售部门、投资管理部门。可以是法人机构，也可以是自然人。

（6）相关工作人员：指完成材料出库工作涉及主要工作人员，包括仓库管理员、存货管理与核算岗位、材料岗位、生产部长岗位、采购部门负责人、销售部门负责人、投资管理部门负责人。可以是经办人、领导。

另外，完成材料出库工作标准，必须明确工作过程中需要的资料清单、数量、单位及需要遵守的技术标准资料及管理标准资料。

（7）事前准备资料：指的是接受工作任务前，完成材料出库工作需要准备的仓库目录表及产品结构表资料或物品，这些资料包括技术资料文件清单中提出或要求的资料，也包括完成材料出库工作时需要提前完成的其他资料。

（8）事中产生资料：指接受任务后，在完成工作任务过程中，产生的材料出库单、领料单等重要资料或文件，需要按照完成材料出库工作中产生的时间顺序排列中间文件。

（9）事后结果资料：指工作任务完成后或本项工作结束时或终止时需要的标志资料或结果文件，与材料出库工作标准核心目标进行对应的材料出库单、领料单等。

（10）技术要求资料：是指完成材料出库工作需要遵守的国家法规和行业

制度、单位制度，如《企业会计准则——存货》、《企业内部控制规范》、《产品质量法》。

（11）内部控制措施：是指完成材料出库工作需要表现的内部控制思想或适应的内部控制环节、内部控制点、内部控制工具。

由于材料出库工作标准本身就构成单位的工作制度，因此材料出库工作标准就可能是另一个工作执行过程中的一个环节，因此，熟悉了解本标准可以培养对库房领用材料事务的综合处理能力。

对任何一项材料出库工作，需要综合考虑工作完成的过程，即对材料出库工作需要进行分解，分解后对每一个要素（环节）按照先后顺序进行排序，形成该材料出库工作标准的业务处理、控制流程。

（12）工作开始标志：填写领料单、材料出库单，标志材料出库工作“开始”。

（13）工作核心环节排序，具体要求是：

①根据生产计划，确定领料品种、规格、数量；

②填制领料申请单，进行领料业务审批；

③填写材料出库单，办理发料手续；

④实际发出材料，办理交货手续；

⑤登记仓库明细账；

⑥计算发出成本，编制出库记账凭证。

（14）不同环节结果判断：总体来讲，根据“技术要求资料”对处理环节的处理结果进行判断，每一环节都有“真实性、及时性、完整性、可行性、合规性、正确性、合法性”等判断选择，这些判断的前提是熟悉技术要求资料，即各种文件要求内容，根据文件要求作出这些判断用语，也是工作进行中下一步三角判断框中的必选用语。

（15）不利结果修正：根据判断结果“是或否”来作出判断，明确下一步处理的路径方向，根据“是或否”来确定返回修改环节、终止还是继续下一步工作。这是体现内部控制思想、保证工作质量的重要标志。

（16）工作结束标志：完成材料出库工作标准规定的工作环节后，使用“归档”或“结束”，标志工作结束。

2.3.10 采购入库工作标准

2.3.10.1 采购入库工作标准

标准编码：1402

标准名称：采购入库工作标准

2.3.10.1.1 工作标准名称释义

采购入库工作标准是指企业材料采购人员进行材料采购、办理材料入库手续的工作规范。

2.3.10.1.2 工作标准基本表格

工作核心目标	办理材料采购与入库手续
工作开始时间	编制材料采购清单
工作结束时间	编制采购材料记账凭证
相关工作地点	采购部办公地　库房所在地　财务部门办公地
相关工作单位	采购部门　仓库部门　财务部门
相关工作人员	存货管理与核算岗位　采购经办人　库存管理员　库房验收员　采购部负责人岗
备　注	

2.3.10.1.3 工作标准所需资料

资料类型	编码	资料名称	单位	原件数	复印数
事前准备资料	01	到库材料清单	份	1	0
	02	采购合同	份	1	0
	03	材质证明单	份	1	0
事中产生资料	04	材料质量检验单	份	1	1
	05	材料验收清单	份	1	0
	06	购料相关发票	套	1	1
事后结果资料	07	材料验收入库单	份	1	0
	08	采购入库会计记账凭证	份	1	0

续表

资料类型	编码	资料名称	单位	原件数	复印数
技术要求资料	09	《企业内部控制规范》	份	1	1
	10	《企业会计准则——存货》	份	1	0
	11	《政府采购法》	份	1	1

2.3.10.1.4 相关工作标准

标准编码	标准名称
1403	外购材料入库单填制工作标准

2.3.10.1.5 工作标准流程图

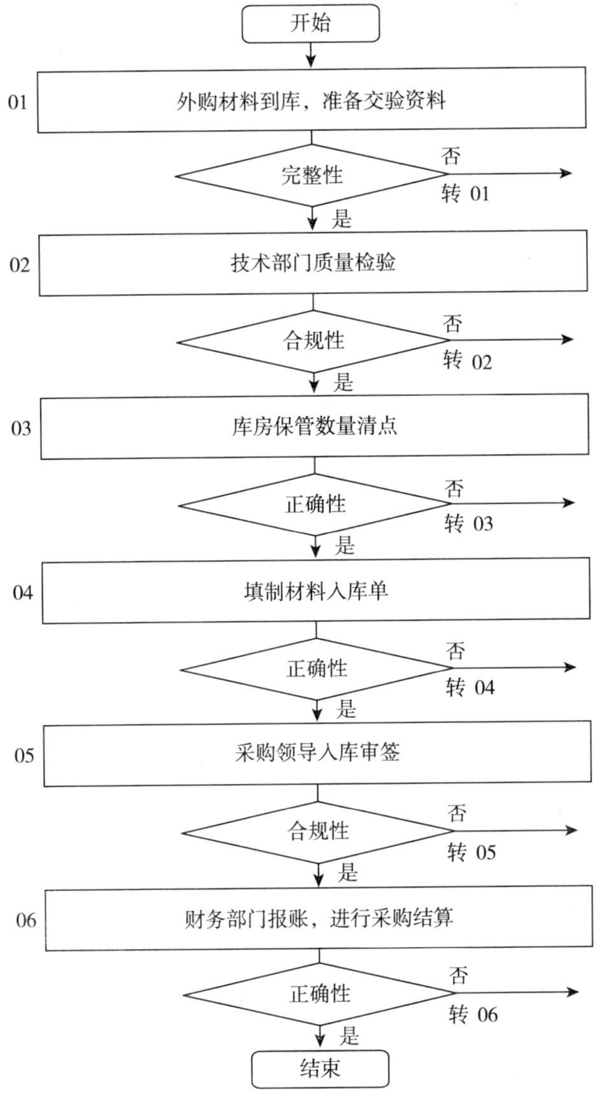

2.3.10.2 采购入库工作标准训练平台

工作名称：采购入库·工作标准

工作流程	工作人员	工作时间	工作地点	工作单位	工作资料
开始		《政府采购法》		《企业会计准则——存货》	
外购材料到库准备交验资料	采购员岗位	计划时间	采购部办公地	采购部	到库材料清单
	仓库管理岗位			供货单位	采购合同
	供应商				材质证明单
完整性					
技术部门质量检验	采购员岗位	规定时间	仓库所在地	采购部	质量检验单
	质量检验岗位			供货单位	
	仓库管理岗位				
合规性					
库房保管数量清点	采购员岗位	即时	仓库所在地	采购部	材料验收清单
	仓库管理岗位			仓库	
				质检部	
正确性					
填制材料入库单	采购员岗位	即时	仓库所在地	采购部	材料验收清点
	质量检验岗位			仓库	质量检验单
	仓库管理岗位			质检部	材料入库单
正确性					
采购领导入库审签	采购部门负责人	即时	采购部办公地	采购部	材料验收清点
	采购员岗位				质量检验单
					材料入库单
合规性					
财务部门报账进行采购结算	存货管理与核算岗位	当月	财务部办公地	财务部	材料入库单
	往来管理与核算岗位				购货发票
	采购员岗位				会计记账凭证
正确性					
结束					

圆通会计工作能力训练平台

监制：中国工作标准研究院
出品：理财世界网

2.3.10.3　采购入库工作标准简述

采购入库工作标准是指企业材料采购人员进行材料采购、办理材料入库手续的工作规范。具体包括：

（1）工作核心目标：指采购入库工作最终办理材料采购与入库手续。

（2）开始工作时间：从编制材料采购清单开始；

（3）工作结束时间：编制采购材料记账凭证，登记相关账簿。

（4）相关工作地点：指完成采购入库工作时的工作场所或涉及的工作环境。各单位可根据自身实际安排相关工作人员对此项内容进行准确化修改。

（5）相关工作单位：指完成采购入库工作涉及的主要单位部门，主要包括采购部门、仓库部门、财务部门等。

（6）相关工作人员：指完成采购入库工作的涉及的主要工作人员，主要包括存货管理与核算岗位、采购经办人、库存管理员、库房验收员、采购部负责人岗位等。

（7）事前准备资料：指的是接受工作任务后，对完成采购入库工作需要准备的资料。

（8）事中产生资料：指接受任务后，在完成工作任务过程中，产生新的资料，需要按照完成采购入库工作中产生的时间顺序排列中间文件的清单。

（9）事后结果资料：指工作任务完成后形成的与采购入库工作标准核心目标相对应的材料验收入库单、采购入库会计记账凭证等。

（10）技术要求资料：指完成采购入库工作需要遵守的国家法规和行业制度、单位制度等文件规定的具体条款和具体章节内容。

（11）内部控制措施：指完成采购入库工作需要表现的内部控制思想或适应的内部控制环节、内部控制点、内部控制工具。

由于采购入库工作标准可能是另一个工作执行过程中的一个环节，因此，熟悉了解本标准可以培养对采购项目办理入库等事项的综合处理能力。

对任何一项采购入库工作，需要对工作完成过程的每一个环节按照先后顺序进行排序，形成该工作标准的业务处理、控制流程。

（12）工作开始标志：标志采购入库工作“开始”进行处理。

（13）工作核心环节排序，具体要求是：

①建立采购清单，编制采购订单；

②发出采购订单，签订采购合同；

③接受采购货物，库房验收清点；

④填制采购到货清单，编制采购入库单；

⑤审核采购发票，进行采购结算；

⑥编制记账凭证，登记有关账簿。

（14）不同环节结果判断：总体来讲，根据“技术要求资料”对处理环节的处理结果进行判断，每一环节都有“真实性、及时性、完整性、可行性、合规性、正确性、合法性”等判断选择，这些判断的前提是熟悉技术要求资料，即各种文件要求内容，根据文件要求作出这些判断用语，也是工作进行中下一步三角判断框中的必选用语。

（15）不利结果修正：根据判断结果“是或否”来作出判断，明确下一步处理的路径方向，根据“是或否”来确定返回修改环节、终止还是继续下一步工作。这是体现内部控制思想、保证工作质量的重要标志。

（16）工作结束标志：完成采购入库工作标准规定的工作环节后，使用“归档”或“结束”，标志工作结束。

2.3.11 固定资产折旧核算工作标准

2.3.11.1 固定资产折旧核算工作标准

标准编码：1505

标准名称：固定资产折旧核算工作标准

2.3.11.1.1 工作标准名称释义

固定资产折旧核算工作标准是指固定资产管理与核算岗位按照有关会计制度、税务法规完成月末固定资产折旧核算的工作规范。

2.3.11.1.2 工作标准基本表格

工作核心目标	完成固定资产折旧核算工作
工作开始时间	固定资产交付使用后
工作结束时间	分配计提的折旧费用
相关工作地点	财务部门办公地
相关工作单位	固定资产管理部门　财务部门
相关工作人员	会计机构负责人　固定资产管理与核算岗位　固定资产管理部门负责人岗位
备　　注	

2.3.11.1.3 工作标准所需资料

资料类型	编码	资料名称	单位	原件数	复印数
事前准备资料	01	平均年限折旧法	份	1	0
	02	产量折旧法	份	1	0
	03	固定资产折旧年限明细表	份	1	0
	04	固定资产折旧率明细表	份	1	0
事中产生资料	05	固定资产残值评估表	份	1	0
	06	固定资产折旧净值	份	1	0
	07	固定资产月折旧额明细表	份	1	0
	08	固定资产折旧核算账簿	份	1	0
事后结果资料	09	月末计提折旧额计算表	份	1	0
	10	月末折旧费用分配表	份	1	0
	11	记账凭证	份	1	0
技术要求资料	12	《企业会计准则——固定资产》	份	1	0

2.3.11.1.4 相关工作标准

标准编码	标准名称
1502	固定资产报废工作标准

2.3.11.1.5 工作标准流程图

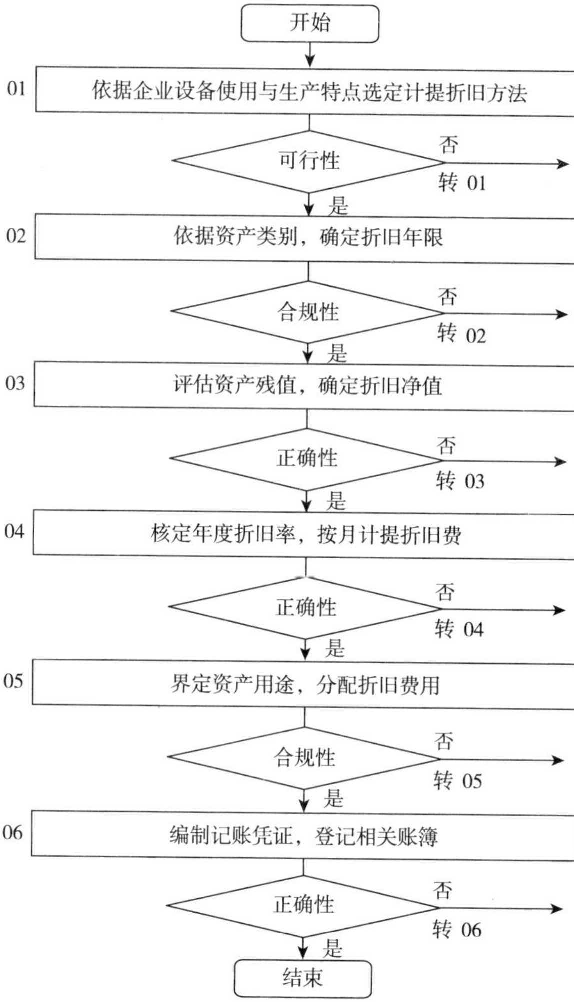

2.3.11.2 固定资产折旧核算工作标准训练平台

工作名称：固定资产折旧核算 · 工作标准

工作流程	工作人员	工作时间	工作地点	工作单位	工作资料
开始	《企业会计准则——固定资产》				
依据生产特点选定折旧方法	固定资产管理与核算岗位	即时	财务部办公地	财务部	平均年限折旧法
	固定资产管理部负责人			固定资产管理部	产量折旧法
	会计机构负责人				
可行性					
依据资产类别确定折旧年限	固定资产管理与核算岗位	即时	财务部办公地	财务部	平均年限折旧法
	会计机构负责人				固定资产折旧年限明细表
					固定资产月折旧率明细表
合规性					
评估资产残值确定折旧净值	固定资产管理与核算岗位	即时	财务部办公地	财务部	固定资产残值评估表
	固定资产管理部负责人			固定资产管理部	固定资产折旧净值
正确性					
核定年度折旧率按月计提折旧费	固定资产管理与核算岗位	月末	财务部办公地	财务部	固定资产折旧核算账簿
					月末计提折旧额计算表
					固定资产月折旧额明细表
正确性					
界定资产用途分配折旧费用	固定资产管理与核算岗位	月末	财务部办公地	财务部	月末计提折旧额计算表
	固定资产管理部负责人			固定资产管理部	月末折旧费分配表
	会计机构负责人				
合规性					
编制记账凭证登记相关账簿	固定资产管理与核算岗位	月末	财务部办公地	财务部	记账凭证
					相关账簿
正确性					
结束					

圆通会计工作能力训练平台

监制：中国工作标准研究院
出品：理财世界网

2.3.11.3 固定资产折旧核算工作标准简述

固定资产折旧核算工作标准是指固定资产管理与核算岗位按照有关会计制度、税收法规完成固定资产折旧核算的工作规范。具体包括：

（1）工作核心目标：完成固定资产折旧核算工作。

（2）开始工作时间：固定资产交付使用。

（3）工作结束时间：分配计提的折旧费用。

（4）相关工作地点：指完成固定资产折旧核算工作时的工作场所，包括财务部门等，各单位可根据自身实际对此项内容进行准确化修改。

（5）相关工作单位：指完成固定资产折旧核算工作涉及的主要单位部门，如财务部门、固定资产管理部门等。

（6）相关工作人员：指完成固定资产折旧核算工作涉及相关单位的具体工作人员，如会计机构负责人、固定资产管理与核算岗位、固定资产管理部门负责人岗位等。

（7）事前准备资料：指的是接受工作任务后，对完成固定资产折旧核算工作需要准备的企业规定的折旧方法（平均年限折旧法、产量折旧法等）、固定资产折旧年限明细表、固定资产折旧率明细表等。

（8）事中产生资料：指在完成工作任务过程中，产生的固定资产折旧净值（固定资产原值－预计净残值）、固定资产月折旧额明细表、固定资产核算账簿、固定资产当月增加资料、固定资产当月减少资料等重要资料，需要按照完成固定资产折旧核算工作中产生的时间顺序排列中间文件。

（9）事后结果资料：指工作任务完成后形成的与固定资产折旧核算工作标准相对应的月末计提折旧计算表、月末折旧费用分配表、记账凭证等。

（10）技术要求资料：指完成固定资产折旧核算工作需要遵守的国家法规和行业制度、固定资产折旧核算工作需要遵守这项文件规定的具体条款和具体章节内容，如《企业会计准则——固定资产》。

（11）内部控制措施：指完成固定资产折旧核算工作需要表现的内部控制思想或适应的内部控制环节、内部控制点、内部控制工具。

由于固定资产折旧核算工作标准本身就构成单位的工作制度，因此固定资产折旧核算工作标准就可能是另一个工作执行过程中的一个环节，因此，熟悉了解本标准可以培养单位固定资产资金回收过程事务的综合处理能力。

对固定资产进行折旧核算工作，需要对工作完成过程的每一个环节按照先后顺序进行排序，形成该工作标准的业务处理、控制流程。

(12) 工作开始标志：固定资产交付使用。

(13) 工作核心环节排序，具体要求是：

①依据企业设备使用与生产特点选定计提折旧方法；

②确定各类固定资产的折旧年限与折旧率；

③评估各种固定资产的预计残值和清理费用；

④确定各类在用固定资产月初余额；

⑤按照不同方法，计提本月折旧；

⑥分配折旧费用，编制记账凭证。

(14) 不同环节结果判断：总体来讲，根据“技术要求资料”对处理环节的处理结果进行判断，每一环节都有“真实性、及时性、完整性、可行性、合规性、正确性、合法性”等判断选择，这些判断的前提是熟悉技术要求资料，即各种文件要求内容，根据文件要求作出这些判断用语，也是工作进行中下一步三角判断框中的必选用语。

(15) 不利结果修正：根据判断结果“是或否”来作出判断，明确下一步处理的路径方向，根据“是或否”来确定返回修改环节、终止还是继续下一步工作。这是体现内部控制思想、保证工作质量的重要标志。

(16) 工作结束标志：完成固定资产折旧核算工作标准规定的工作环节后，使用“归档”或“结束”，标志工作结束。

2.3.12 固定资产报废工作标准

2.3.12.1 固定资产报废工作标准

标准编码：1502

标准名称：固定资产报废工作标准

2.3.12.1.1 工作标准名称释义

固定资产报废工作标准是指企业固定资产管理部门对报废固定资产作出技术鉴定、履行报废手续和财务部门进行相关账务处理的工作规范。

2.3.12.1.2 工作标准基本表格

工作核心目标	完成固定资产报废工作
工作开始时间	使用部门提出报废申请
工作结束时间	报废固定资产冲销下账
相关工作地点	固定资产管理部门办公地　固定资产所在地　财务部门办公地
相关工作单位	财务部门　固定资产管理部门　固定资产使用部门
相关工作人员	会计机构负责人　固定资产管理与核算岗位　固定资产使用部门负责人　固定资产鉴定技术员　固定资产管理部门负责人岗位
备　注	

2.3.12.1.3 工作标准所需资料

资料类型	编码	资料名称	单位	原件数	复印数
事前准备资料	01	固定资产账簿	册	1	0
	02	拟报废固定资产卡片	份	1	1
	03	固定资产报废申请单	份	1	0
事中产生资料	04	固定资产报废鉴定表	份	1	0
	05	固定资产折旧净值计算表	份	1	1
	06	固定资产报废处置收入票据	份	1	0
	07	固定资产报废清理费用票据	份	1	0
事后结果资料	08	固定资产报废审批表	份	1	0
	09	固定资产报废记账凭证	份	1	0
技术要求资料	10	《会计基础工作规范》	份	1	1
	11	《企业会计准则——固定资产》	份	1	0

2.3.12.1.4 相关工作标准

标准编码	标准名称
1501	固定资产盘点工作标准
1519	固定资产处置工作标准

2.3.12.1.5 工作标准流程图

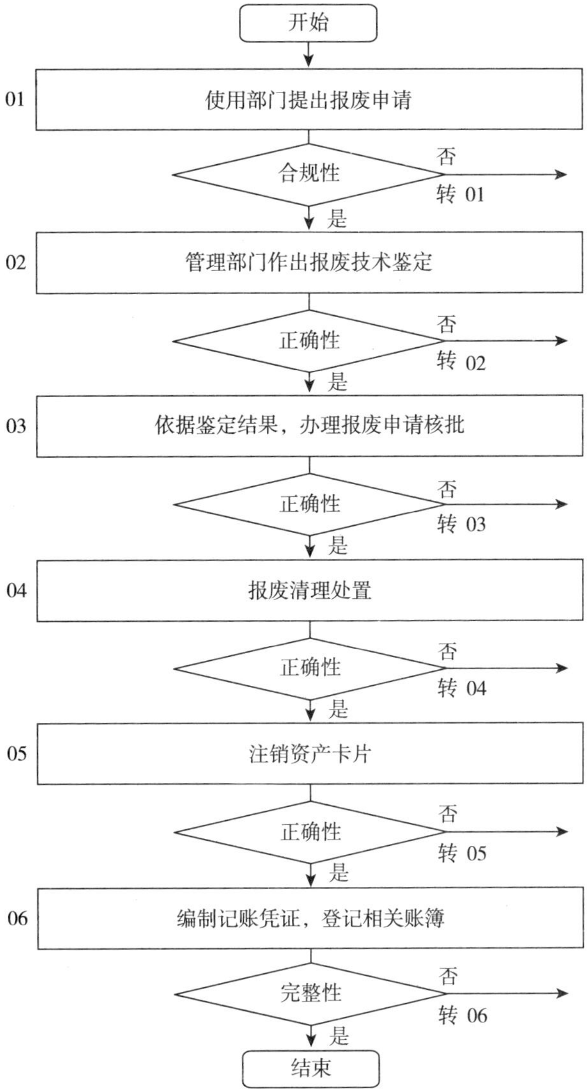

2.3.12.2 固定资产报废工作标准训练平台

工作名称：固定资产报废·工作标准

《会计基础工作规范》 《企业会计准则-固定资产》

工作流程	工作人员	工作时间	工作地点	工作单位	工作资料
开始					
提出报废申请	固定资产使用岗位	计划时间	资产使用部门所在地	资产使用部门	固定资产报废申请
				资产管理部门	
合规性					
进行技术鉴定	固定资产管理岗位	规定时间	固定资产所在地	资产管理部门	固定资产报废申请
	技术鉴定岗			技术部	固定资产报废技术鉴定表
正确性					
报废申请核批	固定资产管理岗位	规定时间	资产管理部门所在地	资产管理部门	固定资产报废申请
					固定资产报废鉴定表
正确性					固定资产报废审批表
报废清理处置	固定资产使用岗位	规定时间	固定资产所在地	资产使用部门	报废处置收入票据
	固定资产管理岗位			资产管理部门	报废清理费用票据
正确性					
注销资产卡片	固定资产管理岗位	规定时间	资产管理部门所在地	资产管理部门	报废固定资产卡片
					固定资产报废审批表
正确性					
进行账务处理	固定资产管理与核算岗位	规定时间	财务部办公地	财务部	固定资产报废审批表
	出纳岗				清理处置会计原始凭证
完整性	总账与报表岗位				会计记账凭证
结束					

圆通会计工作能力训练平台

监制：中国工作标准研究院
出品：理财世界网

2.3.12.3　固定资产报废工作标准简述

固定资产报废工作标准是指企业固定资产管理部门对待报废固定资产作出技术鉴定、履行报批手续、财务部门进行相关账务处理的工作规范。具体包括：

（1）工作核心目标：指完成固定资产报废工作。

（2）开始工作时间：使用部门提出报废申请时。

（3）工作结束时间：报废固定资产进行账务处理核销下账时。

（4）相关工作地点：指完成固定资产报废工作时的工作场所，如财务部门办公地、固定资产管理部门办公地、固定资产所在地、总经理办公地等。各单位可根据自身实际，对此项内容进行准确化修改。

（5）相关工作单位：指完成固定资产报废工作涉及的主要单位，包括如财务部门、固定资产管理部门、固定资产使用部门、技术部等工作单位等。

（6）相关工作人员：指完成固定资产报废工作涉及主要工作人员，包括固定资产管理员、技术员、固定资产使用岗位、固定资产管理与核算岗位、出纳岗位、总经理等。

（7）事前准备资料：指完成固定资产报废工作需要准备的固定资产报废申请表、报废固定资产卡片等资料，这些资料包括技术资料文件清单中提出或要求的资料，也包括完成固定资产报废工作时需要提前完成的调研资料、参考资料或档案资料。

（8）事中产生资料：指接受任务后，在完成工作任务过程中，产生的固定资产报废鉴定重要资料或文件，需要按照完成固定资产报废工作中产生的时间顺序排列中间文件的清单。

（9）事后结果资料：指工作任务完成后形成的与固定资产报废工作标准核心目标相对应的固定资产报废审批单、固定资产报废记账凭证、固定资产卡片注销等。

（10）技术要求资料：是指完成固定资产报废工作需要遵守的国家法规和行业制度、单位制度等文件规定的具体条款和具体内容，如《会计基础工作规范》、《企业会计准则——固定资产》等。

（11）内部控制措施：是指完成固定资产报废工作需要表现的内部控制思想或适应的内部控制环节、内部控制点、内部控制工具。

对任何一项固定资产报废工作，需要对工作完成过程的每一个环节按照先后顺序进行排序，形成该固定资产报废工作标准的业务处理、控制流程。

（12）工作开始标志：固定资产使用部门提出报废申请，标志固定资产报废工作“开始”。

（13）工作核心环节排序，具体要求是：

①使用部门提出报废申请；

②管理部门作出报废鉴定；

③依据鉴定结果，办理报废手续；

④实施资产报废，注销资产卡片；

⑤支付清理费用，收取残值收入；

⑥编制记账凭证，登记相关账簿。

（14）不同环节结果判断：总体来讲，根据“技术要求资料”对处理环节的处理结果进行判断，每一环节都有“真实性、及时性、完整性、可行性、合规性、正确性、合法性”等判断选择，这些判断的前提是熟悉技术要求资料，即各种文件要求内容，根据文件要求作出这些判断用语，也是工作进行中下一步三角判断框中的必选用语。

（15）不利结果修正：根据判断结果“是或否”来作出判断，明确下一步处理的路径方向，根据“是或否”来确定返回修改环节、终止还是继续下一步工作。这是体现内部控制思想、保证工作质量的重要标志。

（16）工作结束标志：完成固定资产报废工作标准规定的工作环节后，使用“归档”或“结束”，标志工作结束。

2.3.13 固定资产盘点工作标准

2.3.13.1 固定资产盘点工作标准

标准编码：1501

标准名称：固定资产盘点工作标准

2.3.13.1.1 工作标准名称释义

固定资产盘点工作标准是指企业为确保固定资产的安全与完整，做到账卡相符、账实相符，定期或不定期对其固定资产进行实物盘点的工作规范。

2.3.13.1.2 工作标准基本表格

工作核心目标	完成固定资产盘点工作
工作开始时间	成立固定资产盘点领导小组
工作结束时间	对盘点中存在的盘盈或盘亏问题查明原因并作相关处理
相关工作地点	固定资产管理部门办公地　固定资产所在地　财务部门办公地
相关工作单位	财务部门　固定资产管理部门　固定资产使用部门
相关工作人员	会计机构负责人　固定资产管理与核算岗位　固定资产管理员　固定资产使用部门负责人　固定资产管理部门负责人岗位
备　　注	

2.3.13.1.3 工作标准所需资料

资料类型	编码	资料名称	单位	原件数	复印数
事前准备资料	01	固定资产明细账	份	1	0
	02	固定资产明细卡片	份	1	0
	03	固定资产盘点工作方案	份	1	0
	04	盘点小组名单	份	1	0
事中产生资料	05	固定资产明细清单	份	1	0
	06	实物盘点清单	份	1	0
	07	固定资产盘盈登记表	份	1	0
	08	固定资产盘亏登记表	份	1	0
	09	盘盈盘亏原因调查处理报告	份	1	1
事后结果资料	10	固定资产盘点处理记账凭证	份	1	1
	11	固定资产盘点总结	份	1	1
技术要求资料	12	《会计基础工作规范》	份	1	1
	13	《企业会计准则——固定资产》	份	1	0

2.3.13.1.4 相关工作标准

标准编码	标准名称
1502	固定资产报废工作标准
1519	固定资产处置工作标准

2.3.13.1.5 工作标准流程图

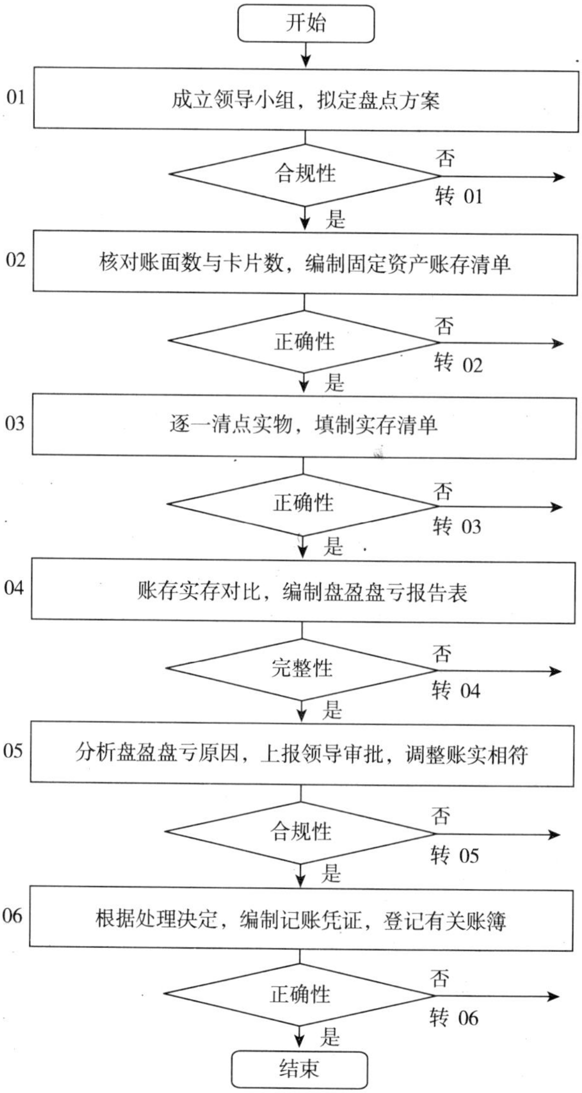

2.3.13.2 固定资产盘点工作标准训练平台

工作名称：固定资产盘点·工作标准

工作流程	工作人员	工作时间	工作地点	工作单位	工作资料
开始	《会计基础工作规范》			《企业会计准则-固定资产》	
成立领导小组 拟定盘点方案	固定资产管理与核算岗位	即时	管理部门办公地	固定资产管理部	固定资产盘点方案
	盘点小组成员			盘点小组	盘点小组名单
合规性					
账簿卡片核对 编制账存清单	固定资产管理与核算岗位	即时	财务部办公地	财务部	固定资产总账、明细账
	盘点小组成员			盘点小组	固定资产卡片
				固定资产管理部	固定资产明细清单
正确性					
逐一清点实物 填制实存清单	固定资产管理与核算岗位	即时	固定资产所在地	盘点小组	实物盘点清单
	固定资产使用岗位			固定资产使用部门	固定资产明细清单
	盘点小组成员				
正确性					
账存实存对比 编制盘点报表	固定资产管理与核算岗位	即时	盘点小组办公地	盘点小组	固定资产盘点表
	盘点小组成员				固定资产盘盈登记表
					固定资产盘亏登记表
完整性					
分析盘亏原因 上报审批调整	固定资产管理与核算岗位	即时	管理部门办公地	盘点小组	固定资产盘点报表
	固定资产使用岗位			固定资产使用部门	盘盈资产处理意见
	盘点小组成员			固定资产管理部	盘亏资产处理意见
合规性					
编制记账凭证 登记有关账簿	固定资产管理与核算岗位	即时	财务部办公地	财务部	盘盈盘亏处理审批报告
	会计机构负责人			盘点小组	会计处理记账凭证
					固定资产盘点工作总结
正确性					
结束					

圆通会计工作能力训练平台

监制：中国工作标准研究院
出品：理财世界网

2.3.13.3 固定资产盘点工作标准简述

固定资产盘点工作标准是指企业为确保固定资产的安全与完整，做到账卡相符、账实相符，定期或不定期对其固定资产进行实物盘点的工作规范。具体包括：

（1）工作核心目标：完成固定资产的盘点工作，保证固定资产账卡相符、账实相符。

（2）开始工作时间：成立固定资产盘点领导小组。

（3）工作结束时间：对盘点中存在的盘盈或盘亏查明原因后作相关处理，编制记账凭证并登记账簿。

（4）相关工作地点：指完成固定资产盘点工作时的工作场所，包括财务部门办公地、固定资产管理部门办公地、固定资产所在地等。各单位可根据自身实际，对此项内容进行准确化修改。

（5）相关工作单位：指完成固定资产盘点工作涉及的主要单位，包括财务部门、固定资产管理部门、固定资产使用部门等。

（6）相关工作人员：指完成固定资产盘点工作涉及主要工作人员，包括固定资产管理与核算岗位、固定资产管理员、盘点小组、固定资产使用岗位、会计机构负责人、固定资产管理部门负责人等。

（7）事前准备资料：指的是接受工作任务后，对完成固定资产盘点工作需要准备的固定资产明细账、固定资产卡片等资料。

（8）事中产生资料：指在完成工作任务过程中，产生的固定资产清查盘点方案、固定资产账存明细表、固定资产盘点表、固定资产盘盈盘亏报告表、固定资产盘亏的原因分析等资料或文件。

（9）事后结果资料：指工作任务完成后形成的与固定资产盘点工作标准核心目标相对应的固定资产盘点总结等。

（10）技术要求资料：是指完成固定资产盘点工作需要遵守的国家法规和行业制度、单位制度等文件规定的具体条款和具体内容，如《会计基础工作规范》、《企业会计准则——固定资产》等。

（11）内部控制措施：是指完成固定资产盘点工作需要表现的内部控制思想或适应的内部控制环节、内部控制点、内部控制工具。

由于固定资产盘点工作标准本身就构成单位的工作制度，因此固定资产盘点工作标准就可能是另一个工作执行过程中的一个环节，因此，熟悉了解本标准可以培养对企业固定资产日常管理事务的综合处理能力。

对固定资产盘点工作，需要对工作完成过程的每一个环节按照先后顺序进行排序，形成固定资产盘点工作标准的业务处理、控制流程。

（12）工作开始标志：成立盘点领导小组标志固定资产盘点工作“开始”。

（13）工作核心环节排序，具体要求是：

①成立固定资产盘点领导小组，拟定固定资产盘点方案；

②核对固定资产账面数与固定资产卡片数，编制“固定资产账存清单”；

③逐一清点固定资产实物，编制“固定资产盘存表”；

④对固定资产账面结存数与固定资产实存数进行对比，编制“固定资产盘盈盘亏报告表”；

⑤分析固定资产盘盈盘亏原因，上报领导审批处理，调整账实相符；

⑥根据上级批准的处理决定，编制会计凭证，登记有关账簿。

（14）不同环节结果判断：总体来讲，根据“技术要求资料”对处理环节的处理结果进行判断，每一环节都有“真实性、及时性、完整性、可行性、合规性、正确性、合法性”等判断选择，这些判断的前提是熟悉技术要求资料，即各种文件要求内容，根据文件要求作出这些判断用语，也是工作进行中下一步三角判断框中的必选用语。

（15）不利结果修正：根据判断结果“是或否”来作出判断，明确下一步处理的路径方向，根据“是或否”来确定返回修改环节、终止还是继续下一步工作。这是体现内部控制思想、保证工作质量的重要标志。

（16）工作结束标志：完成固定资产盘点工作标准规定的工作环节后，使用“归档”或“结束”，标志工作结束。

2.3.14 无形资产管理工作标准

2.3.14.1 无形资产管理工作标准

标准编码：1603

标准名称：无形资产管理工作标准

2.3.14.1.1 工作标准名称释义

无形资产管理工作标准是指无形资产管理与核算岗位对企业取得的无形资产的日常管理、核算、监督、摊销、核销等工作规范。

2.3.14.1.2 工作标准基本表格

工作核心目标	完成对无形资产的管理工作
工作开始时间	取得无形资产时
工作结束时间	无形资产核销时
相关工作地点	无形资产管理部门办公地　财务部门办公地
相关工作单位	财务部门　无形资产管理部门
相关工作人员	法人代表　无形资产管理与核算岗位　无形资产管理员
备　注	

2.3.14.1.3 工作标准所需资料

资料类型	编码	资料名称	单位	原件数	复印数
事前准备资料	01	取得无形资产的合同协议、票据	套	1	1
	02	转让无形资产的合同协议、票据	份	1	0
	03	租赁、质押的合同协议	套	2	0
	04	特许经营的合同协议	份	1	1
事中产生资料	05	无形资产管理制度	份	1	1
	06	无形资产摊销方案	份	1	0
	07	摊销计算分配表	份	1	0
	08	计提减值准备的资料	套	1	1
	09	无形资产摊销记账凭证	份	1	0
事后结果资料	10	无形资产处置的文件与票据	份	1	1
	11	相关会计记账凭证	份	1	1
技术要求资料	12	《企业财务通则》	份	1	1
	13	《企业会计准则——无形资产》	份	1	1

2.3.14.1.4 相关工作标准

标准编码	标准名称
1602	无形资产摊销工作标准

2.3.14.1.5　工作标准流程图

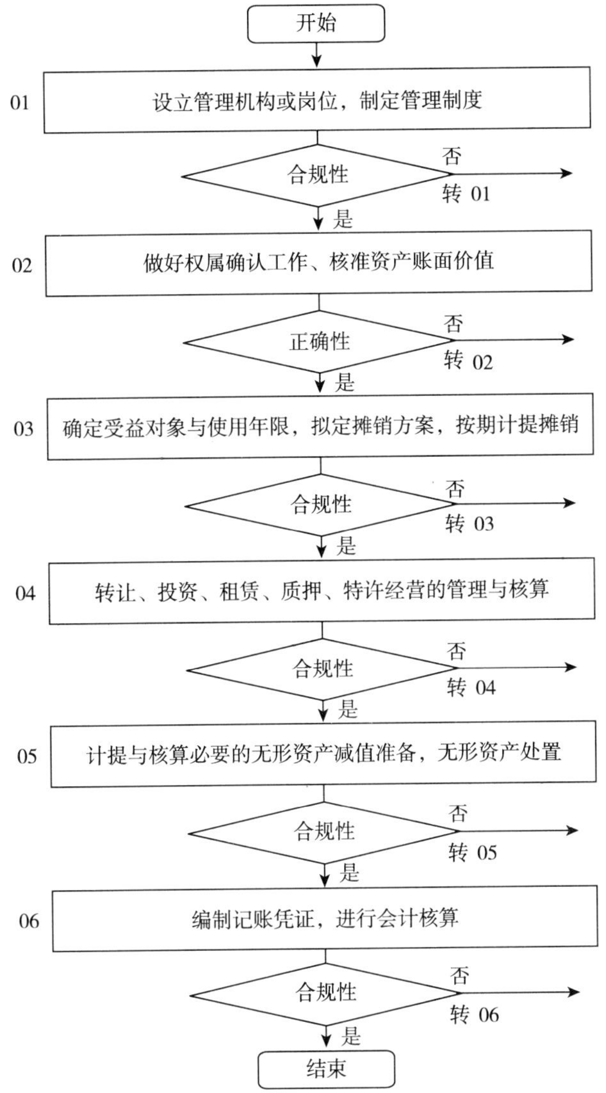

2.3.14.2 无形资产管理工作标准训练平台

工作名称：无形资产管理·工作标准

《企业财务通则》　《企业会计准则——无形资产》

工作流程	工作人员	工作时间	工作地点	工作单位	工作资料
开始					
设立管理机构 制定管理制度	无形资产管理与核算岗位	计划时间	财务部办公地	财务部	管理机构设置文件
	会计机构负责人			董事会	无形资产管理制度
合规性					
做好权属确认 核准账面价值	无形资产管理与核算岗位	即时	财务部办公地	财务部	取得无形资产的文件
				资产管理部	取得无形资产的票据
正确性					
拟定摊销方案 按期计提摊销	无形资产管理与核算岗位	即时	财务部办公地	财务部	无形资产摊销方案
				资产管理部	计提摊销分配表
合规性					摊销记账凭证
投资租赁质押 特许经营管理	无形资产管理与核算岗位	即时	资产管理部所在地	财务部	投资租赁质押合同文件
	会计机构负责人			资产管理部	特许经营的合同与文件
合规性					
减值计提准备 无形资产处置	无形资产管理与核算岗位	即时	财务部办公地	财务部	计提减值准备资料
	会计机构负责人			资产管理部	处置与核销文件
合规性					
编制记账凭证 进行会计核算	无形资产管理与核算岗位	即时	财务部办公地	财务部	处置与核销文件
				资产管理部	会计记账凭证
合规性					
结束					

圆通会计工作能力训练平台

监制：中国工作标准研究院
出品：理财世界网

2.3.14.3 无形资产管理工作标准简述

无形资产管理工作标准基本内容符合圆通制思想，具有其科学性和规范的内容，学习中只有准确理解与清晰无形资产管理工作标准的定义，才能将圆通工作标准与实际相结合。无形资产管理工作标准是指无形资产管理部门对企业取得的无形资产进行确认、使用、经营、核算、处置、核销等管理的工作规范。具体包括：

（1）工作核心目标：完成无形资产的管理工作。

（2）开始工作时间：取得无形资产时。

（3）工作结束时间：无形资产核销时。

（4）相关工作地点：指完成无形资产管理工作时的工作场所或涉及的工作环境，如财务部门办公室、无形资产管理部所在地。各单位可根据自身实际对此项内容进行准确化修改。

（5）相关工作单位：指完成无形资产管理工作涉及的主要单位部门，如财务部、无形资产管理部，可以是法人机构，也可以是自然人。

（6）相关工作人员：指完成无形资产管理工作涉及主要工作人员，有无形资产管理与核算岗位、无形资产管理部门负责人、法人代表、会计机构负责人岗位等可以是经办人、领导，也可以是岗位名称。

另外，完成无形资产管理工作标准，必须明确工作过程需要资料清单、数量、单位及需要遵守的技术标准资料及管理标准资料。

（7）事前准备资料：指接受工作任务后，对完成无形资产管理工作需要准备的无形资产管理机构设置文件、无形资产管理制度等资料或物品，这些资料包括技术资料文件清单中提出或要求的资料，也包括完成无形资产管理工作时需要提前完成的调研资料、参考资料或档案资料。

（8）事中产生资料：指接受任务后，在完成工作任务过程中，产生的购买土地使用权批书文件、取得无形资产购买协议、取得无形资产的票据、无形资产摊销方案、计提摊销分配表、记账凭证（取得及摊销）等重要资料或文件，需要按照完成无形资产管理工作中产生的时间顺序排列中间文件的清单。

（9）事后结果资料：指工作任务完成后或本项工作结束时或终止时需要的标志资料或结果文件，与无形资产管理工作标准核心目标进行对应的无形资产的处置（处置报告及摊余价值的账务处理）。

（10）技术要求资料：是指完成无形资产管理工作需要遵守的国家法规和行业制度、单位制度。资料的详细内容是无形资产管理工作需要遵守这项文件规定的具体条款和具体章节内容，如《企业财务通则》、《企业会计准则——无形资产》等。

（11）内部控制措施：是指完成无形资产管理工作需要表现的内部控制思想或适应的内部控制环节、内部控制点、内部控制工具。

由于无形资产管理工作标准本身就构成单位的工作制度，因此无形资产管理工作标准就可能是另一个工作执行过程中的一个环节，因此，熟悉了解本标准可以培养对企业无形资产事务综合处理能力。

对任何一项无形资产管理工作，需要综合考虑工作完成的过程，即对无形资产管理工作需要进行分解，分解后对每一个要素（环节）按照先后顺序进行排序，形成该无形资产管理工作标准的业务处理、控制流程。

（12）工作开始标志：取得无形资产标志无形资产管理工作“开始”。

（13）工作核心环节排序，具体要求是：

①设立管理机构，制定管理制度；

②做好权属确认，核准账面价值；

③拟定摊销方案，按期计提摊销；

④投资租赁质押，特许经营管理；

⑤计提减值准备，无形资产处置；

⑥编制记账凭证，进行会计核算。

（14）不同环节结果判断：总体来讲，根据“技术要求资料”对处理环节的处理结果进行判断，每一环节都有“真实性、及时性、完整性、可行性、合规性、正确性、合法性”等判断选择，这些判断的前提是熟悉技术要求资料，即各种文件要求内容，根据文件要求作出这些判断用语，也是工作进行中下一步三角判断框中的必选用语。

（15）不利结果修正：根据判断结果“是或否”来作出判断，明确下一步处理的路径方向，根据“是或否”来确定返回修改环节、终止还是继续下一步工作。这是体现内部控制思想、保证工作质量的重要标志。

（16）工作结束标志：完成无形资产管理工作标准规定的工作环节后，使用“归档”或“结束”，标志工作结束。

2.3.15 无形资产摊销工作标准

2.3.15.1 无形资产摊销工作标准

标准编码：1602

标准名称：无形资产摊销工作标准

2.3.15.1.1 工作标准名称释义

无形资产摊销工作标准是指无形资产核算岗位按期摊销无形资产价值的工作规范。

2.3.15.1.2 工作标准基本表格

工作核心目标	正确完成摊销无形资产的会计核算业务
工作开始时间	确认无形资产的账面价值
工作结束时间	完成无形资产的摊销工作
相关工作地点	财务部门办公地
相关工作单位	财务部门　无形资产管理部门
相关工作人员	财务总监　无形资产管理与核算岗位　无形资产管理员
备　　注	使用寿命无法确定的无形资产不予摊销

2.3.15.1.3 工作标准所需资料

资料类型	编码	资料名称	单位	原件数	复印数
事前准备资料	01	取得无形资产票据	份	1	0
	02	取得无形资产的文件	份	1	0
	03	取得无形资产的合同	份	1	0
	04	无形资产用途说明	份	1	0
事中产生资料	05	无形资产摊销方案	份	1	0
	06	摊销额计算表	份	1	0
	07	无形资产摊销分配表	份	1	0
事后结果资料	08	摊销无形资产的会计记账凭证	份	1	0
技术要求资料	09	《企业会计准则——无形资产》	本	1	1
	10	《企业财务通则》	份	1	1

2.3.15.1.4 相关工作标准

标准编码	标准名称
1603	无形资产管理工作标准
1604	无形资产摊销年限确认工作标准
1606	无形资产原值确认工作标准

2.3.15.1.5 工作标准流程图

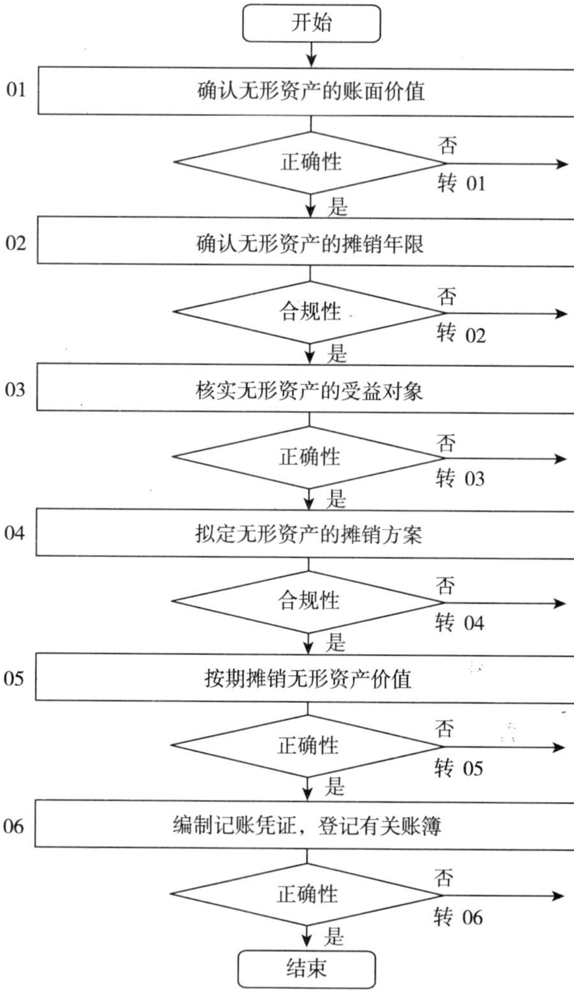

2.3.15.2　无形资产摊销工作标准训练平台

工作名称：无形资产摊销·工作标准

《企业财务通则》　《企业会计准则——无形资产》

工作流程	工作人员	工作时间	工作地点	工作单位	工作资料
开始					
确认账面价值	无形资产管理与核算岗位	即时	财务部办公地	财务部	取得无形资产的票据
	无形资产管理部负责人			无形资产管理部	取得无形资产的文件
正确性					取得无形资产的合同
核定摊销年限	无形资产管理与核算岗位	即时	财务部办公地	财务部	取得无形资产的文件
	无形资产管理部负责人			无形资产管理部	取得无形资产的合同
合规性					
确定受益对象	无形资产管理与核算岗位	即时	财务部办公地	财务部	取得无形资产的文件
	无形资产管理部负责人			无形资产管理部	无形资产用途说明
正确性					取得无形资产的合同
拟定摊销方案	无形资产管理与核算岗位	即时	财务部办公地	财务部	无形资产摊销方案
	会计机构负责人			无形资产管理部	
合规性	无形资产管理部负责人				
按月计算摊销	无形资产管理与核算岗位	即时	财务部办公地	财务部	摊销额计算表
					摊销费用分配表
正确性					
财务领导审批 编制记账凭证	无形资产管理与核算岗位	即时	财务部办公地	财务部	摊销额计算表
	会计机构负责人				摊销费用分配表
正确性					费用摊销记账凭证
结束					

圆通会计工作能力训练平台

监制：中国工作标准研究院
出品：理财世界网

2.3.15.3 无形资产摊销工作标准简述

无形资产摊销工作标准是指无形资产管理与核算岗位按照《企业会计准则》规定，摊销无形资产的工作规范。具体包括：

（1）工作核心目标：完成无形资产摊销的会计核算业务。

（2）开始工作时间：确认无形资产的账面价值。

（3）工作结束时间：无形资产摊销的账务处理。

（4）相关工作地点：指完成无形资产摊销的工作场所，为财务部门办公地。

（5）相关工作单位：指完成无形资产摊销工作涉及的主要单位，如财务部门、无形资产管理部门等。

（6）相关工作人员：指完成无形资产摊销工作涉及主要工作人员，包括财务负责人、无形资产管理员、无形资产管理与核算岗位等。

（7）事前准备资料：指完成无形资产摊销工作需要准备的取得无形资产的票据、文件、合同及无形资产的用途说明等资料。

（8）事中产生资料：指在完成工作任务过程中产生的无形资产摊销方案、摊销额计算表及分配表等资料。

（9）事后结果资料：指工作任务完成后形成的与无形资产摊销工作标准核心目标相对应的摊销无形资产的记账凭证等。

（10）技术要求资料：是指完成无形资产摊销工作需要遵守的国家法规和行业制度、单位制度等文件规定的具体条款和具体内容，如《企业财务通则》、《企业会计准则——无形资产》。

（11）内部控制措施：是指完成无形资产摊销工作需要表现的内部控制思想或适应的内部控制环节、内部控制点、内部控制工具。

由于无形资产摊销工作标准本身就构成单位的工作制度，因此无形资产摊销工作标准就可能是另一个工作执行过程中的一个环节，因此，熟悉了解本标准可以培养对无形资产成本回收事务的综合处理能力。

对任何一项无形资产摊销工作，需要对工作完成过程的每一个环节按照先后顺序进行排序，形成该无形资产摊销工作标准的业务处理、控制流程。

（12）工作开始标志：确认无形资产账面价值标志无形资产摊销工作“开始”。

（13）工作核心环节排序，具体要求是：

①确认无形资产的账面价值；

②确认无形资产的摊销年限；

③核实无形资产的受益对象；

④拟定无形资产的摊销方案；

⑤按期摊销无形资产价值；

⑥编制记账凭证，登记有关账簿。

（14）不同环节结果判断：总体来讲，根据“技术要求资料”对处理环节的处理结果进行判断，每一环节都有“真实性、及时性、完整性、可行性、合规性、正确性、合法性”等判断选择，这些判断的前提是熟悉技术要求资料，即各种文件要求内容，根据文件要求作出这些判断用语，也是工作进行中下一步三角判断框中的必选用语。

（15）不利结果修正：根据判断结果“是或否”来作出判断，明确下一步处理的路径方向，根据“是或否”来确定返回修改环节、终止还是继续下一步工作。这是体现内部控制思想、保证工作质量的重要标志。

（16）工作结束标志：完成无形资产摊销工作标准规定的工作环节后，使用“归档”或“结束”，标志工作结束。

2.4 负债管理与核算岗位工作标准

2.4.1 应收款账龄界定工作标准

2.4.1.1 应收款账龄界定工作标准

标准编码：1703

标准名称：应收款账龄界定工作标准

2.4.1.1.1 工作标准名称释义

应收款账龄界定工作标准是指往来款管理与核算岗位为准确计算应收款账龄，对账龄计算起始日期与截止日期的界定的工作规范。

2.4.1.1.2 工作标准基本表格

工作核心目标	完成应收款的账龄界定工作
工作开始时间	准备相关资料
工作结束时间	应收款账龄计算起始与截止日期确定
相关工作地点	财务部门办公地
相关工作单位	财务部门　销售部门
相关工作人员	会计机构负责人　往来款项管理与核算岗位　销售人员　销售部门负责人
备　　注	

2.4.1.1.3 工作标准所需资料

资料类型	编码	资料名称	单位	原件数	复印数
事前准备资料	01	购销合同	份	1	1
	02	会计备查账簿	份	1	1
	03	应收款明细账账簿	份	1	0
事中产生资料	04	欠款与发生额对应记录	份	1	0
	05	大额应收账核对界定记录	份	1	0
	06	最后借方发生核查记录	份	1	0
事后结果资料	07	应收款起止日期明细表	份	1	0
	08	应收款账龄计算明细表	份	1	0
技术要求资料	09	国资委清产核资文件	份	1	0
	10	《企业内部控制规范》	份	1	0

2.4.1.1.4 相关工作标准

标准编码	标准名称
1705	应收账款确认工作标准

2.4.1.1.5 工作标准流程图

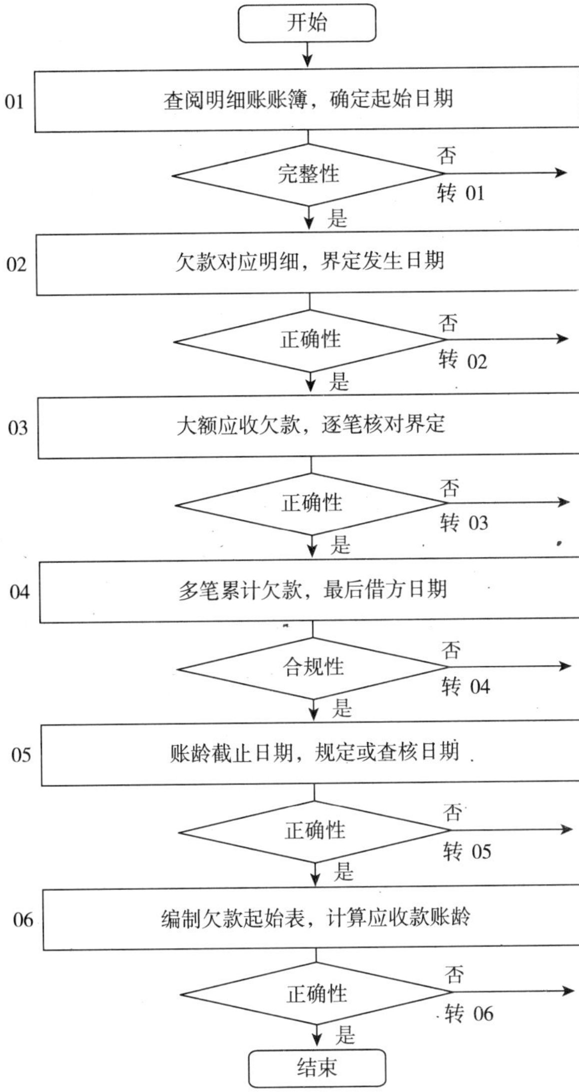

2.4.1.2 应收款账龄界定工作标准训练平台

工作名称：应收款账龄界定·工作标准

依据：《企业内部控制规范》；国资委清产核资文件

工作流程	工作人员	工作时间	工作地点	工作单位	工作资料
开始					
准备相关资料 查阅起始日期	往来管理与核算岗位	需要计算账龄时	财务部办公地	财务部	应收款明细账
	销售经办人			销售部门	应收款备查账
完整性					
欠款对应明晰 界定发生日期	往来管理与核算岗位	即时	财务部办公地	财务部	应收款明细账
	销售经办人			销售部门	应收款备查账
正确性					欠款发生对应记录
大额应收欠款 逐笔核对界定	往来管理与核算岗位	即时	财务部办公地	财务部	应收款明细账
	销售经办人			销售部门	应收款备查账
正确性					大额应收款核对界定记录
多笔累计欠款 最后借方日期	往来管理与核算岗位	即时	财务部办公地	财务部	应收款明细账
	销售经办人			销售部门	应收款备查账
合规性					最后借方发生核查记录
账龄截止日期 规定或查核日期	往来管理与核算岗位	即时	财务部办公地	财务部	核查应收款账龄文件
	会计机构负责人				账龄核查记录
正确性					
编制欠款起始表 计算应收款账龄	往来管理与核算岗位	即时	财务部办公地	财务部	应收款起始核查界定记录
	销售部门负责人			销售部门	应收款起止日期明细表
正确性	会计机构负责人				应收款账龄计算明细表
结束					

圆通会计工作能力训练平台

监制：中国工作标准研究院
出品：理财世界网

2.4.1.3 应收款账龄界定工作标准简述

应收款账龄界定工作标准是指往来款项管理与核算岗位为准确计算应收款账龄，而对账龄计算起始日期与截止日期的界定、确定的工作规范。具体包括：

（1）工作核心目标：完成应收款账龄界定。

（2）开始工作时间：准备相关资料。

（3）工作结束时间：应收款各单位的账龄计算起始与截止日期的确定。

（4）相关工作地点：指完成应收款账龄界定工作时的工作场所或涉及的工作环境，如财务部门办公地，各单位可根据自身实际对此项内容进行准确化修改。

（5）相关工作单位：指完成应收款账龄界定工作涉及的主要单位部门，有财务部门、销售部门。

（6）相关工作人员：指完成应收款账龄界定工作涉及主要工作人员，有往来款项管理与核算岗位、会计机构负责人、销售部门负责人、销售人员。

另外，完成应收款账龄界定工作标准，必须明确工作过程需要资料清单、数量、单位及需要遵守的技术标准资料及管理标准资料。

（7）事前准备资料：指接受工作任务后，对完成应收款账龄界定工作需要准备的应收款明细账、应收款项备查账及购销合同等资料或物品，这些资料包括在技术资料文件清单中提出或要求的资料，也包括完成应收款账龄界定工作时需要提前完成的调研资料、参考资料或档案资料。

（8）事中产生资料：指在完成工作任务过程中，产生的最后借方发生核查记录、大额应收款核对记录、欠款与发生额对应明细记录等重要资料或文件，需要按照完成应收款账龄界定工作中产生的时间顺序排列中间文件。

（9）事后结果资料：指工作任务完成后或本项工作结束时或终止时需要的标志资料或结果文件，与应收款账龄界定工作标准核心目标进行对应的应收款起止日期明细表及应收款账龄计算明细表等。

（10）技术要求资料：是指完成应收款账龄界定工作需要遵守的国家法规和行业制度、单位制度。资料的详细内容是应收款账龄界定工作需要遵守这项文件规定的具体条款和具体章节内容，有《企业内部控制规范——销售与收款》、国资委关于清产核资的文件等。

（11）内部控制措施：指完成应收款账龄界定工作需要表现的内部控制思

想或适应的内部控制环节、内部控制点、内部控制工具。

由于应收款账龄界定工作标准本身就构成单位的工作制度，因此应收款账龄界定工作标准就可能是另一个工作执行过程中的一个环节，因此，熟悉和了解本标准可以培养对销售业务等应收款事项的综合处理能力。

对任何一项应收款账龄界定工作，需要综合考虑工作完成的过程，即对应收款账龄界定工作需要进行分解，分解后对每一个要素（环节）按照先后顺序进行排序，形成该应收款账龄界定工作标准的业务处理、控制流程。

（12）工作开始标志：查阅明细账及相关合同标志应收账龄界定工作“开始”。

（13）工作核心环节排序，具体要求是：

①准备相关资料；

②欠款对应明晰；

③大额因收欠款逐笔核对界定；

④多笔累计欠款确定最后借方日期；

⑤账龄截止日期或查核日期、编制欠款起始表，计算应收款账龄。

（14）不同环节结果判断：总体来讲，根据“技术要求资料”对处理环节的处理结果进行判断，每一环节都有“真实性、及时性、完整性、可行性、合规性、正确性、合法性”等判断选择，这些判断的前提是熟悉技术要求资料，即各种文件要求内容，根据文件要求作出这些判断用语，也是工作进行中下一步三角判断框中的必选用语。

（15）不利结果修正：根据判断结果“是或否”来作出判断，明确下一步处理的路径方向，根据“是或否”来确定返回修改环节、终止还是继续下一步工作。这是体现内部控制思想、保证工作质量的重要标志。

（16）工作结束标志：完成应收款账龄界定工作标准规定的工作环节后，使用“归档”或“结束”，标志工作结束。

2.4.2 应收账款催收工作标准

2.4.2.1 应收账款催收工作标准

标准编码：1701

标准名称：应收账款催收工作标准

2.4.2.1.1 工作标准名称释义

应收账款催收工作标准是指往来核算与管理岗位配合销售部门组织对应收账款进行催收的工作规范。

2.4.2.1.2 工作标准基本表格

工作核心目标	完成对应收账款的催收工作
工作开始时间	核实应收账款客户单位与欠款数额
工作结束时间	收回应收账款
相关工作地点	客户单位所在地　销售部门办公地　财务部门办公地
相关工作单位	财务部门　客户单位　销售部门
相关工作人员	往来款项管理与核算岗位　往来单位经办人　销售部门负责人　销售经办人
备　　注	

2.4.2.1.3 工作标准所需资料

资料类型	编码	资料名称	单位	原件数	复印数
事前准备资料	01	应收账款明细账	份	1	0
	02	产品销售合同	份	1	0
	03	发货单	份	1	0
	04	产品销售发票及发货运输单据	套	1	0
事中产生资料	05	应收款对账单	份	1	0
	06	催款函	份	1	0
	07	还款协议	份	1	0
事后结果资料	09	收回货款的有关票据	份	1	0
	10	收回欠款的会计记账凭证	份	1	0
技术要求资料	11	《企业内部控制规范》	份	1	1
	12	《企业会计准则——债务重组》	份	1	0

2.4.2.1.4 相关工作标准

标准编码	标准名称
1704	应收款催收方案制订工作标准

2.4.2.1.5 工作标准流程图

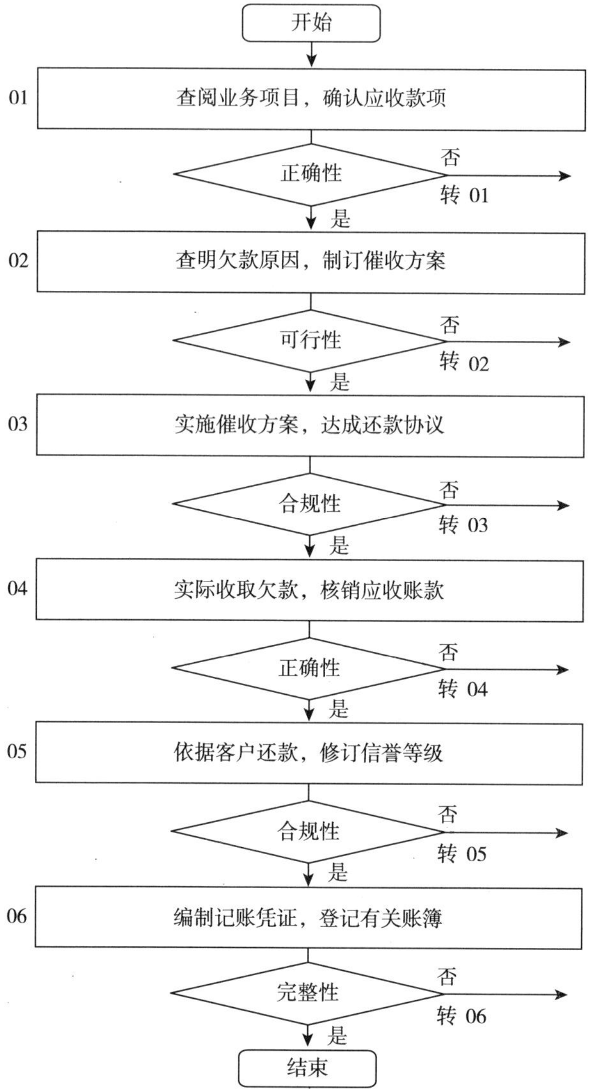

2.4.2.2 应收账款催收工作标准训练平台

工作名称：应收账款催收·工作标准

《企业内部控制规范》 《企业会计准则——债务重组》

工作流程	工作人员	工作时间	工作地点	工作单位	工作资料
开始					
查阅业务项目 确认应收款项	往来款管理与核算岗位	即时	财务部办公地	财务部	应收账款明细账页
	欠款经办人			欠款形成业务部门	原始业务资料
正确性					
查明欠款原因 制订催收方案	往来款管理与核算岗位	即时	财务部办公地	财务部	购销合同
	欠款经办人			欠款形成业务部门	欠款单位资料
可行性					催收欠款方案
实施催收方案 达成还款协议	往来核算与管理岗位	即时	欠款单位所在地	财务部	催收欠款方案
	欠款经办人			欠款形成业务部门	还款协议
合规性	律师			欠款单位	法院判决书
实际收取欠款 核销应收账款	往来款管理与核算岗位	即时	财务部办公地	财务部	现金、支票
	欠款经办人			欠款单位	抵账资产
正确性					
依据客户还款 修订信誉等级	往来款管理与核算岗位	即时	财务部办公地	财务部	客户信誉等级管理表
	销售管理岗			业务部门	
合规性				客户单位	
编制记账凭证 登记有关账簿	往来款管理与核算岗位	即时	财务部办公地	财务部	会计记账凭证
	出纳岗				相关往来账簿
完整性					
结束					

圆通会计工作能力训练平台

监制：中国工作标准研究院
出品：理财世界网

2.4.2.3 应收账款催收工作标准简述

应收账款催收工作标准是指往来核算与管理岗位配合销售部门组织对应收账款进行催收的工作规范。具体包括：

（1）工作核心目标：完成应收账款的催收工作。

（2）开始工作时间：核实应收账款客户单位与欠款数额

（3）工作结束时间：收回应收账款并作出相关处理时。

（4）相关工作地点：是完成应收账款催收工作的场所，包括财务部门办公地、客户单位所在地、销售部门所在地。

（5）相关工作单位：指完成应收账款催收工作涉及的主要单位，包括财务部门、客户单位、销售部门等。

（6）相关工作人员：指完成应收账款催收工作涉及主要工作人员，包括会计机构负责人、销售部门负责人、往来款管理与核算岗位、催款经办人、律师、销售管理岗位、出纳岗位等。

（7）事前准备资料：指完成应收账款催收工作需要准备的应收账款明细账页、原始业务资料、原始会计凭证、购销合同、欠款单位资料等资料。

（8）事中产生资料：指在完成工作任务过程中产生的催收欠款方案、还款协议、法院判决书、现金或支票、抵账资产、法院判决败诉损失表等重要资料，需要按照完成应收账款催收工作中产生的时间顺序排列中间文件的清单。

（9）事后结果资料：指工作任务完成形成的与应收账款催收工作标准核心目标相对应的欠款单位信誉等级管理表、坏账损失处理报告、抵账资产凭证、记账凭证等。

（10）技术要求资料：是指完成应收账款催收工作需要遵守的国家法规和行业制度、单位制度等文件规定的具体条款和具体内容，有《企业内部控制规范——销售与收款》、《企业会计准则——债务重组》等。

（11）内部控制措施：指完成应收账款催收工作需要表现的内部控制思想或适应的内部控制环节、内部控制点、内部控制工具。

由于应收账款催收工作标准本身就构成单位的工作制度，因此应收账款催收工作标准就可能是另一个工作执行过程中的一个环节，因此，熟悉和了解本标准可以培养对外部欠款事项的综合处理能力。

对应收账款催收工作，需要对工作完成过程的每一个环节按照先后顺序进行排序，形成应收账款催收工作标准的业务处理、控制流程。

(12) 工作开始标志：核实应收账款客户单位与欠款数额标志应收账款催收工作“开始”。

(13) 工作核心环节排序，具体要求是：

①查阅业务项目及欠款单位、欠款金额、发生日期等资料，与销售部门核对，确认应收款项；

②查明欠款原因，分析客户信誉与财务状况，制订催收方案；

③实施催收方案，采用发函、电话、派人、债务重组等方法，与欠款单位达成还款协议；

④实际收取欠款，核销应收款项；

⑤依据客户还款情况，修订客户单位信誉等级；

⑥编制记账凭证，登记有关账簿。

(14) 不同环节结果判断：总体来讲，根据“技术要求资料”对处理环节的处理结果进行判断，每一环节都有“真实性、及时性、完整性、可行性、合规性、正确性、合法性”等判断选择，这些判断的前提是熟悉技术要求资料，即各种文件要求内容，根据文件要求作出这些判断用语，也是工作进行中下一步三角判断框中的必选用语。

(15) 不利结果修正：根据判断结果“是或否”来作出判断，明确下一步处理的路径方向，根据“是或否”来确定返回修改环节、终止还是继续下一步工作。这是体现内部控制思想、保证工作质量的重要标志。

(16) 工作结束标志：完成应收账款催收工作标准规定的工作环节后，使用“归档”或“结束”，标志工作结束。

2.4.3 企业银行贷款工作标准

2.4.3.1 企业银行贷款工作标准

标准编码：1801

标准名称：企业银行贷款工作标准

2.4.3.1.1 工作标准名称释义

企业银行贷款工作标准是指企业根据生产经营的资金需要向银行申请办理借款业务的工作规范。

2.4.3.1.2 工作标准基本表格

工作核心目标	向银行取得借款
工作开始时间	财务部负责人提出贷款需求时
工作结束时间	取得银行贷款
相关工作地点	贷款银行办公地　财务部门办公地
相关工作单位	财务部门　贷款银行　企业档案室　董事会
相关工作人员	法人代表　会计机构负责人　融资管理与核算岗位　出纳岗位 银行行长　银行信贷科长　银行信贷员
备　　注	

2.4.3.1.3 工作标准所需资料

资料类型	编码	资料名称	单位	原件数	复印数
事前准备资料	01	董事会贷款决议	份	1	0
	02	股东大会通过贷款的决议	份	1	0
	03	贷款所需资料清单	份	1	0
	04	企业贷款申请书	份	1	0
	05	选择贷款银行资料	份	1	0
事中产生资料	06	受理银行企业贷款调查报告	份	1	0
	07	受理银行同意企业贷款决议	份	1	0
	08	上级银行企业贷款复查报告	份	1	0
	09	上级银行同意企业贷款批书	份	1	0
	10	借款合同	份	1	0
	11	它项权利使用证书	份	1	0
	12	财产抵押合同	份	1	0
	13	企业贷款使用计划	份	1	0
事后结果资料	14	取得银行借款进账单	份	1	0
	15	收到贷款记账凭证	份	1	0
技术要求资料	16	《企业内部控制规范》	份	1	1
	17	《商业银行法》	份	1	1

2.4.3.1.4　相关工作标准

标准编码	标准名称
1802	银行借款核算工作标准
1803	贷款合同签订工作标准

2.4.3.1.5　工作标准流程图

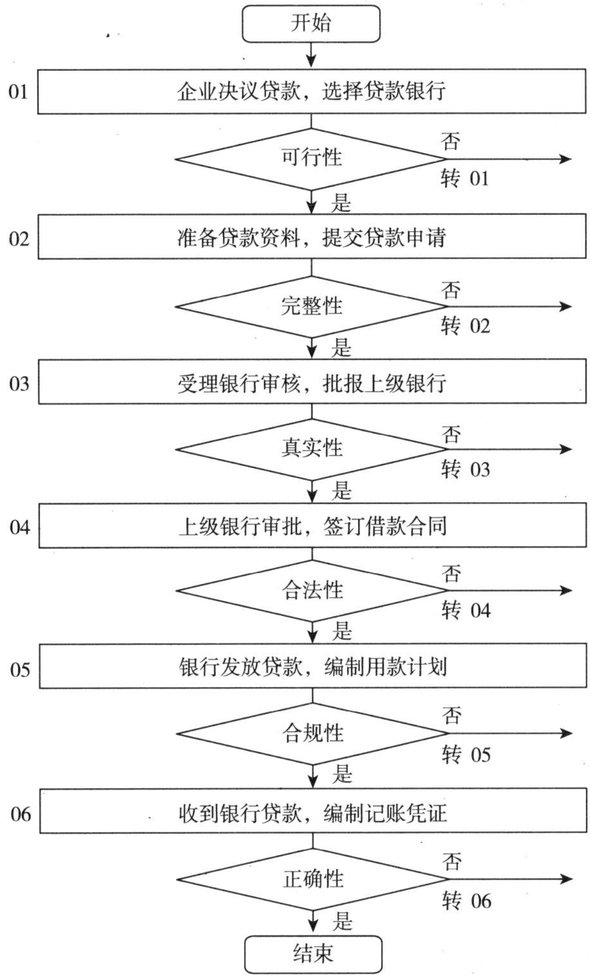

2.4.3.2 企业银行贷款工作标准训练平台

工作名称：企业银行贷款·工作标准

工作流程	工作人员	工作时间	工作地点	工作单位	工作资料
开始		《商业银行法》		《企业内部控制规范》	
企业决议贷款 选择贷款银行	总经办行政岗位	做出贷款决议日	总经办办公地	总经办	董事会贷款决议
	融资管理与核算岗位			财务部	股东大会通过贷款的决议
					选择贷款银行资料
可行性					
准备贷款资料 提交贷款申请	融资管理与核算岗位	规定时间	财务部办公地	财务部	贷款项目可行性报告
	会计机构负责人岗位			档案室	贷款所需资料清单
	档案管理岗位				企业贷款申请书
完整性					
受理银行审核 批报上级银行	银行信贷专管员	规定时间	受理银行办公地	受理银行信贷科	受理银行企业贷款调查报告
	融资管理与核算岗位		上级银行办公地	上级银行信贷处	受理银行同意企业贷款决议
	受理银行信贷科长				企业贷款所报资料
真实性					
上级银行审核 签订借款合同	上级银行信贷处长	规定时间	上级银行办公地	上级银行信贷处	受理银行企业贷款调查报告
	受理银行信贷科长			受理银行信贷科	上级银行企业贷款复查报告
	融资管理与核算岗位			企业财务部	上级银行同意企业贷款批书
合法性					
银行发放贷款 编制用款计划	受理银行行长	规定时间	受理银行行长办公地	受理贷款银行	借款合同
	融资管理与核算岗位			财务部	财产抵押合同
	企业法人代表				企业贷款使用计划
合规性					
收到银行贷款 编制记账凭证	银行信贷专管员	规定时间	财务部办公地	财务部	转账支票
	融资管理与核算岗位			受理银行会计部	会计记账凭证
	出纳岗位				
正确性					
结束					

圆通会计工作能力训练平台

监制：中国工作标准研究院
出品：理财世界网

2.4.3.3　企业银行贷款工作标准简述

企业银行贷款工作标准是指企业根据生产经营的资金需要，向银行申请办理借款业务的工作规范。具体包括：

（1）工作核心目标：核心目标是取得银行贷款。

（2）开始工作时间：股东大会形成贷款决议。

（3）工作结束时间：指完成银行贷款手续，取得贷款。

（4）相关工作地点：指完成银行贷款的工作场所，包括有财务部门办公地、融资部办公地、总经办办公地、企业档案室、受理银行办公地、上级银行办公地、上级银行审贷会议室等。

（5）相关工作单位：指完成银行贷款工作涉及的主要单位，包括财务部门、融资部、受理贷款银行、上级银行信贷处等。

（6）相关工作人员：指完成银行贷款工作涉及主要作人员，如档案管理岗位、融资管理与核算岗位、银行信贷专管员、会计机构负责人、上级银行信贷处长、受理银行信贷科长、受理银行行长、企业法人代表、出纳岗位等。

（7）事前准备资料：指完成银行贷款工作需要准备的董事会决议、股东大会决议、办理贷款所需资料及相关证书等资料或物品，这些资料包括技术资料文件清单中提出或要求的资料，也包括完成银行贷款工作时需要提前完成的调研资料、参考资料或档案资料。

（8）事中产生资料：指在完成工作任务过程中产生的贷款项目可行性研究报告、受理银行企业贷款调查报告、贷款银行同意企业贷款决议、上级银行企业贷款复查报告、上级银行同意企业贷款批复、企业贷款使用计划、借款合同、财产抵押合同或者担保合同等重要资料或文件，需要按照完成银行贷款工作中产生的时间顺序排列中间文件的清单。

（9）事后结果资料：是指完成贷款工作后编制的收款凭证，登记账簿。

（10）技术要求资料：是指完成银行贷款工作需要遵守的国家法规和行业制度、单位制度的文件规定的具体内容，如《商业银行法》第四章中“贷款和其他业务的基本规则”、《企业内部控制规范》等。

（11）内部控制措施：是指完成银行贷款工作需要表现的内部控制思想或适应的内部控制环节、内部控制点、内部控制工具。

由于银行贷款工作标准本身就构成单位的工作制度，因此银行贷款工作标准就可能是另一个工作执行过程中的一个环节，因此，熟悉和了解本标准可以培养办理银行贷款事务的综合处理能力。

对任何一项银行贷款工作，需要对工作完成过程的每一个环节按照先后顺序进行排序，形成银行贷款工作标准的业务处理、控制流程。

（12）工作开始标志：股东大会通过贷款决议标志银行贷款工作“开始”。

（13）工作核心环节排序，具体要求是：

①企业决议贷款，选择贷款银行；

②准备贷款资料，提交贷款申请；

③受理银行审核，批报上级银行；

④上级银行审批，签订借款合同；

⑤银行发放贷款，编制用款计划；

⑥收到银行贷款，编制记账凭证。

（14）不同环节结果判断：总体来讲，根据“技术要求资料”对处理环节的处理结果进行判断，每一环节都有“真实性、及时性、完整性、可行性、合规性、正确性、合法性”等判断选择，这些判断的前提是熟悉技术要求资料，即各种文件要求内容，根据文件要求作出这些判断用语，也是工作进行中下一步三角判断框中的必选用语。

（15）不利结果修正：根据判断结果“是或否”来作出判断，明确下一步处理的路径方向，根据“是或否”来确定返回修改环节、终止还是继续下一步工作。这是体现内部控制思想、保证工作质量的重要标志。

（16）工作结束标志：完成银行贷款工作标准规定的工作环节后，使用“归档”或“结束”，标志工作结束。

2.5 收入管理与核算岗位工作标准

2.5.1 主营业务收入确认工作标准

2.5.1.1 主营业务收入确认工作标准

标准编码：1901

标准名称：主营业务收入确认工作标准

2.5.1.1.1 工作标准名称释义

主营业务收入确认工作标准是指主营业务收入管理与核算岗位对企业从

事产品销售与提供劳务等经营活动所取得的主营业务收入确认的工作规范。

2.5.1.1.2 工作标准基本表格

工作核心目标	确定企业当期的主营业务收入
工作开始时间	企业的销售业务发生后
工作结束时间	收入凭证审核后
相关工作地点	财务部门办公地
相关工作单位	财务部门 销售部门 客户
相关工作人员	会计机构负责人 销售经办人员 客户单位经办人 主营业务收入管理与核算岗位
备 注	

2.5.1.1.3 工作标准所需资料

资料类型	编码	资料名称	单位	原件数	复印数
事前准备资料	01	购销合同、发货单	份	1	0
	02	销售发票	份	1	0
	03	银行结算凭证	份	1	1
	04	销售折让协议	份	1	0
	05	退回商品入库单	份	1	0
事中产生资料	06	主营业务收入汇总表	份	1	0
	07	冲减收入记账凭证	份	1	0
事后结果资料	08	主营业务收入记账凭证	份	1	0
技术要求资料	09	《增值税暂行条例实施细则》	份	1	0
	10	《企业会计准则——收入》	份	1	0

2.5.1.1.4 相关工作标准

标准编码	标准名称
1902	分期收款销售商品收入确认工作标准
1903	分期收款销售商品核算工作标准
1904	销售折让收入确认工作标准
1905	提供劳务核算工作标准

2.5.1.1.5 工作标准流程图

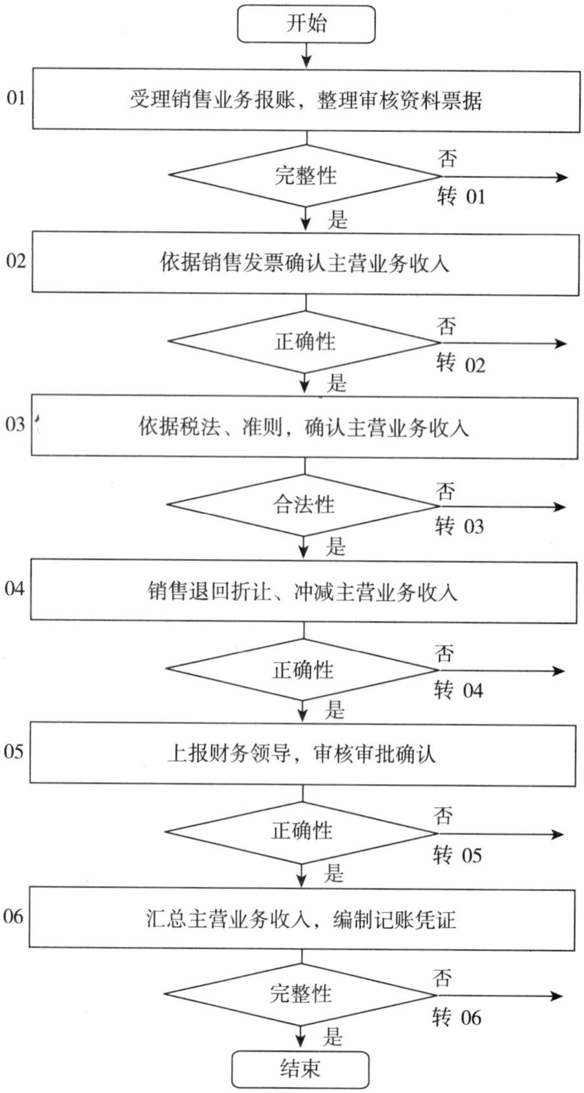

2.5.1.2 主营业务收入确认工作标准训练平台

工作名称：主营业务收入确认工作标准

工作流程	工作人员	工作时间	工作地点	工作单位	工作资料
开始		《增值税暂行条例实施细则》		《企业会计准则-收入》	
受理销售业务审核相关资料	销售核算与管理岗位	收到票据时	财务部办公地	财务部	购销合同、发货单
	销售经办人			销售部门	销售发票
					银行支票
完整性					
依据销售发票确认主营收入	销售核算与管理岗位	即时	财务部办公地	财务部	购销合同
	销售经办人			销售部门	发货单
					销售发票
正确性					
依据税法准则确认主营收入	销售核算与管理岗位	即时	财务部办公地	财务部	购销合同
	销售经办人			销售部门	发货单
合法性					
销售退回折让冲减主营收入	销售核算与管理岗位	即时	财务部办公地	财务部	销售折让协议
	销售经办人			销售部门	退回商品入库单
	客户单位经办人			客户单位	冲减收入记账凭证
正确性					
上报财务领导审核签字确认	销售核算与管理岗位	即时	财务部办公地	财务部	销售折让协议
	会计机构负责人				退回商品入库单
					冲减收入记账凭证
正确性					
汇总主营收入编制记账凭证	销售核算与管理岗位	编制记账凭证	财务部办公地	财务部	主营业务收入汇总表
					主营业务收入记账凭证
完整性					
结束					

圆通会计工作能力训练平台

监制：中国工作标准研究院
出品：理财世界网

2.5.1.3　主营业务收入确认工作标准简述

主营业务收入确认工作标准是指主营业务收入管理与核算岗位对企业（集团）从事产品销售与提供劳务等经营活动所取得的主营业务收入确认的工作规范。具体包括：

（1）工作核心目标：完成当期主营业务收入确认。

（2）工作开始时间：企业销售业务发生后。

（3）工作结束时间：确认主营业务收入，进行账务处理后。

（4）相关工作地点：指完成主营业务收入确认的工作场所，主要为财务部门办公地。

（5）相关工作单位：指完成主营业务收入确认工作涉及的主要单位，包括财务部门、销售部门及客户等。

（6）相关工作人员：指完成主营业务收入确认工作涉及的主要工作人员，包括会计机构负责人、销售经办人、客户单位经办人、主营业务收入管理与核算岗位等。

（7）事前准备资料：指完成主营业务收入确认工作需要准备的购销合同、银行结算凭证、销售折让协议、退回商品入库单、发货单、销售发票等资料。

（8）事中产生资料：指在完成工作任务过程中产生的销售收入汇总表等资料。

（9）事后结果资料：指工作任务完成后形成的与主营业务收入确认工作标准核心目标相对应的记账凭证等。

（10）技术要求资料：指完成主营业务收入确认工作需要遵守的国家法规和行业制度、单位制度等文件规定的具体内容，如《增值税暂行条例实施细则》、《企业会计准则——收入》等。

（11）内部控制措施：指完成主营业务收入确认工作需要表现的内部控制思想或适应的内部控制环节、内部控制点、内部控制工具。

由于主营业务收入确认工作标准本身就构成单位的工作制度，因此主营业务收入确认工作标准就可能是另一个工作执行过程中的一个环节，所以，熟悉和了解本标准可以培养对企业销售业务的综合处理能力。

对任何一项主营业务收入确认工作，需要对工作完成过程的每一个环节按照先后顺序进行排序，形成主营业务收入确认工作标准的业务处理、控制流程。

（12）工作开始标志：受理销售业务标志主营业务收入确认工作“开始”。

（13）工作核心环节排序，具体要求是：

①受理销售业务报账，整理审核资料票据；

②依据销售发票，确认主营业务收入；

③依据税法、准则，确认主营业务收入；

④销售退回折让，冲减主营业务收入；

⑤上报财务领导，审核审批确认；

⑥汇总主营业务收入，编制记账凭证。

（14）不同环节结果判断：总体来讲，根据“技术要求资料”对处理环节的处理结果进行判断，每一环节都有“真实性、及时性、完整性、可行性、合规性、正确性、合法性”等判断选择，这些判断的前提是熟悉技术要求资料，即各种文件要求内容，根据文件要求作出这些判断用语，也是工作进行中下一步三角判断框中的必选用语。

（15）不利结果修正：根据判断结果“是或否”来作出判断，明确下一步处理的路径方向，根据“是或否”来确定返回修改环节、终止还是继续下一步工作。这是体现内部控制思想、保证工作质量的重要标志。

（16）工作结束标志：完成主营业务收入确认工作标准规定的工作环节后，使用“归档”或“结束”，标志工作结束。

2.5.2 销售货物工作标准

2.5.2.1 销售货物工作标准

标准编码：1911

标准名称：销售货物工作标准

2.5.2.1.1 工作标准名称释义

销售货物工作标准是指企业有偿转让商品、产品、原材料、包装物、低值易耗品以及其他货物获得经济利益行为的工作规范。

2.5.2.1.2 工作标准基本表格

工作核心目标	完成销售货物工作
工作开始时间	拟定销售计划
工作结束时间	编制相关销售记账凭证
相关工作地点	存货仓库　销售部门办公地　财务部门办公地
相关工作单位	存货仓库　采购商　销售部门　财务部门
相关工作人员	库房管理员　采购部门人员　往来款项管理与核算岗位　出纳岗位　销售部经理　销售岗位　销售收入管理岗位
备　注	

2.5.2.1.3 工作标准所需资料

资料类型	编码	资料名称	单位	原件数	复印数
事前准备资料	01	销售计划	份	1	0
	02	销售报价单	份	1	0
事中产生资料	03	销售合同	份	1	0
	04	销售订单	份	1	0
	05	销售发货单	份	1	0
	06	销售发票	份	1	0
	07	销售出库单	份	1	0
事后结果资料	08	收款单	份	1	0
	09	销售记账凭证	份	1	0
技术要求资料	10	《中华人民共和国合同法》	份	1	0
	11	《企业会计准则——收入》	份	1	0

2.5.2.1.4 相关工作标准

标准编码	标准名称
1901	主营业务收入确认工作标准
1909	其他业务收入确认工作标准

2.5.2.1.5 工作标准流程图

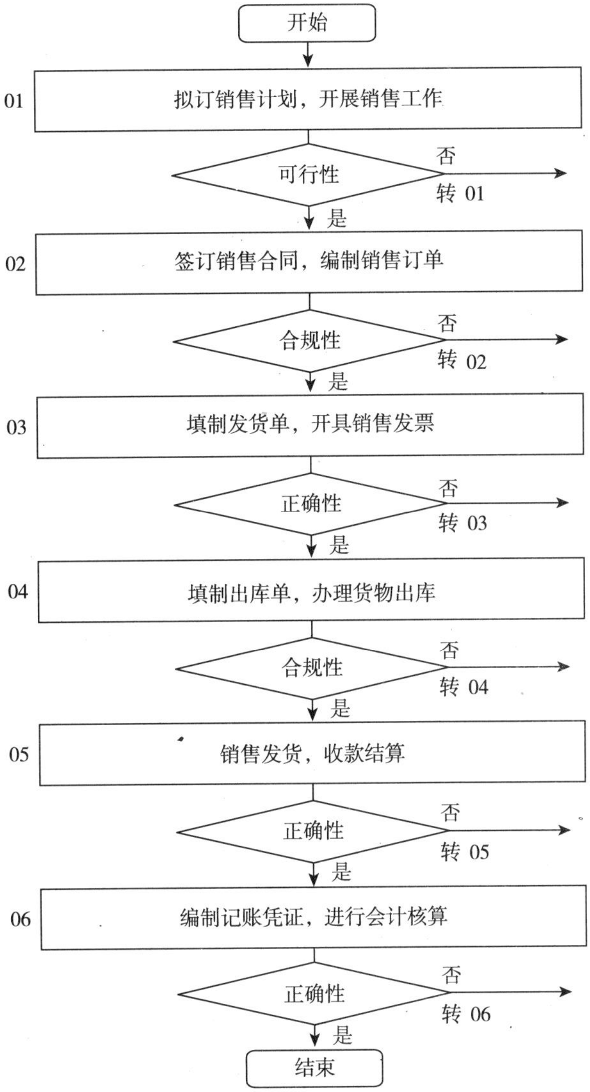

2.5.2.2 销售货物工作标准训练平台

工作名称：销售货物·工作标准

工作流程	工作人员	工作时间	工作地点	工作单位	工作资料
开始		《合同法》		《企业会计准则-收入》	
拟订销售计划 开展销售工作	销售经理岗位	计划时间	销售部办公地	销售部门	销售计划
	销售岗位			采购商	销售报价单
可行性					
签定销售合同 编制销售订单	销售经理岗位	规定时间	销售部办公地	销售部门	销售合同
	采购商			采购商	销售订单
合规性					
填制发货单 开具销售发票	销售收入管理岗位	规定时间	财务部办公地	销售部门	销售发货单
	销售岗位			财务部门	销售发票
正确性				采购商	
填制出库单 办理货物出库	销售岗位	即时	仓库所在地	仓库部门	销售发货单
	仓库管理岗位			采购商	销售出库单
完整性					销售发票
销售发货 收款结算	销售收入管理岗位	即时	财务部办公地	销售部	销售发票
	出纳岗位			仓库部门	收款单
正确性				财务部	
编制记账凭证 进行会计核算	销售收入管理岗位	当月	财务部办公地	财务部	成本计价方式
	往来管理与核算岗位			销售部	记账凭证
正确性	存货管理与核算岗位				
结束					

圆通会计工作能力训练平台

监制：中国工作标准研究院
出品：理财世界网

2.5.2.3 销售货物工作标准简述

销售货物工作标准是指企业销售部门对外销售产品及其他库存商品的工作规范。具体包括：

（1）工作核心目标：完成销售货物工作。

（2）工作开始时间：拟定销售计划。

（3）工作结束时间：收回销售货款，编制相关记账凭证的时间。

（4）相关工作地点：指完成销售货物工作的场所或涉及的工作环境，如销售部门办公地、财务部门办公地、客户所在地等。

（5）相关工作单位：指完成销售货物工作涉及的主要单位，如财务部门、销售部门及客户等。

（6）相关工作人员：指完成销售货物工作涉及的主要工作人员，如销售部门负责人、销售经办人、财务部门负责人、客户经办人等。

（7）事前准备资料：指完成销售货物工作需要准备的销售计划及报价单等资料，这些资料包括技术资料文件清单中提出或要求的资料，也包括完成销售货物工作时需要提前完成的调研资料、参考资料或档案资料。

（8）事中产生资料：指在完成工作任务过程中产生的销售订单、货物销售合同、销售货物发货单、销售货物出库单等资料，需要按照完成销售货物工作中产生的时间顺序排列中间文件的清单。

（9）事后结果资料：指工作任务完成后形成的与销售货物工作标准核心目标相对应的货物出库凭证、确认销售收入及应收账款的记账凭证、收取货款记账凭证等。

（10）技术要求资料：指完成销售货物工作需要遵守的国家法规和行业制度、单位制度等文件规定的具体内容，如《企业会计准则——收入》、《中华人民共和国合同法》。

（11）内部控制措施：指完成销售货物工作需要表现的内部控制思想或适应的内部控制环节、内部控制点、内部控制工具。

由于销售货物工作标准本身就构成单位的工作制度，因此销售货物工作标准就可能是另一个工作执行过程中的一个环节，所以，熟悉和了解本标准可以培养对企业销售业务的综合处理能力。

对任何一项销售货物工作，需要对工作完成过程的每一个环节按照先后顺序进行排序，形成该销售货物工作标准的业务处理、控制流程。

（12）工作开始标志：拟定销售计划标志销售货物工作“开始”。

（13）工作核心环节排序，具体要求是：

①拟订销售计划，开展销售工作；

②签订销售合同，编制销售订单；

③填制发货单，开具销售发票；

④填制出库单，办理货物出库；

⑤销售发货，收款结算；

⑥编制记账凭证，进行会计核算。

（14）不同环节结果判断：总体来讲，根据“技术要求资料”对处理环节的处理结果进行判断，每一环节都有“真实性、及时性、完整性、可行性、合规性、正确性、合法性”等判断选择，这些判断的前提是熟悉技术要求资料，即各种文件要求内容，根据文件要求作出这些判断用语，也是工作进行中下一步三角判断框中的必选用语。

（15）不利结果修正：根据判断结果“是或否”来作出判断，明确下一步处理的路径方向，根据“是或否”来确定返回修改环节、终止还是继续下一步工作。这是体现内部控制思想、保证工作质量的重要标志。

（16）工作结束标志：完成销售货物工作标准规定的工作环节后，使用“归档”或“结束”，标志工作结束。

2.5.3 财政补贴申请工作标准

2.5.3.1 财政补贴申请工作标准

标准编码：2001

标准名称：财政补贴申请工作标准

2.5.3.1.1 工作标准名称释义

财政补贴申请工作标准是指企业政府补贴管理与核算岗位根据政府补贴文件结合企业条件办理申请政府补贴的工作规范。

2.5.3.1.2 工作标准基本表格

工作核心目标	完成政府补贴的申请办理工作
工作开始时间	收到政府补贴文件

续表

工作结束时间	收到政府补贴款、编制记账凭证
相关工作地点	财务部门办公地　开户银行所在地　财政局办公地　政府管理部门办公地
相关工作单位	开户银行　财务部门　财政局　政府管理部门
相关工作人员	会计机构负责人　政府补贴管理与核算岗位　财政部门工作人员　出纳员
备　注	

2.5.3.1.3　工作标准所需资料

资料类型	编码	资料名称	单位	原件数	复印数
事前准备资料	01	企业财务报告	套	1	0
	02	申请政府补贴所需其他资料	套	1	0
	03	政府补贴文件	份	1	1
事中产生资料	04	企业政府补贴申请书	份	1	0
	05	填写的“政府补贴申请表”	份	1	0
事后结果资料	06	收到政府补贴的银行进账单	份	1	0
	07	收到政府补贴的物资入库单	份	1	0
	08	政府补贴会计处理凭证	份	1	0
技术要求资料	09	《企业会计准则——政府补助》	份	1	0
	10	《中华人民共和国合同法》	份	1	0

2.5.3.1.4 工作标准流程图

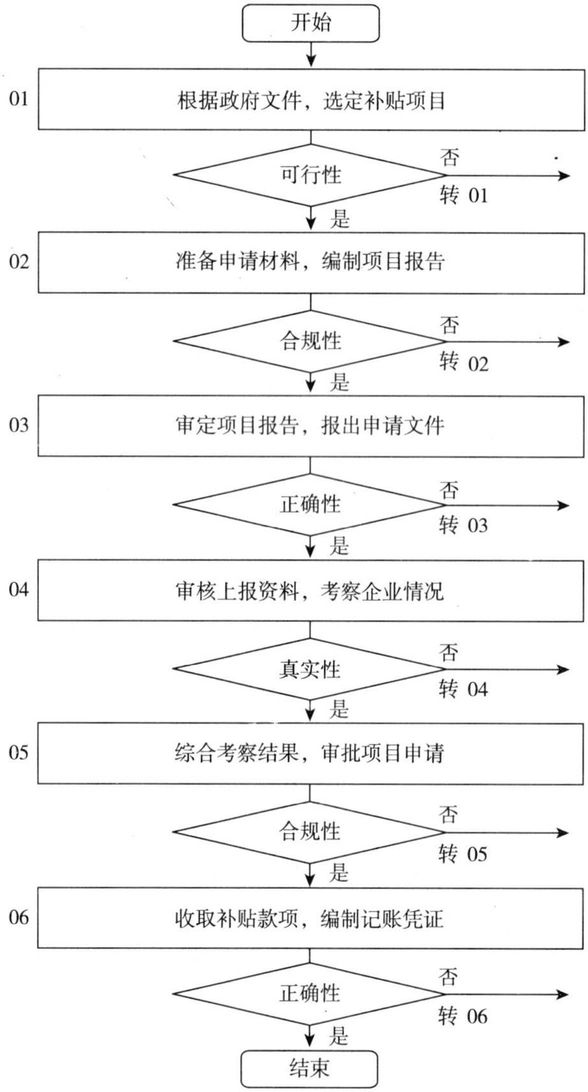

2.5.3.2　财政补贴申请工作标准训练平台

工作名称：·财政补贴申请·　·工作标准·

《合同法》　《企业会计准则-政府补助》

工作流程	工作人员	工作时间	工作地点	工作单位	工作资料
开始					
根据政府文件 选定补贴项目	政府补贴管理与核算岗位	计划时间	财务部办公地	财务部	政府专项政策文件
	项目组成员			项目组	企业登记资料
可行性					企业项目计划
准备申请材料 编制项目报告	政府补贴管理与核算岗位	规定时间	财务部办公地	财务部	企业项目可行性报告
	项目组成员			项目组	项目规定资料
合规性					
审定项目报告 报出申请文件	政府补贴管理与核算岗位	规定时间	财务部办公地	财务部	企业项目申请报告
	董事会成员			项目组	申请报告附件资料
正确性					
审核上报资料 考察企业情况	政府项目管理岗位	规定时间	项目管理部门所在地	政府项目管理部门	企业项目申请报告
	政府补贴管理与核算岗位				申请报告附件资料
完整性					政府核查补充资料
综合考察结果 审批项目申请	政府项目管理岗位	规定时间	政府项目部门所在地	政府项目管理部门	项目调查报告
	政府补贴管理与核算岗位			项目组	政府批准补贴文件
合法性					
收取补贴款项 编制记账凭证	财务负责人岗位	规定时间	财务部办公地	财务部	项目合同
	出纳岗位				银行进账单
正确性	政府补贴管理与核算岗位				记账凭证
结束					

圆通会计工作能力训练平台

监制：中国工作标准研究院　出品：理财世界网

2.5.3.3 财政补贴申请工作标准简述

财政补贴申请工作标准是指企业政府补贴管理与核算岗位根据政府补贴文件结合企业条件办理申请政府补贴的工作规范。具体包括：

（1）工作核心目标：取得政府补贴。

（2）工作开始时间：学习政府补贴的相关文件。

（3）工作结束时间：收到政府补贴，编制记账凭证。

（4）相关工作地点：指完成政府补贴申请工作涉及的工作环境，如项目部、政府项目补贴管理部门所在地、财务部门办公地、总经理办公室等。

（5）相关工作单位：指完成政府补贴申请工作涉及的主要单位，如财务部门、项目部或总经办、政府项目补贴管理部门等。

（6）相关工作人员：指完成政府补贴申请工作涉及的主要工作人员，如政府补贴申请经办人、财务部门负责人、总经理、项目部负责人、政府管理部门负责人等。

（7）事前准备资料：指完成政府补贴申请工作需要准备的企业登记资料、项目计划书等资料，这些资料包括技术资料文件清单中提出或要求的资料，也包括完成政府补贴申请工作时需要提前完成的调研资料、参考资料或档案资料。

（8）事中产生资料：指在完成工作任务过程中产生的企业项目申请报告、项目合同等资料或文件，需要按照完成政府补贴申请工作中产生的时间顺序排列中间文件的清单。

（9）事后结果资料：指工作任务完成后或形成的与政府补贴申请工作标准核心目标相对应的银行进账单及收入凭证。

（10）技术要求资料：指完成政府补贴申请工作需要遵守的国家法规和行业制度、单位制度等文件规定的具体内容，有《企业会计准则——政府补助》、《中华人民共和国合同法》等。

（11）内部控制措施：指完成政府补贴申请工作需要表现的内部控制思想或适应的内部控制环节、内部控制点、内部控制工具。

由于政府补贴申请工作标准本身就构成单位的工作制度，因此，政府补贴申请工作标准就可能是另一个工作执行过程中的一个环节。所以，熟悉和了解本标准可以培养对政府补贴项目事务的综合处理能力。

对任何一项政府补贴申请工作，需要对工作完成过程的每一个环节按照先后顺序进行排序，形成该政府补贴申请工作标准的业务处理、控制流程。

（12）工作开始标志：学习相关补贴文件标志政府补贴申请工作“开始”。

（13）工作核心环节排序，具体要求是：

①根据政府文件，选定补贴项目；

②准备申请材料，编制项目报告；

③审定项目报告，报出申请文件；

④审核上报资料，考察企业情况；

⑤综合考察结果，审批项目申请；

⑥收取补贴款项，编制记账凭证。

（14）不同环节结果判断：总体来讲，根据“技术要求资料”对处理环节的处理结果进行判断，每一环节都有“真实性、及时性、完整性、可行性、合规性、正确性、合法性”等判断选择，这些判断的前提是熟悉技术要求资料，即各种文件要求内容，根据文件要求作出这些判断用语，也是工作进行中下一步三角判断框中的必选用语。

（15）不利结果修正：根据判断结果“是或否”来作出判断，明确下一步处理的路径方向，根据“是或否”来确定返回修改环节、终止还是继续下一步工作。这是体现内部控制思想、保证工作质量的重要标志。

（16）工作结束标志：完成政府补贴申请工作标准规定的工作环节后，使用“归档”或“结束”，标志工作结束。

2.5.4　政府补助会计核算工作标准

2.5.4.1　政府补助会计核算工作标准

标准编码：2002

标准名称：政府补助会计核算工作标准

2.5.4.1.1　工作标准名称释义

政府补助会计核算工作标准是指政府补助管理与核算岗位对收到政府补助款后进行相关会计核算的工作规范。

2.5.4.1.2 工作标准基本表格

工作核心目标	完成政府补助的会计核算工作
工作开始时间	收到政府补助
工作结束时间	完成政府补助会计凭证编制
相关工作地点	财务部门办公地
相关工作单位	总经理办公室　财务部门
相关工作人员	会计机构负责人　出纳岗位　财政补助管理与核算岗位
备　注	

2.5.4.1.3 工作标准所需资料

资料类型	编码	资料名称	单位	原件数	复印数
事前准备资料	01	政府补助物资入库单	份	1	0
	02	政府补助的银行进账单	份	1	1
	03	政府关于给企业进行补助的文件	份	1	0
	04	企业政府补助申请	份	1	0
事中产生资料	05	计入递延收益记账凭证	份	1	0
	06	返还政府补助审批单	份	1	1
	07	返还补助转账支票	份	1	0
事后结果资料	08	返还政府补助记账凭证	份	1	1
	09	计入当期损益记账凭证	份	1	0
	10	递延收益转入受益期记账凭证	份	1	0
	11	相关会计账簿	套	1	0
技术要求资料	12	《企业会计准则——政府补助》	份	1	0
	13	《企业财务通则》	份	1	0

2.5.4.1.4 相关工作标准

标准编码	标准名称
2001	政府补助申请工作标准

2.5.4.1.5　工作标准流程图

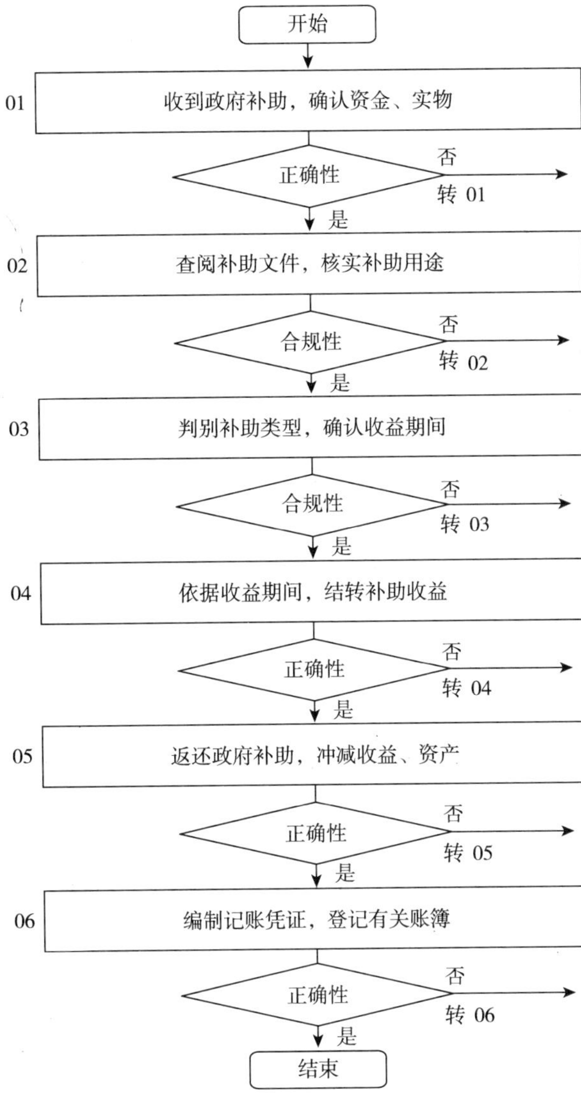

2.5.4.2 政府补助会计核算工作标准训练平台

工作名称：政府补助会计核算·工作标准

《企业财务通则》 《企业会计准则－政府补助》

工作流程	工作人员	工作时间	工作地点	工作单位	工作资料
开始					
收到政府补助 确认资金实物	政府补助管理与核算岗位	即时	财务部办公地	财务部	银行进账单
	出纳岗位				实物资产入库单
完整性					
查阅补助文件 核实补助用途	政府补助管理与核算岗位	即时	财务部办公地	财务部	政府补助文件
	会计机构负责人				企业政府补助申请
合规性					
依据补助时间 确认收益期间	政府补助管理与核算岗位	即时	财务部办公地	财务部	政府补助文件
	会计机构负责人				银行进账单
合规性					实物资产入库单
依据受益期间 结转补助收益	政府补助管理与核算岗位	即时	财务部办公地	财务部	计入当期收益记账凭证
					计入递延收益记账凭证
正确性					转入受益期记账凭证
返还政府补助 冲减收益资产	政府补助管理与核算岗位	即时	财务部办公地	经理部	返还补助审批单
	会计机构负责人			财务部	返还补助记账凭证
正确性					
编制记账凭证 登记有关账簿	政府补助管理与核算岗位	即时	财务部办公地	财务部	会计记账凭证
	会计机构负责人				审核过的会计记账凭证
正确性					
结束					

圆通会计工作能力训练平台

监制：中国工作标准研究院
出品：理财世界网

2.5.4.3　政府补助会计核算工作标准简述

政府补助会计核算工作标准是指政府财政补助管理与核算岗位对收到的政府补助款后进行相关会计核算的工作规范。具体包括：

（1）工作核心目标：完成政府补助的会计核算。

（2）工作开始时间：收到政府补助。

（3）工作结束时间：完成政府补助会计凭证的编制。

（4）相关工作地点：指完成政府补助会计核算工作时的场所或工作环境。本标准中指财务部门办公地，各单位可根据自身实际对此项内容进行准确化修改。

（5）相关工作单位：指完成政府补助会计核算工作涉及的主要单位，如财务部门、总经理办公室等。

（6）相关工作人员：指完成政府补助会计核算工作涉及的主要工作人员，如出纳岗位、会计机构负责人、财政补贴管理与核算岗位等。

（7）事前准备资料：指完成政府补助会计核算工作需要准备的政府补贴物资入库单、银行进账单、补贴的相关文件、企业政府补助申请等资料，这些资料包括在技术资料文件清单中提出或要求的资料，也包括完成政府补助会计核算工作时需要提前完成的调研资料、参考资料或档案资料。

（8）事中产生资料：指在完成工作任务过程中产生的返回政府补助审批单、计入递延收益的记账凭证等资料或文件，需要按照完成政府补助会计核算工作中产生的时间顺序排列中间文件。

（9）事后结果资料：指工作任务完成后形成的与政府补助会计核算工作标准核心目标相对应的返还政府补助的记账凭证、计入当期收益的记账凭证、递延收益转入受益期的记账凭证等。

（10）技术要求资料：指完成政府补助会计核算工作需要遵守的国家法规和行业制度、单位制度等文件规定的具体内容，如《企业会计准则——政府补助》、《企业财务通则》。

（11）内部控制措施：指完成政府补助会计核算工作需要表现的内部控制思想或适应的内部控制环节、内部控制点、内部控制工具。

由于政府补助会计核算工作标准本身就构成单位的工作制度，因此政府补助会计核算工作标准就可能是另一个工作执行过程中的一个环节，所以，熟悉和了解本标准可以培养获得政府补贴后事务的综合处理能力。

对任何一项政府补助会计核算工作，需要对工作完成过程的每一个环节按照先后顺序进行排序，形成该政府补助会计核算工作标准的业务处理、控制流程。

（12）工作开始标志：收到政府补助标志政府补助会计核算工作“开始”。

（13）工作核心环节排序，具体要求是：

①收到政府补助时，确认收到政府补助的资金和实物；

②查阅补助文件，核实政府补助的用途；

③依据补助时间，确认政府补助收益期间；

④依据政府补助收益期间，结转政府补助收益；

⑤返还政府补助时，冲减收益及资产；

⑥编制记账凭证，登记有关账簿。

（14）不同环节结果判断：总体来讲，根据“技术要求资料”对处理环节的处理结果进行判断，每一环节都有“真实性、及时性、完整性、可行性、合规性、正确性、合法性”等判断选择，这些判断的前提是熟悉技术要求资料，即各种文件要求内容，根据文件要求作出这些判断用语，也是工作进行中下一步三角判断框中的必选用语。

（15）不利结果修正：根据判断结果“是或否”来作出判断，明确下一步处理的路径方向，根据“是或否”来确定返回修改环节、终止还是继续下一步工作。这是体现内部控制思想、保证工作质量的重要标志。

（16）工作结束标志：完成政府补助会计核算工作标准规定的工作环节后，使用“归档”或“结束”，标志工作结束。

2.6 成本管理与核算岗位工作标准

2.6.1 职工薪酬确认工作标准

2.6.1.1 职工薪酬确认工作标准

标准编码：2105

标准名称：职工薪酬确认工作标准

2.6.1.1.1 工作标准名称释义

职工薪酬确认工作标准是指职工薪酬管理与核算岗位对发生的职工薪酬进行审核确认并作相关会计处理的工作规范。

2.6.1.1.2 工作标准基本表格

工作核心目标	确认职工薪酬
工作开始时间	受理职工薪酬业务处理
工作结束时间	编制职工薪酬确认处理记账凭证
相关工作地点	财务部门办公地
相关工作单位	财务部门　劳资管理部门　工会
相关工作人员	会计机构负责人　职工薪酬管理与核算岗位　劳资部门负责人　工会主席
备　　注	

2.6.1.1.3 工作标准所需资料

资料类型	编码	资料名称	单位	原件数	复印数
事前准备资料	01	企业劳资管理制度	份	1	0
	02	职工薪酬结算汇总表	份	1	1
	03	五险一金计算表	份	1	0
	04	支付工会经费票据	份	1	0
	05	支付职工教育经费票据	份	1	0
	06	支付职工福利费票据	份	1	0
	07	解除劳动关系补偿金通知单	份	1	0
事中产生资料	08	职工薪酬确认记账凭证	份	1	0
事后结果资料	09	职工薪酬费用分配表	份	1	0
	10	职工薪酬费用分配记账凭证	份	1	0
技术要求资料	11	《企业会计准则——职工薪酬》	册	1	0
	12	《中华人民共和国劳动法》	份	1	1

2.6.1.1.4 相关工作标准

标准编码	标准名称
2115	工资核算工作标准

2.6.1.1.5 工作标准流程图

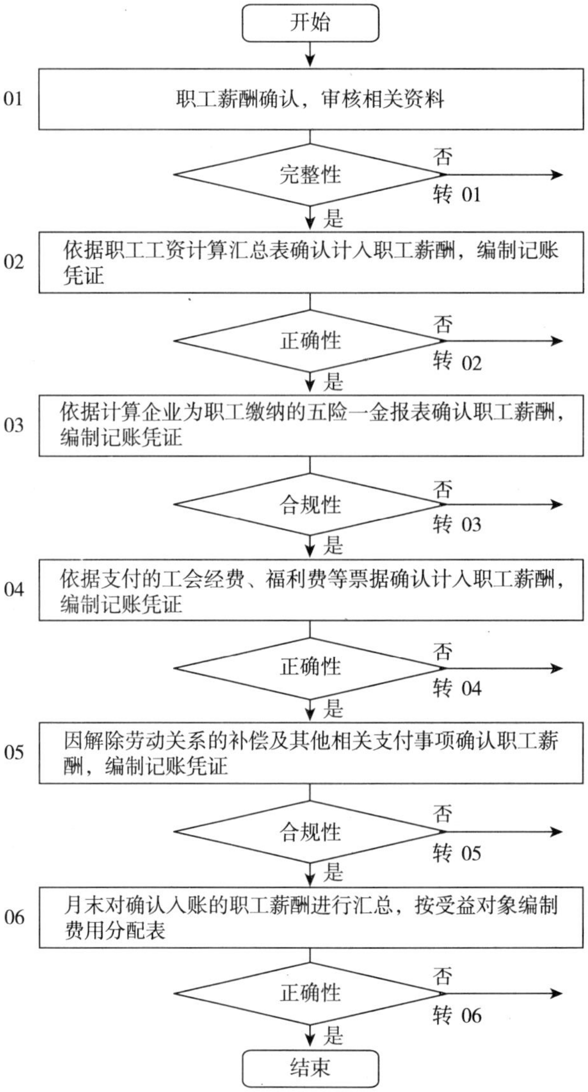

2.6.1.2　职工薪酬确认工作标准训练平台

工作名称：·职工薪酬确认·工作标准·

《中华人民共和国劳动法》　《企业会计准则-职工薪酬》

工作流程	工作人员	工作时间	工作地点	工作单位	工作资料
开始					
受理薪酬业务审核相关资料	职工薪酬管理核算岗位	即时	财务部办公地	财务部	企业劳资管理制度
					职工工资发放表
完整性					其他职工薪酬计算支付表
依据工资发放表确认职工薪酬	职工薪酬管理核算岗位	即时	财务部办公地	财务部	职工工资发放表
	劳资部门负责人			劳资部	确认职工薪酬记账凭证
正确性					
五险一金计算表确认职工薪酬	职工薪酬管理核算岗位	即时	财务部办公地	财务部	五险一金计算表
	劳资部门负责人			劳资部	五险一金缴纳票据
合规性					确认职工薪酬记账凭证
支付职工三费计入职工薪酬	职工薪酬管理核算岗位	即时	财务部办公地	财务部	支付工会经费票据
	劳资部门负责人			劳资部	支付职工教育经费票据
正确性	工会主席			工会	支付职工福利费票据
其他职工服务支付确认计入职工薪酬	职工薪酬管理核算岗位	即时	财务部办公地	财务部	解除劳动关系补偿金通知单
	劳资部门负责人			劳资部	记入职工薪酬记账凭证
合规性					
编制记账凭证月末费用分配	职工薪酬管理核算岗位	月末	财务部办公地	财务部	职工薪酬费用分配表
	会计机构负责人				职工薪酬费用分配记账凭证
合规性					
结束					

圆通会计工作能力训练平台

监制：中国工作标准研究院　出品：理财世界网

2.6.1.3 职工薪酬确认工作标准简述

职工薪酬确认工作标准是指职工薪酬确认管理与核算岗位对发生的应付职工薪酬进行审核确认并作相关会计处理的工作规范。具体包括：

（1）工作核心目标：职工薪酬确认。

（2）工作开始时间：受理职工薪酬业务处理。

（3）工作结束时间：编制职工薪酬确认处理记账凭证。

（4）相关工作地点：指完成职工薪酬确认工作时的场所或涉及的工作环境，如财务部门办公地。

（5）相关工作单位：指完成职工薪酬确认工作涉及的主要单位，有财务部门、劳资管理部门、工会等。

（6）相关工作人员：指完成职工薪酬确认工作涉及的主要工作人员，如会计机构负责人、劳资部门负责人、工会主席、职工薪酬管理与核算岗位等。

（7）事前准备资料：指完成职工薪酬确认工作需要准备的企业劳资管理制度、应付职工薪金结算表、应付职工薪金汇总表、五险一金计算表，工会经费、职工教育经费、福利费计算表，解除劳动关系补偿金通知单资料等。

（8）事中产生资料：指在完成工作任务过程中产生的确认应付职工薪酬的记账凭证等资料。

（9）事后结果资料：指工作任务完成后形成的与职工薪酬确认工作标准核心目标相对应的应付职工薪酬分配表及相应的记账凭证。

（10）技术要求资料：指完成职工薪酬确认工作需要遵守的国家法规和行业制度、单位制度等文件规定的具体内容，有《中华人民共和国劳动法》、《企业会计准则——职工薪酬》等。

（11）内部控制措施：指完成职工薪酬确认工作需要表现的内部控制思想或适应的内部控制环节、内部控制点、内部控制工具。

由于职工薪酬确认工作标准本身就构成单位的工作制度，因此职工薪酬确认工作标准就可能是另一个工作执行过程中的一个环节，所以，熟悉和了解本标准可以培养对企业职工个人利益事务的综合处理能力。

对任何一项职工薪酬确认工作，需要对工作完成过程的每一个环节按照先后顺序进行排序，形成该职工薪酬确认工作标准的业务处理、控制流程。

（12）工作开始标志：受理职工薪酬业务资料通知单标志职工薪酬确认工作“开始”。

（13）工作核心环节排序，具体要求是：

①职工薪酬交易事项发生，整理审核相关资料；

②依据职工工资计算汇总表确认计入职工薪酬，编制记账凭证；

③依据计算企业为职工缴纳的五险一金报表确认职工薪酬，编制记账凭证；

④依据支付的工会经费、福利费等票据确认计入职工薪酬，编制记账凭证；

⑤因解除劳动关系的补偿及其他相关支付事项确认职工薪酬，编制记账凭证；

⑥月末对确认入账的职工薪酬进行汇总，按受益对象编制费用分配表。

（14）不同环节结果判断：总体来讲，根据“技术要求资料”对处理环节的处理结果进行判断，每一环节都有“真实性、及时性、完整性、可行性、合规性、正确性、合法性”等判断选择，这些判断的前提是熟悉技术要求资料，即各种文件要求内容，根据文件要求作出这些判断用语，也是工作进行中下一步三角判断框中的必选用语。

（15）不利结果修正：根据判断结果“是或否”来作出判断，明确下一步处理的路径方向，根据“是或否”来确定返回修改环节、终止还是继续下一步工作。这是体现内部控制思想、保证工作质量的重要标志。

（16）工作结束标志：完成职工薪酬确认工作标准规定的工作环节后，使用“归档”或“结束”，标志工作结束。

2.6.2　一般纳税人增值税纳税申报工作标准

2.6.2.1　一般纳税人纳税增值税申报工作标准

标准编码：2203

标准名称：一般纳税人增值税纳税申报工作标准

2.6.2.1.1　工作标准名称释义

一般纳税人增值税纳税申报工作标准是指税收管理与核算岗位根据增值税有关法规、条例在规定期限内向主管税务机关办理增值税一般纳税人纳税申报的工作规范。

2.6.2.1.2 工作标准基本表格

工作核心目标	完成增值税一般纳税人纳税申报工作
工作开始时间	整理相关报税资料
工作结束时间	增值税纳税申报表经税务局审核通过
相关工作地点	主管国税局办公地　财务部门办公地
相关工作单位	财务部门　主管国税局
相关工作人员	会计机构负责人　税务管理与核算岗位　税务所专管员　税务局报税审核员
备　　注	

2.6.2.1.3 工作标准所需资料

资料类型	编码	资料名称	单位	原件数	复印数
事前准备资料	01	增值税专用发票抵扣联	份	1	0
	02	税务局进项税额认证单	份	1	0
	03	开具的增值税发票	份	1	0
	04	确认的未开发票收入资料	份	1	0
	05	计算的增值税销项税额	份	1	0
	06	开具的增值税发票明细表	份	1	0
	07	作废的增值税发票明细表	份	1	0
	08	开具的增值税发票汇总表	份	1	0
	09	资产负债表、损益表	份	1	0
事中产生资料	10	增值税进项税额分类汇总表	份	1	0
	11	增值税销项税额分类汇总表	份	1	0
	12	增值税一般纳税人纳税申报主表	份	1	0
	13	进项税认证单、IC 卡	份	1	0
事后结果资料	14	加盖申报印戳的纳税申报表	份	1	0
	15	增值税缴税单	份	1	0
	16	应缴增值税记账凭证	份	1	0
技术要求资料	17	《增值税暂行条例实施细则》	本	1	0
	18	《增值税暂行条例》	份	1	0

2.6.2.1.4 相关工作标准

标准编码	标准名称
2201	营业税申报工作标准

2.6.2.1.5 工作标准流程图

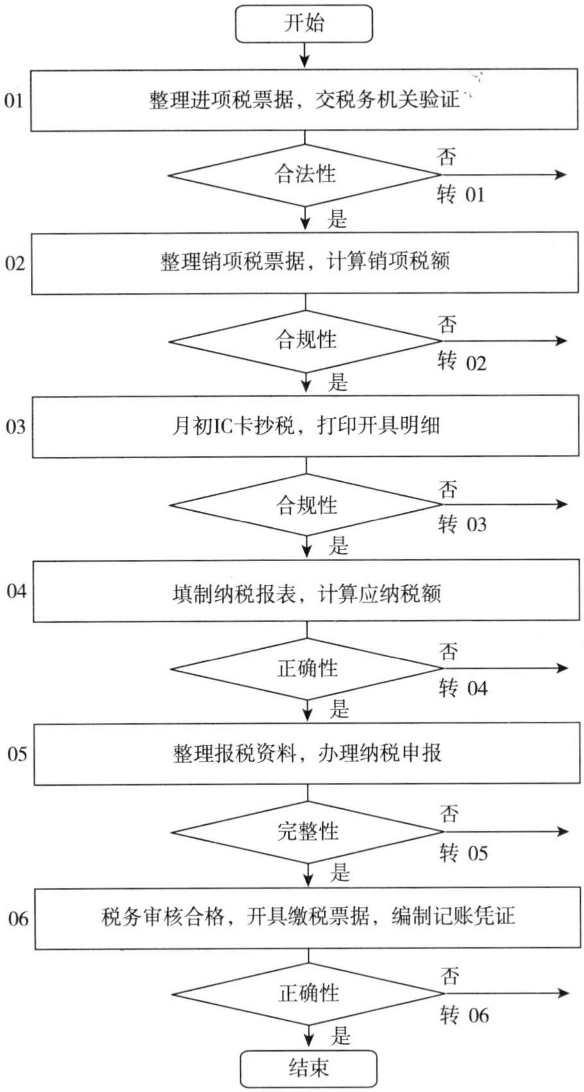

2.6.2.2 一般纳税人纳税申报工作标准训练平台

工作名称：一般纳税人纳税申报·工作标准

《增值税暂行条例》 《增值税暂行条例实施细则》

工作流程	工作人员	工作时间	工作地点	工作单位	工作资料
开始					
整理进项税票据交税务审验认证	税务管理与核算岗位	月底以前	财务部办公地	财务部	增值税专用发票抵扣联
					税务局进项税额认证单
合法性					
整理销项税票据计算销项税额	税务管理与核算岗位	即时	财务部办公地	财务部	开具的增值税发票
					确认的未开发票收入资料
正确性					计算的增值税销项税额
月初IC卡抄税打印开票明细	税务管理与核算岗位	即时	财务部办公地	财务部	开据的增值税发票明细表
					作废的增值税发票明细表
合规性					开具的增值税发票汇总表
填制纳税报表计算应纳税额	税务管理与核算岗位	即时	财务部办公地	财务部	增值税进项税额分类汇总表
					增值税销项税额分类汇总表
正确性					增值税一般纳税人纳税申报主表
整理报税资料办理纳税申报	税务管理与核算岗位	月初	财务部办公地	财务部	资产负债表、损益表
	会计机构负责人				全套增值申报表
完整性					进项税认证单、IC卡
收取缴税票据编制记账凭证	税务管理与核算岗位	加盖申报印戳	国税局所在地	财务部	加盖申报印戳的纳税申报表
	税务局专员			国税局	增值税缴税单
正确性	税务局报税审核员				应缴增值税记账凭证
结束					

圆通会计工作能力训练平台

监制：中国工作标准研究院
出品：理财世界网

2.6.2.3　一般纳税人增值税纳税申报工作标准简述

一般纳税人增值税纳税申报工作标准是指税收管理与核算岗位根据增值税有关法规、条例在规定期限内向主管税务机关办理增值税一般纳税人纳税申报的工作规范。具体包括：

（1）工作核心目标：完成一般纳税人增值税纳税申报工作。

（2）工作开始时间：整理相关报税资料。

（3）工作结束时间：增值税纳税申报表经税务机关审核通过，收取增值税缴税票据，编制记账凭证。

（4）相关工作地点：指完成一般纳税人增值税纳税申报工作的工作场所，如财务部门办公地、主管国税局办公地等。各单位可根据自身实际对此项内容进行准确化修改。

（5）相关工作单位：指完成一般纳税人纳税申报工作涉及的主要单位，如财务部门、主管国税局等。

（6）相关工作人员：指完成一般纳税人纳税申报工作涉及的主要工作人员，如会计机构负责人、税务管理与核算岗位、税务所专管员、税务局报税审核员等。

（7）事前准备资料：指完成一般纳税人纳税申报工作需要准备的增值税专用发票抵扣联、税务局进项税额认证单、增值税发票联、确认的未开发票收入资料、计算的增值税销项税额、开具的增值税发票明细表、作废的增值税发票明细表、开具的增值税发票汇总表、资产负债表、利润表等资料。

（8）事中产生资料：指在完成工作任务过程中产生的增值税进项税额分类汇总表、增值税销项税额分类汇总表、增值税一般纳税人纳税申报主表、进项税额认证单、IC卡等资料或物品。

（9）事后结果资料：指工作任务完成后形成的与一般纳税人增值税纳税申报工作标准核心目标相对应的加盖申报印戳的纳税申报表、增值税缴税单、应缴增值税记账凭证等。

（10）技术要求资料：指完成一般纳税人增值税纳税申报工作需要遵守的国家法规和行业制度、单位制度等文件规定的具体内容，如《增值税暂行条例实施细则》、《增值税暂行条例》等。

（11）内部控制措施：指完成一般纳税人增值税纳税申报工作需要表现的内部控制思想或适应的内部控制环节、内部控制点、内部控制工具。

由于一般纳税人增值税纳税申报工作标准本身就构成单位的工作制度，因此，一般纳税人增值税纳税申报工作标准就可能是另一个工作执行过程中的一个环节，所以，熟悉和了解本标准可以培养了解产品销售与税务机关业务关系及事务的综合处理能力。

对一般纳税人增值税纳税申报工作，需要对工作完成过程的每一个环节按照先后顺序进行排序，形成该一般纳税人增值税纳税申报工作标准的业务处理、控制流程。

（12）工作开始标志：整理汇总相关资料标志增值税纳税申报工作“开始”。

（13）工作核心环节排序，具体要求是：

①整理进项税票据，交税务机关验证；

②整理销项税票据，计算销项税额；

③月初 IC 卡抄税，打印开具明细；

④填制纳税报表，计算应纳税额；

⑤整理报税资料，办理纳税申报；

⑥收取缴税票据，编制记账凭证。

（14）不同环节结果判断：总体来讲，根据“技术要求资料”对处理环节的处理结果进行判断，每一环节都有“真实性、及时性、完整性、可行性、合规性、正确性、合法性”等判断选择，这些判断的前提是熟悉技术要求资料，即各种文件要求内容，根据文件要求作出这些判断用语，也是工作进行中下一步三角判断框中的必选用语。

（15）不利结果修正：根据判断结果“是或否”来作出判断，明确下一步处理的路径方向，根据“是或否”来确定返回修改环节、终止还是继续下一步工作。这是体现内部控制思想、保证工作质量的重要标志。

（16）工作结束标志：完成一般纳税人纳税申报工作标准规定的工作环节后，使用“归档”或“结束”，标志工作结束。

2.6.3 企业税务登记工作标准

2.6.3.1 企业税务登记工作标准

标准编码：2202

标准名称：企业税务登记工作标准

2.6.3.1.1 工作标准名称释义

企业税务登记工作标准是指新设立的企业纳税人在取得营业执照后及时到主管税务机关办理税务登记证的工作规范。

2.6.3.1.2 工作标准基本表格

工作核心目标	办理好税务登记证
工作开始时间	领取营业执照30日内
工作结束时间	领到税务登记证
相关工作地点	主管国税局办公地　主管地税局办公地　财务部门办公地
相关工作单位	财务部门　主管国税局　主管地税局
相关工作人员	税收管理与核算岗位　税务申报大厅受理人
备　　注	

2.6.3.1.3 工作标准所需资料

资料类型	编码	资料名称	单位	原件数	复印数
事前准备资料	01	企业营业执照	份	1	0
	02	当地税务局资料	份	1	0
	03	法人代表身份证	份	1	1
	04	公司章程	份	1	1
	05	银行账号证明	份	1	0
	06	组织机构代码证	份	1	0
	07	税务机关要求提供的其他证件、资料等	份	1	0
事中产生资料	08	税务登记表	份	1	0
事后结果资料	09	纳税磁卡	份	1	0
	10	税务登记证（正、副）本	份	1	1
技术要求资料	11	《中华人民共和国税收征收管理法》	册	1	1

2.6.3.1.4 相关工作标准

标准编码	标准名称
2204	单位企业税务登记工作标准

2.6.3.1.5 工作标准流程图

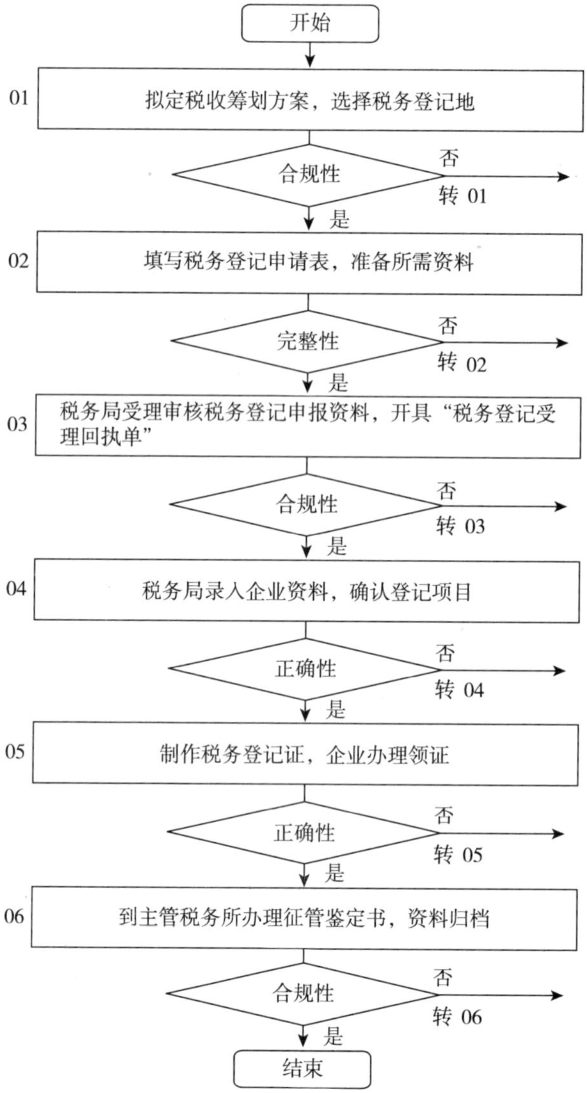

2.6.3.2 企业税务登记工作标准训练平台

工作名称：企业税务登记工作标准

工作流程	工作人员	工作时间	工作地点	工作单位	工作资料
开始		《税收征收管理法》		《税收登记管理法》	
拟定税务计划地 选择税务登记地	税务管理与核算岗位	工商登记后30日内	主管税务局所在地	财务部	企业营业执照
	会计机构负责人岗位			国、地税务局	税收策划方案
	企业法人代表				
可行性					
准备所需资料 填报税务登记表	税务管理与核算岗位	规定时间	财务部办公地	财务部	税务登记表
	档案管理岗位		档案室所在地	企业档案室	企业营业执照
	主管税务局税证岗位		国、地税务局办公地	国、地税务局	税务登记所需资料
完整性					
税务局受理资料 填写受理通知书	税务局税证岗位	上报当日	国、地税务局办公地	国、地税务局	税务登记表
	税务管理与核算岗位			财务部	税务登记所需资料
					税务登记受理通知书
合规性					
录入企业资料 确认登记项目	税务局税证岗位	规定时间	国、地税务局办公地	国、地税务局	税务登记资料
正确性					
制作税务登记证 企业办理领证	税务管理与核算岗位	规定时间	国、地税务局办公地	国、地税务局	国、地税登记证（正本）
	税务局税证岗位			财务部	国、地税登记证（副本）
合规性					
到主管税务所 办理征管鉴定书	税务管理与核算岗位	领取登记证当日	分管税务所办公地	税务所	国、地税登记证（正本）
	税务所税收专管员			财务部	国、地税登记证（副本）
					税务征管鉴定书
合规性					
结束					

圆通会计工作能力训练平台

监制：中国工作标准研究院
出品：理财世界网

2.6.3.3 企业税务登记工作标准简述

企业税务登记办理工作标准是指新设立的企业纳税人在取得营业执照后及时到主管税务机关办理税务登记证的工作规范。具体包括：

（1）工作核心目标：正确取得国税、地税局税务登记证。

（2）工作开始时间：取得企业营业执照之日起（30日完成）。

（3）工作结束时间：完成企业税务登记工作。

（4）相关工作地点：指完成企业税务登记的工作场所，如财务部门办公室、国税、地税机关办公地、档案室所在地等。

（5）相关工作单位：指完成企业税务登记工作涉及的主要单位，如财务部门、国税、地税局及档案室等。

（6）相关工作人员：指完成企业税务登记工作涉及的主要工作人员，包括税务管理与核算岗位、会计机构负责人岗位、企业法人代表、档案管理岗位、主管税务局税证岗位、主管税务所税收专管员等。

（7）事前准备资料：指完成企业税务登记工作需要准备的企业法人营业执照、法人代表身份证、公司章程、生产经营场地使用权、企业组织机构代码证、验资报告等税务部门要求提供的资料或物品，特别需要针对企业纳税计划作出筹划方案。

（8）事中产生资料：指在完成工作任务过程中产生的《税务登记表》等资料或文件。

（9）事后结果资料：指工作任务完成后取得的纳税磁卡、国税税务登记证、地税税务登记证等。

（10）技术要求资料：指完成企业税务登记工作需要遵守的国家法规和行业制度、单位制度等文件规定的具体内容，如《税收征收管理法》等。

（11）内部控制措施：指完成企业税务登记工作需要表现的内部控制思想或适应的内部控制环节、内部控制点、内部控制工具。

由于企业税务登记工作标准本身就构成单位的工作制度，因此企业税务登记工作标准就可能是另一个工作执行过程中的一个环节，所以，熟悉和了解本标准可以培养对企业与国家之间债权与债务关系的综合处理能力。

对任何一项企业税务登记工作，需要对工作完成过程的每一个环节按照先后顺序进行排序，形成该企业税务登记工作标准的业务处理、控制流程。

（12）工作开始标志：取得企业营业执照标志企业税务登记工作“开始”。

（13）工作核心环节排序，具体要求是：

①拟定税务计划，选择税务登记地。企业应当自领取营业执照之日起30日内，向当地主管国家税务机关申报办理税务登记。

②领取税务登记表。企业向当地主管国家税务机关领取《税务登记表》、《纳税人税种登记表》或《代扣代缴义务人情况表》等。

③填报税务登记表。企业领取《税务登记表》后，应当按照规定内容逐项如实填写，并加盖企业印章，并经法定代表人签字。

④报送《税务登记表》。企业将填好的《税务登记表》连同下列资料一并报送主管国家税务机关：营业执照；有关章程、合同、协议书；银行账号证明；法定代表人或业主居民身份证、护照或者回乡证等其他合法证件；税务机关要求提供的其他有关证件、资料等。

⑤办理纳税磁卡。企业办理税务登记证时还需办理纳税磁卡。

⑥领取税务登记证，办理征管鉴定书。企业报送的《税务登记表》和提供的有关证件、资料，经主管国家税务机关审核后，报有权国家税务机关批准予以登记的，应当按照规定的期限到主管国家税务机关领取税务登记证及其副本，并按规定缴付工本管理费。

（14）不同环节结果判断：总体来讲，根据“技术要求资料”对处理环节的处理结果进行判断，每一环节都有“真实性、及时性、完整性、可行性、合规性、正确性、合法性”等判断选择，这些判断的前提是熟悉技术要求资料，即各种文件要求内容，根据文件要求作出这些判断用语，也是工作进行中下一步三角判断框中的必选用语。

（15）不利结果修正：根据判断结果“是或否”来作出判断，明确下一步处理的路径方向，根据“是或否”来确定返回修改环节、终止还是继续下一步工作。这是体现内部控制思想、保证工作质量的重要标志。

（16）工作结束标志：完成企业税务登记工作标准规定的工作环节后，使用“归档”或“结束”，标志工作结束。

2.6.4 单位产品成本分析工作标准

2.6.4.1 单位产品成本分析工作标准

标准编码：0701

标准名称：单位产品成本分析工作标准

2.6.4.1.1 工作标准名称释义

单位产品成本分析工作标准是指成本管理与核算岗位对企业一定期间某项产品单位成本构成结构或成本升降差额原因分析的工作规范。

2.6.4.1.2 工作标准基本表格

工作核心目标	完成某项产品的单位成本分析工作
工作开始时间	收集相关资料
工作结束时间	完成某项产品单位成本分析报告
相关工作地点	财务部门办公地
相关工作单位	财务部门
相关工作人员	会计机构负责人　成本管理与核算岗位
备　　注	

2.6.4.1.3 工作标准所需资料

资料类型	编码	资料名称	单位	原件数	复印数
事前准备资料	01	单位产品实际成本资料	份	1	1
	02	单位产品定额成本资料	份	1	0
	03	单位产品实际成本资料	份	1	0
	04	单位产品项目成本资料	份	1	0
	05	单位产品目标成本资料	份	1	0
	06	行业实际单位成本资料	份	1	0
事中产生资料	07	产品定额成本升降分析资料	份	1	0
	08	产品结构比重分析资料	份	1	0
	09	产品目标成本升降分析资料	份	1	1
	10	产品行业成本差距分析资料	份	1	0
事后结果资料	11	产品成本分析报告	份	1	0
	12	单位产品成本分析报告	份	1	0
技术要求资料	13	成本管理工作标准	份	1	1

2.6.4.1.4 相关工作标准

标准编码	标准名称
2301	单位产品成本评价工作标准

2.6.4.1.5 工作标准流程图

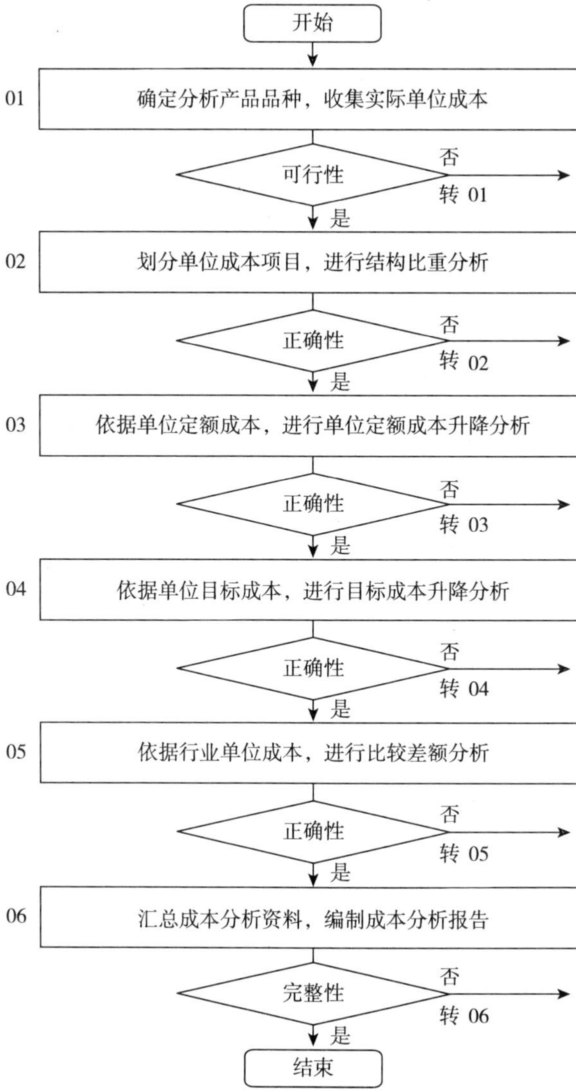

2.6.4.2 单位产品成本分析工作标准训练平台

工作名称

·单位产品成本分析·工作标准·

工作流程	工作人员	工作时间	工作地点	工作单位	工作资料
开始		《价格法》		《内部会计控制规范-成本费用》	
确定分析产品品种收集实际单位成本	成本管理与核算岗位	计划时间	财务部办公地	财务部	产品名称及规格型号
	会计机构负责人				产品实际单位成本
可行性					
划分单位成本项目进行结构比重分析	成本管理与核算岗位	即时	财务部办公地	财务部	单位产品项目成本
					结构比重分析资料
正确性					
依据单位定额成本单位定额升降分析	成本管理与核算岗位	即时	财务部办公地	财务部	单位产品定额成本
					定额成本升降分析
正确性					
依据单位目标成本目标成本升降分析	成本管理与核算岗位	即时	财务部办公地	财务部	单位产品目标成本
					目标成本升降分析
正确性					
依据行业单位成本比较差额原因分析	成本管理与核算岗位	即时	财务部办公地	财务部	行业实际单位成本
					行业成本差距分析
正确性					
汇总成本分析资料编制成本分析报告	成本管理与核算岗位	即时	财务部办公地	财务部	成本分析资料汇总
	会计机构负责人				单位产品成本分析报告
完整性					
结束					

圆通会计工作能力训练平台

监制：中国工作标准研究院
出品：理财世界网

2.6.4.3　单位产品成本分析工作标准简述

单位产品成本分析工作标准是指成本管理与核算岗位对企业一定期间某项产品单位成本构成结构或成本升降差额原因分析的工作规范。具体包括：

（1）工作核心目标：完成某项产品的单位成本分析工作。

（2）工作开始时间：收集相关资料。

（3）工作结束时间：完成某项产品单位成本分析报告。

（4）相关工作地点：指完成单位产品成本分析工作的工作场所，如财务部门所在地等。

（5）相关工作单位：指完成单位产品成本分析工作涉及的主要单位，如财务部门等。

（6）相关工作人员：指完成单位产品成本分析工作涉及的主要工作人员，如会计机构负责人、成本管理与核算岗位等。

（7）事前准备资料：指完成单位产品成本分析工作需要准备的单位产品实际成本资料、单位产品定额成本资料、单位产品目标成本资料、同行业单位成本资料、上年单位产品实际成本资料等。

（8）事中产生资料：指在完成工作任务过程中产生的与单位产品定额成本、目标成本、同行业单位产品成本、本企业上年单位产品平均成本比较分析资料，单位产品成本项目分析资料等。

（9）事后结果资料：指工作任务完成后形成的与单位产品成本分析工作标准核心目标相对应的单位产品成本分析报告。

（10）技术要求资料：指完成单位产品成本分析工作需要遵守的国家法规和行业制度、单位会计制度和相关成本会计知识。

（11）内部控制措施：指完成单位产品成本分析工作需要表现的内部控制思想或适应的内部控制环节、内部控制点、内部控制工具。

由于单位产品成本分析工作标准本身就构成单位的工作制度，因此单位产品成本分析工作标准就可能是另一个工作执行过程中的一个环节，所以，熟悉和了解本标准可以培养对单位产品生产过程事务的综合处理能力。

对任何一项单位产品成本分析工作，需要对工作完成过程的每一个环节按照先后顺序进行排序，形成该单位产品成本分析工作标准的业务处理、控制流程。

（12）工作开始标志：根据安排进行单位产品成本分析工作。

（13）工作核心环节排序，具体要求是：

①确定分析评价内容，搜集相关资料。

②运用比较分析法，分析产品单位成本计划的完成情况。一般用实际单位成本与计划数、定额数、前期实际数、以往年度同期实际数以及本企业的历史先进水平和国内外同行业的先进水平等进行对比。

③运用因素分析法，查明各个成本项目成本升降的具体原因。

直接材料项目的分析：用量变动对材料成本的影响；价格变动对材料成本的影响；

直接人工项目的分析：单位产品工时消耗变动对成本的影响；小时工资率变动对成本的影响；

制造费用项目的分析：单位产品工时变动对成本的影响；小时费用率变动对成本的影响。

④对各因素影响成本变动的主要原因进一步分析直到找出影响单位成本变动的主要原因。

⑤根据分析结果，提出降低成本的改进建议。

（14）不同环节结果判断：总体来讲，根据“技术要求资料”对处理环节的处理结果进行判断，每一环节都有“真实性、及时性、完整性、可行性、合规性、正确性、合法性”等判断选择，这些判断的前提是熟悉技术要求资料，即各种文件要求内容，根据文件要求作出这些判断用语，也是工作进行中下一步三角判断框中的必选用语。

（15）不利结果修正：根据判断结果“是或否”来作出判断，明确下一步处理的路径方向，根据“是或否”来确定返回修改环节、终止还是继续下一步工作。这是体现内部控制思想、保证工作质量的重要标志。

（16）工作结束标志：完成单位产品成本分析工作标准规定的工作环节后，使用“归档”或“结束”，标志工作结束。

2.6.5 差旅费报销工作标准

2.6.5.1 差旅费用报销工作标准

标准编码：2401

标准名称：差旅费报销工作标准

2.6.5.1.1 工作标准名称释义

差旅费报销工作标准是指费用核算与管理岗位办理企业职工因公外出，报销差旅费的工作规范。

2.6.5.1.2 工作标准基本表格

工作核心目标	完成差旅费用的报销工作
工作开始时间	收到差旅费报销单据
工作结束时间	差旅费用报销会计凭证编制完毕
相关工作地点	费用报销部门办公地　财务部门办公地
相关工作单位	财务部门　差旅费报销业务部门
相关工作人员	会计机构负责人　业务经办部门负责人 费用管理与核算岗位　出纳岗位　业务经办人
备　注	

2.6.5.1.3 工作标准所需资料

资料类型	编码	资料名称	单位	原件数	复印数
事前准备资料	01	企业差旅费报销规定的文件	份	1	0
	02	出差人出差审批单	份	1	0
	03	差旅费借款单	份	1	0
	04	出差车票、发票等原始单据	份	1	0
	05	空白差旅费报销单	份	1	0
事中产生资料	06	差旅费报销单	份	1	0
事后结果资料	07	差旅费报销的会计凭证	份	1	0
	08	现金收据	份	1	0
技术要求资料	09	《企业财务管理制度》	份	1	1
	10	《企业内部控制规范》	份	1	0

2.6.5.1.4 相关工作标准

标准编码	标准名称
2403	管理费用报销审批流程设置工作标准

2.6.5.1.5 工作标准流程图

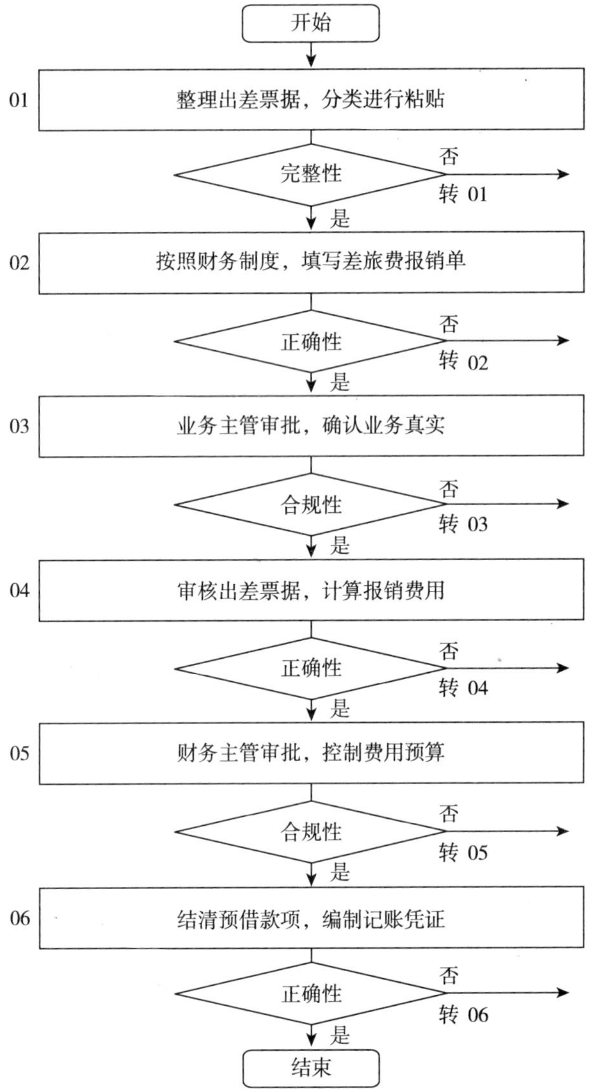

2.6.5.2 差旅费报销工作标准训练平台

工作名称 ·差旅费报销·工作标准·

工作流程	工作人员	工作时间	工作地点	工作单位	工作资料
开始		《企业财务管理制度》		《企业内部控制规范》	
整理出差票据 分类进行粘贴	费用管理与核算岗位	计划时间	财务部办公地	财务部	差旅费报销票据
	审核制证岗位		业务部办公地	业务部门	单位派出证明文件
	出差业务岗位				经费预算文件
完整性					
填写差旅费报销单	费用管理与核算岗位	规定时间	财务部办公地	财务部	出差往返车票
	出差业务岗位		业务部办公地	业务部门	出差地费用发票
					差旅费报销单
正确性					
部门领导审批 确认业务真实	业务部门管理岗位	规定时间	业务部办公地	业务部门	单位派出证明文件
	出差业务岗位				差旅费报销单
合规性					
审核出差票据 计算报销金额	费用管理与核算岗位	规定时间	财务部办公地	财务部	差旅费报销规定文件
	出差业务岗位				差旅费报销单
正确性					
财务主管审批 控制费用预算	会计机构负责人岗位	规定时间	财务部办公地	财务部	差旅费报销规定文件
	出差业务岗位				差旅费报销单
合规性					
结清预借款项 编制记账凭证	费用管理与核算岗位	即时	财务部办公地	财务部	记账凭证
	出差业务岗位				
	出纳岗位				
正确性					
结束					

圆通会计工作能力训练平台

监制：中国工作标准研究院
出品：理财世界网

2.6.5.3 差旅费报销工作标准简述

差旅费报销工作标准是指费用核算与管理岗位办理企业职工因公外出，报销差旅费的工作规范。

具体包括：

（1）工作核心目标：完成差旅费用的报销工作。

（2）工作开始时间：出差结束时。

（3）工作结束时间：出差费报销完成时。

（4）相关工作地点：指完成差旅费报销工作的工作场所，如财务部门办公地、相关业务部门办公地等。各单位可根据自身实际对此项内容进行准确化修改。

（5）相关工作单位：指完成差旅费报销工作涉及的主要单位，包括财务部门和相关业务部门。

（6）相关工作人员：指完成差旅费报销工作涉及的主要工作人员，如会计机构负责人、相关业务部门负责人、出差人或委托的经办人、费用管理与核算岗位、审核制证岗位、出纳岗位等。

（7）事前准备资料：指完成差旅费报销工作需要准备的资料，如出差人出差审批单、差旅费借款单、出差车票、发票等原始票据等。

（8）事中产生资料：指在完成工作任务过程中产生新的资料，如差旅费报销单等。需要按照完成差旅费报销工作中产生的时间顺序排列中间文件的清单。

（9）事后结果资料：指工作任务完成后形成的与差旅费报销工作标准核心目标相对应的差旅费报销记账凭证、现金收款收据等。

（10）技术要求资料：指完成差旅费报销工作需要遵守的国家法规和行业制度、单位制度等文件规定的具体内容，如《企业财务管理制度——差旅费报销管理办法》、《企业内部控制规范》、《会计基础工作规范》等。

（11）内部控制措施：指完成差旅费报销工作需要表现的内部控制思想或适应的内部控制环节、内部控制点、内部控制工具。

由于差旅费报销工作标准本身就构成单位的工作制度，因此差旅费报销工作标准就可能是另一个工作执行过程中的一个环节，所以，熟悉和了解本标准可以培养企业日常往来与项目交流等事务的综合处理能力。

对任何一项差旅费报销工作，需要对工作完成过程的每一个环节按照先后顺序进行排序，形成该差旅费报销工作标准的业务处理、控制流程。

（12）工作开始标志：业务人员出差结束报销差旅费标志差旅费报销工作“开始”。

（13）工作核心环节排序，具体要求是：

①依据出差文件，整理出差票据；

②按照财务制度，填写差旅费报销单；

③业务主管审批，确认业务真实；

④审核出差票据，计算报销费用；

⑤财务主管审批，控制费用预算；

⑥结清预借款项，编制记账凭证。

（14）不同环节结果判断：总体来讲，根据“技术要求资料”对处理环节的处理结果进行判断，每一环节都有“真实性、及时性、完整性、可行性、合规性、正确性、合法性”等判断选择，这些判断的前提是熟悉技术要求资料，即各种文件要求内容，根据文件要求作出这些判断用语，也是工作进行中下一步三角判断框中的必选用语。

（15）不利结果修正：根据判断结果“是或否”来作出判断，明确下一步处理的路径方向，根据“是或否”来确定返回修改环节、终止还是继续下一步工作。这是体现内部控制思想、保证工作质量的重要标志。

（16）工作结束标志：完成差旅费报销工作标准规定的工作环节后，使用“归档”或“结束”，标志工作结束。

2.6.6 机动车交强险索赔办理工作标准

2.6.6.1 机动车交强险索赔办理工作标准

标准编码：2501

标准名称：机动车交强险索赔办理工作标准

2.6.6.1.1 工作标准名称释义

机动车交强险索赔办理工作标准是指机动车在发生交通事故时，向保险公司索取赔款的工作规范。

2.6.6.1.2 工作标准基本表格

工作核心目标	完成向保险公司索取赔款工作
工作开始时间	交通事故发生时
工作结束时间	收到交强险事故索赔款
相关工作地点	企业车辆管理部门所在地　法院办公地　保险公司办公地　交警队办公地　财务部门办公地
相关工作单位	保险公司　交警队　企业车辆管理部门　财务部门
相关工作人员	风险控制与保险岗位　事故车辆司机　保险公司客服部工作人员　交通警察
备　注	属于轻微交通事故、仅涉及2000元以内的财产损失，适用于快速理赔办法程序

2.6.6.1.3 工作标准所需资料

资料类型	编码	资料名称	单位	原件数	复印数
事前准备资料	01	保险单正本	份	1	0
	02	受害方财产损失清单	份	1	0
	03	受害方人员，伤、残、亡费用清单	份	1	1
	04	索赔须知	份	1	1
	05	事故鉴定书	份	1	1
事中产生资料	06	交强险索赔申请书	份	1	0
	07	保险公司勘察定损资料	份	1	1
	08	交强险赔偿协议	份	1	1
事后结果资料	09	银行转账支票	份	1	1
	10	赔款通知书	份	1	1
技术要求资料	11	《中华人民共和国道路交通安全法》	份	1	0
	12	《机动车交通事故责任强制保险条例》	份	1	0

2.6.6.1.4 相关工作标准

标准编码	标准名称
2503	机动车交强险投保办理工作标准

2.6.6.1.5 工作标准流程图

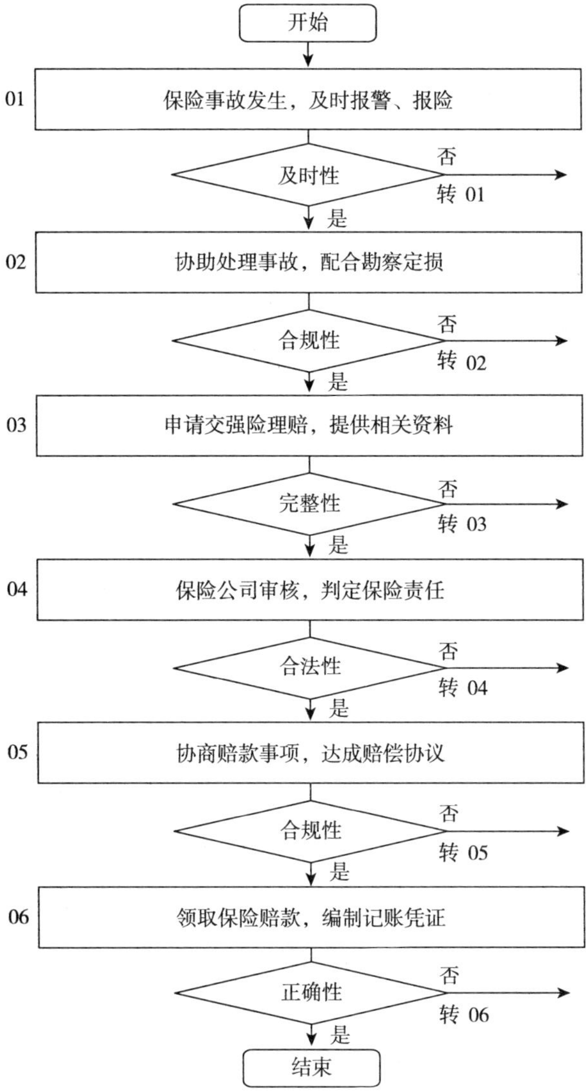

2.6.6.2 交强险索赔办理工作标准训练平台

工作名称：交强险索赔办理·工作标准

工作流程	工作人员	工作时间	工作地点	工作单位	工作资料
开始		《道路交通安全法》		《机动车交强险条例》	
保险事故发生及时报警报险	驾驶员与车主	即时	事故现场	车主	报案记录
	交警		交警队	交警队	交强险索赔须知
及时性	保险公司客服人员		保险公司客服中心	保险公司	事故现场证据资料
协助处理事故配合勘察定损	保险公司客服人员	及时	事故发生地	保险公司	保险公司勘察定损资料
	事故责任人与交警		保险公司办公地	交警队	交通事故认定书
合规性	风险控制与保险岗位		交警队办公地	车主	财产损失、医疗费用清单
申请交强险理赔提供相关资料	风险控制与保险岗位	规定时间	保险公司办公地	被保险人	交强险索赔申请书
	保险公司客服人员			保险公司	交强险索赔所需资料
完整性				交警队	交强险索赔资料清单
保险公司审核判定保险责任	保险公司客服人员	5个工作日	保险公司办公地	保险公司	机动车辆保险赔案资料交接单
	风险控制与保险岗位				交强险赔案所需资料
合法性					保险责任核定通知书
协商赔款事项达成赔偿协议	保险公司客服人员	规定时间	保险公司办公地	保险公司	保险责任核定通知书
	保险公司经理			车主	交强险赔偿协议
真实性	风险控制与保险岗位			交警队	交强险索赔所需资料
领取保险赔款编制记账凭证	保险公司客服人员	达成协议10日内	保险公司办公地	保险公司	交强险赔偿协议
	银行工作人员		保险公司开户银行	车主	赔款通知书
正确性	风险控制与保险岗位		企业开户银行	财务部	银行转账支票
结束					

圆通会计工作能力训练平台

监制：中国工作标准研究院
出品：理财世界网

2.6.6.3　交强险索赔办理工作标准简述

机动车交强险索赔办理工作标准是指机动车在发生交通事故时，向保险公司索取赔款的工作规范。具体包括：

（1）工作核心目标：完成向保险公司索取赔款的工作。

（2）工作开始时间：保险事故发生时。

（3）工作结束时间：收到保险公司支付的交强险事故赔偿款。

（4）相关工作地点：指完成交强险索赔办理工作的场所，如事故现场、交警队、保险公司客服中心、保险公司办公地等。各单位可根据自身实际，对此项内容进行准确化修改。

（5）相关工作单位：指完成交强险索赔办理工作涉及的主要单位，包括保险公司、交警队、企业车辆管理部门、财务部门等。

（6）相关工作人员：指完成交强险索赔办理工作涉及的主要工作人员，如驾驶员与车主、交警、保险公司客服人员、事故责任人、风险控制与保险岗位、保险公司经理、银行工作人员等。

（7）事前准备资料：指完成交强险索赔办理工作需要准备的交强险索赔须知、交强险理赔所需材料等。

（8）事中产生资料：指在完成工作任务过程中产生的交强险索赔申请书、保险责任核定通知书、交强险赔款协议书等资料，需要按照完成交强险索赔办理工作中产生的时间顺序排列中间文件的清单。

（9）事后结果资料：指工作任务完成后形成的赔款通知书、银行转账支票等。

（10）技术要求资料：指完成交强险索赔办理工作需要遵守的国家法规和行业制度、单位制度的具体内容，如《中华人民共和国道路交通安全法》、《机动车交通事故责任强制保险条例》等。

（11）内部控制措施：指完成交强险索赔办理工作需要表现的内部控制思想或适应的内部控制环节、内部控制点、内部控制工具。

对交强险索赔办理工作，需要对工作完成过程的每一个环节按照先后顺序进行排序，形成交强险索赔办理工作标准的业务处理、控制流程。

（12）工作开始标志：保险事故发生标志交强险索赔办理工作“开始”。

（13）工作核心环节排序，具体要求是：

①保险事故发生，及时报警、报险；

②协助处理事故，配合勘察定损；

③申请交强险理赔，提供相关资料；

④保险公司审核，判定保险责任；

⑤协商赔款事项，达成赔偿协议；

⑥领取保险赔款，编制记账凭证。

（14）不同环节结果判断：总体来讲，根据“技术要求资料”对处理环节的处理结果进行判断，每一环节都有“真实性、及时性、完整性、可行性、合规性、正确性、合法性”等判断选择，这些判断的前提是熟悉技术要求资料，即各种文件要求内容，根据文件要求作出这些判断用语，也是工作进行中下一步三角判断框中的必选用语。

（15）不利结果修正：根据判断结果“是或否”来作出判断，明确下一步处理的路径方向，根据“是或否”来确定返回修改环节、终止还是继续下一步工作。这是体现内部控制思想、保证工作质量的重要标志。

（16）工作结束标志：完成交强险索赔办理工作标准规定的工作环节后，使用“归档”或“结束”，标志工作结束。

2.7 所有者权益管理与核算岗位工作标准

2.7.1 利润分配方案制定工作标准

2.7.1.1 利润分配方案制定工作标准

标准编码：2604

标准名称：利润分配方案制定工作标准

2.7.1.1.1 工作标准名称释义

利润分配方案制定工作标准是指企业在会计年度终了，根据本年度企业税后净利润弥补以前年度亏损后的余额情况制定利润分配方案的工作规范。

2.7.1.1.2 工作标准基本表格

工作核心目标	完成利润分配方案的制定
工作开始时间	年终、利润经弥补以前年度亏损有结余时
工作结束时间	利润分配方案经董事会和股东大会通过批准
相关工作地点	监事会办公地 财务部门办公地 董事会办公地
相关工作单位	监事会 董事会 财务部门 股东会
相关工作人员	财务总监 会计机构负责人 总账与报表岗位 监事会成员 股东会成员 所有者权益管理与核算岗位 董事会成员
备 注	

2.7.1.1.3 工作标准所需资料

资料类型	编码	资料名称	单位	原件数	复印数
事前准备资料	01	企业年度损益表	份	1	0
	02	弥补以前年度亏损审批报告	份	1	0
	03	弥补以前年度亏损记账凭证	份	1	0
	04	年度应缴企业所得税计算表	份	1	0
事中产生资料	05	计提法定盈余公积金审批报告	份	1	0
	06	计提任意盈余公积金审批报告	份	1	0
	07	可分配投资者利润数额	份	1	0
	08	给投资者分配现金股利方案	份	1	0
	09	盈余公积转增实收资本方案	份	1	0
事后结果资料	10	利润分配方案	份	1	0
	11	董事会通过利润分配方案决议	份	1	0
	12	股东大会通过利润分配方案决议	份	1	0
技术要求资料	13	《中华人民共和国公司法》	份	1	0
	14	《企业会计准则》	份	1	1

2.7.1.1.4 相关工作标准

标准编码	标准名称
2601	实收资本增加工作标准

2.7.1.1.5 工作标准流程图

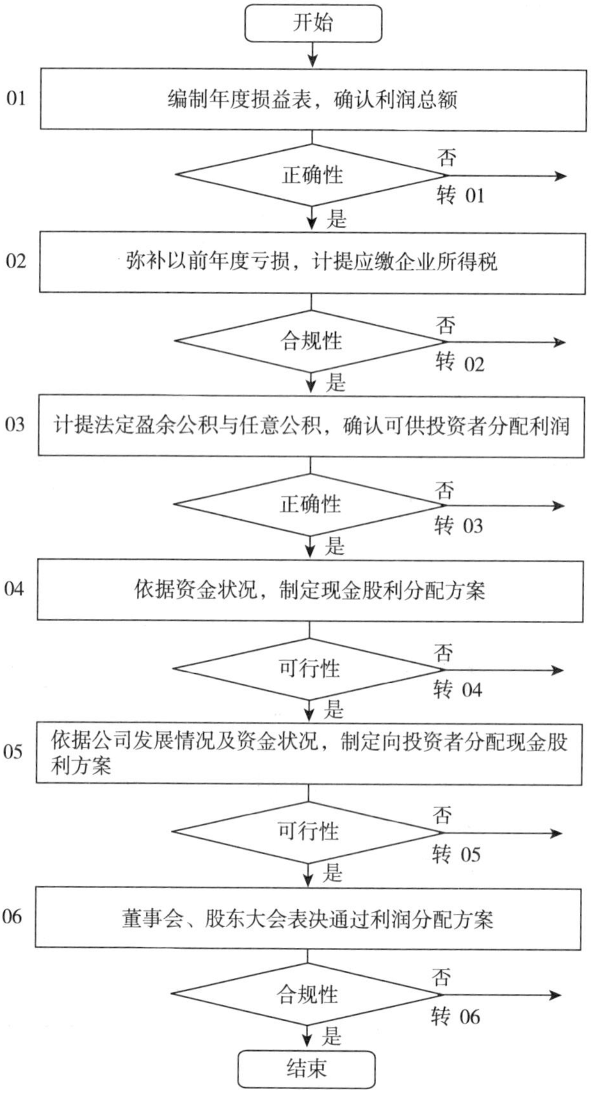

2.7.1.2 利润分配方案制定工作标准训练平台

工作名称：利润分配方案制定·工作标准

《企业会计准则》　《中华人民共和国公司法》

工作流程	工作人员	工作时间	工作地点	工作单位	工作资料
开始					
编制年度利润表 确认利润总额	所有者权益管理与核算岗位	年末	财务部办公地	财务部	企业年度损益表
	会计机构负责人				年度应缴企业所得税计算表
	总账与报表岗位				计提应缴所得税记账凭证
正确性					
弥补以前年度亏损 计提应缴所得税	所有者权益管理与核算岗位	即时	财务部办公地	财务部	弥补以前年度亏损审批报告
	会计机构负责人				弥补以前年度亏损记账凭证
	总账与报表岗位				
合规性					
计提盈余公积金 确认投资者分配	所有者权益管理与核算岗位	即时	财务部办公地	财务部	计提法定盈余公积金审批报告
	会计机构负责人				计提任意盈余公积金审批报告
	总账与报表岗位				计提盈余公积金记账凭证
正确性					
依据资金状况制定 现金股利分配方案	所有者权益管理与核算岗位	即时	财务部办公地	财务部	给投资者分配现金股利方案
	财务总监			董事会	
	董事会成员				
正确性					
依据公司发展 转增实收资本	所有者权益管理与核算岗位	即时	财务部办公地	财务部	盈余公积转增实收资本方案
	财务总监			董事会	
	董事会成员				
可行性					
利润分配方案 董事股东通过	董事会成员	年初	董事会办公地	董事会	利润分配方案
	监事会成员			监事会	董事会通过利润分配方案决议
	股东会成员			股东会	股东大会通过利润分配方案决议
合规性					
结束					

圆通会计工作能力训练平台

监制：中国工作标准研究院
出品：理财世界网

2.7.1.3 利润分配方案制定工作标准简述

利润分配方案制定工作标准是指企业在会计年度终了根据本年度税后净利润弥补以前年度亏损后的余额情况，制定利润分配方案的工作规范。具体包括：

（1）工作核心目标：完成利润分配方案的制定。

（2）工作开始时间：年终利润弥补以前年度亏损有结余时。

（3）工作结束时间：利润分配方案经董事会和股东大会批准时。

（4）相关工作地点：指完成利润分配方案制定工作的工作场所或涉及的工作环境，如部门办公地、董事会办公地、监事会办公地。

（5）相关工作单位：指完成利润分配方案制定工作涉及的主要单位部门，如财务部门、监事会、董事会、股东大会。

（6）相关工作人员：指完成利润分配方案制定工作涉及的主要工作人员，如总会计师、会计机构负责人、总账与报表岗位、董事会成员、监事会成员、股东会成员、所有者权益管理与核算岗位等。

（7）事前准备资料：指完成利润分配方案制定工作需要准备的企业年度利润表、年度应缴企业所得税计算表、计提应缴企业所得税记账凭证、弥补以前年度亏损审批报告和记账凭证等资料。

（8）事中产生资料：指在完成工作任务过程中，产生的计提法定盈余公积金和任意盈余公积金审批报告、计提盈余公积金记账凭证、向投资者分配现金股利方案、盈余公积金转增实收资本方案等资料或文件，需要按照完成利润分配方案制定工作中产生的时间顺序排列中间文件。

（9）事后结果资料：指工作任务完成后形成的经董事会和股东大会决议和批准的利润分配方案。

（10）技术要求资料：指完成利润分配方案制定工作需要遵守的国家法规和行业制度、单位制度的具体内容，如《企业财务通则》、《中华人民共和国公司法》等。

（11）内部控制措施：指完成利润分配方案制定工作需要表现的内部控制思想或适应的内部控制环节、内部控制点、内部控制工具。

由于利润分配方案制定工作标准本身就构成单位的工作制度，因此利润分配方案制定工作标准就可能是另一个工作执行过程中的一个环节，所以，熟悉和了解本标准可以培养对企业股东关系及利益事务综合处理能力。

对利润分配方案制定工作，需要对工作完成过程的每一个环节按照先后顺序进行排序，形成利润分配方案制定工作标准的业务处理、控制流程。

（12）工作开始标志：弥补以前年度亏损后有利润结余时标志利润分配方案制定工作“开始”。

（13）工作核心环节排序，具体要求是：

①编制年度损益表，确认年度利润总额；

②弥补以前年度亏损，计提应缴企业所得税；

③计提盈余公积金，确认可供投资者分配的利润；

④依据资金状况，制定现金股利分配方案；

⑤依据公司发展需要转增实收资本方案；

⑥利润分配方案经董事会、股东会审议通过。

（14）不同环节结果判断：总体来讲，根据“技术要求资料”对处理环节的处理结果进行判断，每一环节都有“真实性、及时性、完整性、可行性、合规性、正确性、合法性”等判断选择，这些判断的前提是熟悉技术要求资料，即各种文件要求内容，根据文件要求作出这些判断用语，也是工作进行中下一步三角判断框中的必选用语。

（15）不利结果修正：根据判断结果“是或否”来作出判断，明确下一步处理的路径方向，根据“是或否”来确定返回修改环节、终止还是继续下一步工作。这是体现内部控制思想、保证工作质量的重要标志。

（16）工作结束标志：完成利润分配方案制定工作标准规定的工作环节后，使用“归档”或“结束”，标志工作结束。

2.7.2　实收资本增加工作标准

2.7.2.1　实收资本增加工作标准

标准编码：2601

标准名称：实收资本增加工作标准

2.7.2.1.1　工作标准名称释义

实收资本增加工作标准是指所有者权益管理与核算岗位对企业按照财务会计法规、公司章程增加实收资本的工作规范。

2.7.2.1.2 工作标准基本表格

工作核心目标	完成实收资本的增加工作
工作开始时间	拟定增加实收资本方案
工作结束时间	完成工商变更登记
相关工作地点	财务部门办公地　股东权益管理部门办公地　董事会办公地
相关工作单位	董事会　财务部门　股东权益管理部门　股东
相关工作人员	会计机构负责人　所有者权益管理与核算岗位　股东　董事
备　注	此标准是以实收资本与注册资本一致的基础上编制

2.7.2.1.3 工作标准所需资料

资料类型	编码	资料名称	单位	原件数	复印数
事前准备资料	01	董事会决议	份	1	1
	02	企业章程	份	1	0
	03	投资合同或协议	份	1	0
事中产生资料	04	股东大会决议	份	1	0
	05	实收资本增加方案	份	1	0
	06	所有者投资证明文件	份	1	0
	07	投资者投入的资金证明	套	1	0
	08	资本公积转增实收资本资料	份	1	0
	09	盈余公积转增实收资本资料	份	1	0
事后结果资料	10	实收资本增加的会计处理凭证	份	1	0
技术要求资料	11	《中华人民共和国公司法》	份	1	0
	12	《企业财务通则》	份	1	1

2.7.2.1.4 相关工作标准

标准编码	标准名称
2602	实收资本减少工作标准
2603	资本公积转增资本工作标准

2.7.2.1.5　工作标准流程图

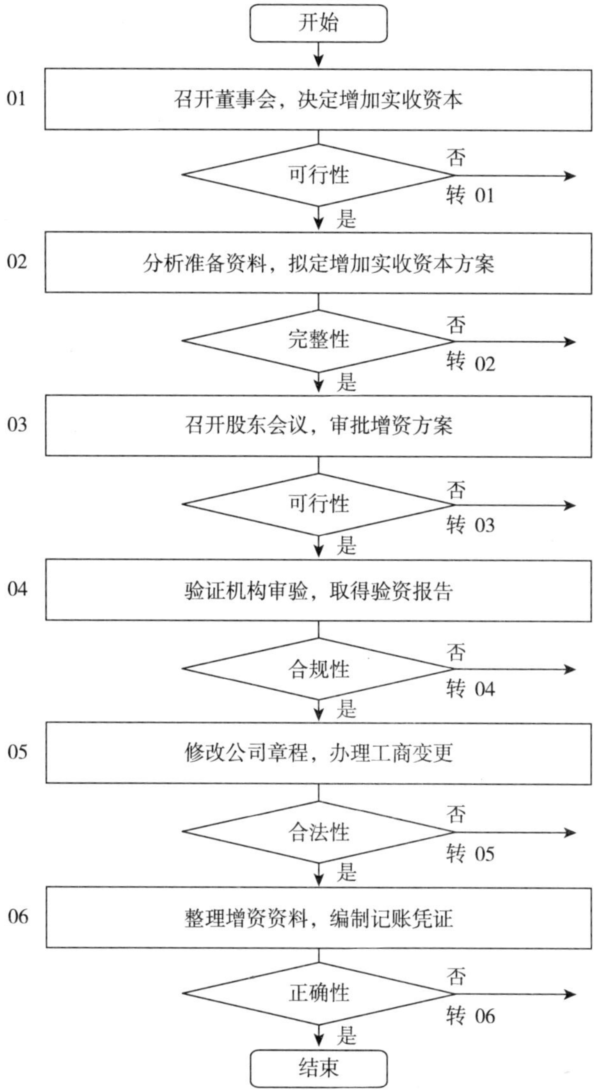

2.7.2.2 实收资本增加工作标准训练平台

工作名称：实收资本增加·工作标准

工作流程	工作人员	工作时间	工作地点	工作单位	工作资料
开始		《公司法》		《企业财务通则》	
召开董事会议决议增加实收资本	董事会成员	计划时间	董事会会议室	董事会	董事会决议
					增加实收资本决议
可行性					
分析准备资料拟定增加方案	所有者权益管理与核算岗位	规定时间	财务部办公地	财务部	董事会决议
	董事长				增资渠道与增资额资料
完整性	财务机构负责人				增加实收资本可行性方案
召开股东会议审批增资方案	所有者权益管理与核算岗位	规定时间	公司会议室	股东会	公司章程
	股东			财务部	实收资本增加方案
可行性					股东会议决议
验证机构审验取得验资报告	所有者权益管理与核算岗位	规定时间	会计事务所办公地	财务部	验资报告
	注册会计师			开户银行	实物验收单及评估报告
合规性				会计师事务所	其他所有者权益转增计算表
修改公司章程办理工商变更	所有者权益管理与核算岗位	规定时间	工商局办公地	工商局	验资报告
	工商局登记岗位			财务部	公司章程
合法性					公司章程修正案
整理增资资料编制记账凭证	所有者权益管理与核算岗位	当月	财务部办公地	财务部	记账凭证
	相关会计工作岗位				实收资本增加会计凭证
正确性	出纳岗位				变更后的营业执照
结束					

圆通会计工作能力训练平台

监制：中国工作标准研究院
出品：理财世界网

2.7.2.3 实收资本增加工作标准简述

实收资本增加工作标准是指财务部所有者权益管理与核算岗位及相关管理部门岗位办理企业实收资本增加的工作规范。具体包括：

（1）工作核心目标：完成实收资本增加业务的办理工作。

（2）开始工作时间：董事会决议增加实收资本。

（3）工作结束时间：完成实收资本增加工作，编制实收资本增加记账凭证。

（4）相关工作地点：指完成实收资本增加的工作场所。如董事会办公地、股东会办公地、财务部门办公地、开户银行办公地、工商局所在地、会计师事务所所在地等，各单位可根据自身实际对此项内容进行准确化修改。

（5）相关工作单位：指完成实收资本增加工作涉及的主要单位，如财务部门、董事会、股东会、开户银行、工商局、会计师事务所等。

（6）相关工作人员：指完成实收资本增加工作涉及的主要工作人员，如董事会成员、股东会成员、会计机构负责人、开户银行专管员、工商局业务员、注册会计师等。

（7）事前准备资料：指完成实收资本增加工作需要准备的董事会关于增加实收资本的决议、公司章程等资料，这些资料包括技术资料文件清单中提出或要求的资料，也包括完成实收资本增加工作时需要提前完成的调研资料、参考资料或档案资料。

（8）事中产生资料：指在完成工作任务过程中，产生的实收资本增加方案、公司章程修正案、股东会议决议、验资报告等资料或文件，需要按照完成实收资本增加工作中产生的时间顺序排列中间文件的清单。

（9）事后结果资料：指工作任务完成后形成的记账凭证、变更企业法人营业执照等。

（10）技术要求资料：指完成实收资本增加工作需要遵守的国家法规和行业制度、单位制度等具体内容，有《企业财务通则》、《中华人民共和国公司法》。

（11）内部控制措施：指完成实收资本增加工作需要表现的内部控制思想或适应的内部控制环节、内部控制点、内部控制工具。

由于实收资本增加工作标准本身就构成单位的工作制度，因此实收资本增加工作标准就可能是另一个工作执行过程中的一个环节，所以，熟悉和了解本标准可以培养对企业扩张及发展增加资本事务的综合处理能力。

对实收资本增加工作，需要对工作完成过程的每一个环节按照先后顺序进行排序，形成实收资本增加工作标准的业务处理、控制流程。

（12）工作开始标志：董事会决议增加实收资本标志实收资本增加工作“开始”。

（13）工作核心环节排序，具体要求是：

①召开董事会会议，决议增加实收资本；

②分析准备资料，拟订增加方案；

③召开股东会议，审批增资方案；

④验证机构审验，取得验资报告；

⑤修改公司章程，办理工商登记；

⑥整理增资资料，编制记账凭证。

（14）不同环节结果判断：总体来讲，根据“技术要求资料”对处理环节的处理结果进行判断，每一环节都有“真实性、及时性、完整性、可行性、合规性、正确性、合法性”等判断选择，这些判断的前提是熟悉技术要求资料，即各种文件要求内容，根据文件要求作出这些判断用语，也是工作进行中下一步三角判断框中的必选用语。

（15）不利结果修正：根据判断结果“是或否”来作出判断，明确下一步处理的路径方向，根据“是或否”来确定返回修改环节、终止还是继续下一步工作。这是体现内部控制思想、保证工作质量的重要标志。

（16）工作结束标志：完成实收资本增加工作标准规定的工作环节后，使用“归档”或“结束”，标志工作结束。

第3章　会计工作能力等级认证试题

3.1 出纳岗位工作能力初级等级测评卷

测评说明：计算机随机抽取五个工作标准，请根据提示选择完成每个工作过程中需要明确的工作事项或工作要求。每个工作标准 20 分，其中每项 5 分，合格需要 60 分。

现金收款工作标准

1. **工作标准名称释义**

现金收款工作标准，是指以________方式完成收款结算业务的工作规范。

选择填空：

A. 现金（包括人民币、外币、现金等价票据等）

B. 外币

C. 银行存款

D. 有价债券

2. **工作标准基本表格**

工作核心目标	完成现金收款业务
工作开始时间	________
工作结束时间	当即
相关工作地点	收款地点　财务部办公地
相关工作单位	财务部门　缴款单位
相关工作人员	单位经办人　交款（单位经办）人　出纳人员
备　　注	

选择填空：

A. 货物交付时

B. 受理现金收款业务时

C. 劳务发生时

D. 收到货款时

3. 工作标准所需资料

资料类型	编码	资料名称	单位	原件数	复印数
事前准备资料	01	交款人身份证明	份	1	0
	02	交款经济事项证明文件	份	1	0
事中产生资料	03	收款凭证	份	1	0
事后结果资料	04	________			0
技术要求资料	05	《现金保管制度》	份	1	0
	06	《人民币管理条例》	份	1	0

选择填空：

A. 收款凭证

B. 现金

C. 付款凭证

D. 税单

4. 工作标准流程图

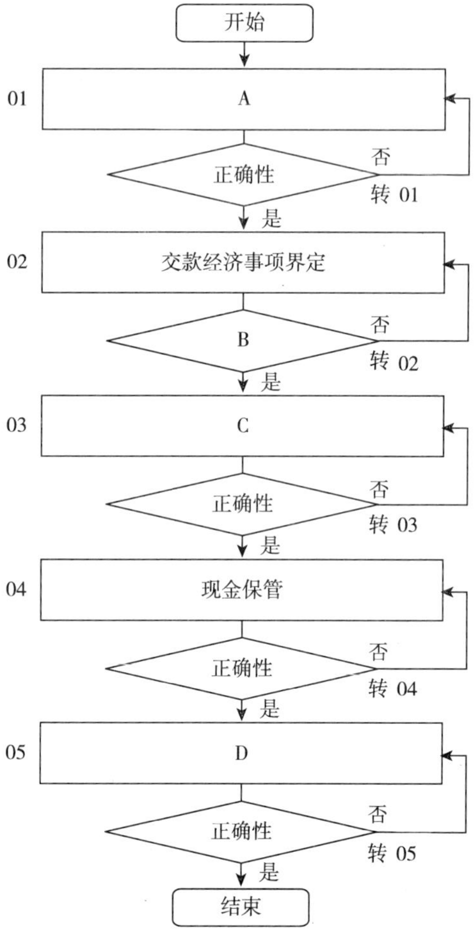

请选出右边流程图 A、B、C、D 空白处应分别填入的内容：

（1）图中 A 处应该填入的内容是：

a. 交款日期界定

b. 收款人责任界定

c. 交款人身份界定

（2）图中 B 处应该填入的内容是：

a. 正确性

b. 合规性

c. 完整性

（3）图中 C 处应该填入的内容是：

a. 收款点钞

b. 会计岗位根据结算原始凭证编制记账凭证，登记日记账

c. 登记现金总额

(4) 图中D处应该填入的内容是：

a. 收款点钞

b. 会计岗位根据结算原始凭证编制记账凭证，登记日记账

c. 现金登记造册

3.2 固定资产管理与核算岗位工作能力初级等级测评卷

测评说明：计算机随机抽取五个工作标准，请根据提示选择完成每个工作过程中需要明确的工作事项或工作要求。每个工作标准20分，其中每项5分，合格需要60分。

固定资产盘点工作标准

1. 工作标准名称释义

固定资产盘点工作标准，是指企业为确保固定资产的安全与完整，做到________，定期或不定期对其固定资产进行实物盘点的工作规范。

选择填空：

A. 账卡相符、账实相符　　B. 心中有数

C. 资财管理得当　　D. 账目清晰

2. 工作标准基本表格

工作核心目标	完成固定资产盘点工作
工作开始时间	成立固定资产盘点领导小组
工作结束时间	对盘点中存在的盘盈或盘亏问题查明原因作相关处理后编制记账凭证，达到固定资产账卡相符、账实相符
相关工作地点	财务部门办公地　固定资产管理部门办公地　固定资产所在地
相关工作单位	财务部门办公地　固定资产管理部门办公地　固定资产所在地
相关工作人员	________盘点小组　总经理
备　注	

选择填空（多选）：

A. 固定资产管理与核算岗位

B. 固定资产管理员

C. 固定资产使用岗位

D. 固定资产管理部门负责人

E. 董事长

F. 会计机构负责人

3. 工作标准所需资料

资料类型	编码	资料名称	单位	原件数	复印数
事前准备资料	01	固定资产明细账	份	1	0
	02	固定资产明细卡片	份	1	0
事中产生资料	03		份	1	0
	04		份	1	0
	05		份	1	0
	06		份	1	0
	07		份	1	0
事后结果资料	08	固定资产盘点总结	份	1	0
	09	盘亏记账凭证	份	1	0
技术要求资料	10	《会计基础工作规范》	份	1	0
	11	《企业会计准则——固定资产》	份	1	0
	12	《企业财务管理制度》	份	1	0

选择填空（多选）：

A. 固定资产清查盘点方案

B. 固定资产盘点清单

C. 固定资产盘点明细表

D. 固定资产盘盈登记表

E. 固定资产盘亏登记表

4. 工作标准流程图

请选出下边流程图 A、B、C、D 空白处应 A 分别填入的内容：

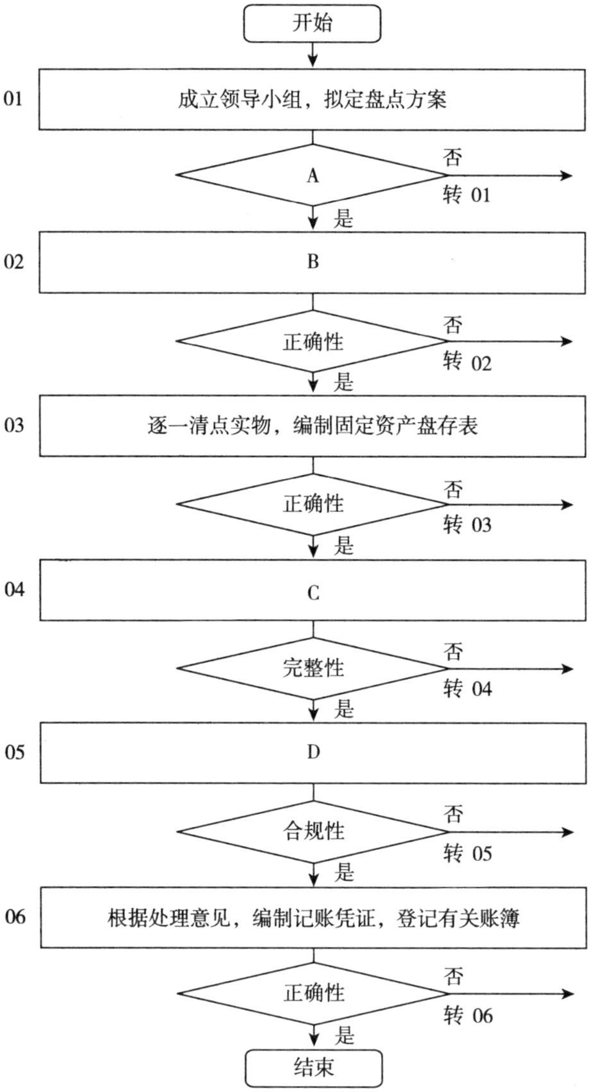

（1）图中 A 处应该填入的内容是：

a. 合规性

b. 正确性

c. 完整性

（2）图中 B 处应该填入的内容是：

a. 核对账面数与卡片数，编制固定资产账存清单

b. 编制会计明细账单

c. 编制记账凭证

(3) 图中C处应该填入的内容是：

a. 编制盘点报告，盈亏资产处理

b. 账存实存对比，编制盘盈盘亏报告表

c. 盈亏资产处理，编制记账凭证

(4) 图中D处应该填入的内容是：

a. 盈亏资产处理，单位审批处理

b. 编制盘点报告，单位审批处理

c. 分析盘盈盘亏原因，上报领导审批，调整账实相符

3.3 财务经理岗位工作能力初级等级测评卷

测评说明：计算机随机抽取五个工作标准，请根据提示选择完成每个工作过程中需要明确的工作事项或工作要求。每个工作标准20分，其中每项5分，合格需要60分。

财务会议工作标准

1. 工作标准名称释义

财务会议工作标准是指企业单位的财务会议机构为贯彻执行国家财务会计制度、健全企业________等方面的工作需要对有关策划、准备、组织和实施，召开财务工作会议的工作规范。

选择填空：

A. 财务管理和账目核实

B. 财务管理和会计核算工作

C. 会计核算和资产管理

D. 资产管理和现金管理

2. 工作标准基本表格

工作核心目标	召开财务会议，完成财务工作的商讨
工作开始时间	________
工作结束时间	即时
相关工作地点	财务部门办公地　会场
相关工作单位	财务部门　参加会议部门
相关工作人员	接待人员
备　　注	

选择填空：

A. 企业成立之时　　B. 会议开始之时

C. 提出召开财务会议时　　D. 提出进行财务管理时

3. 工作标准所需资料

资料类型	编码	资料名称	单位	原件数	复印数
事前准备资料	01	召开会议建议	份	1	0
	02	会议资料	套	1	0
	03	召开会议通知	份	1	0
	04	《会议工作方案》	份	1	0
	05	会议须知	份	1	0
事中产生资料	06	会议决议文件	份	1	0
	07	________			
事后结果资料	08	会议纪要	份	1	0
技术要求资料	09	《会议费用标准》	份	1	0
	10	《会议注意事项》	份	1	0

选择填空：

A. 会议现场笔记　　B. 会议录音文件

C. 会议总结　　D. 会议签到簿

4. 工作标准流程图

请选出下边流程图 A、B、C、D 空白处应分别填入的内容：

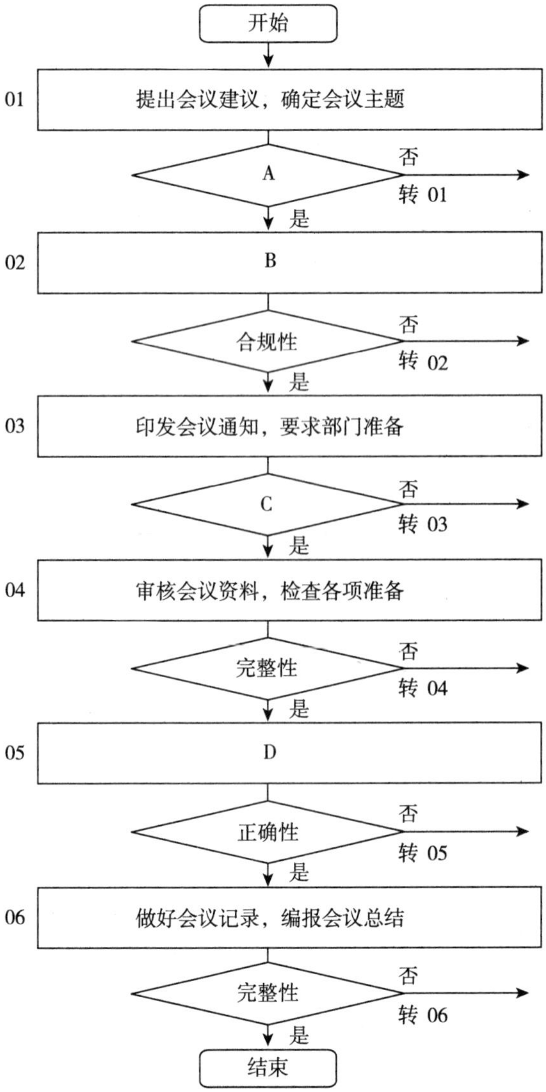

（1）图中 A 处应该填入的内容是：

a. 正确性

b. 可行性

c. 完整性

（2）图中 B 处应该填入的内容是：

a. 确定会议流程，报送领导决定

b. 讨论会议方案，报送领导决定

c. 制定会议方案，报送领导审批

（3）图中 C 处应该填入的内容是：

a. 正确性

b. 及时性

c. 完整性

（4）图中 D 处应该填入的内容是：

a. 编排会场安排，做好会场服务

b. 安排会场服务

c. 指定负责人，安排会场

3.4　无形资产岗位工作能力初级等级测评卷

测评说明：计算机随机抽取五个工作标准，请根据提示选择完成每个工作过程中需要明确的工作事项或工作要求。每个工作标准 20 分，其中每项 5 分，合格需要 60 分。

无形资产管理工作标准

1. 工作标准名称释义

无形资产管理工作标准是指：无形资产管理部门与核算岗位对企业取得的________进行使用、经营、核算、处置、核销等管理的工作规范。

选择填空：

A. 所有无形资产　　B. 部分无形资产

C. 且属于财务管理对象的无形资产　　D. 用于特定用途的无形资产

2. 工作标准基本表格

工作核心目标	完成对无形资产的管理工作
工作开始时间	取得无形资产时
工作结束时间	________
相关工作地点	无形资产管理部门办公地　财务部门办公地
相关工作单位	财务部门　无形资产管理部门
相关工作人员	法人代表　无形资产核算会计　无形资产管理员
备　　注	

选择填空：

A. 无形资产核销时　　B. 无形资产转让时

C. 无形资产消失时　　D. 无形资产处置完毕时

3. 工作标准所需资料

资料类型	编码	资料名称	单位	原件数	复印数
事前准备资料	01	取得无形资产的合同协议、票据	套	1	1
	02	转让无形资产的合同协议、票据	份	1	0
	03	租赁、质押的合同协议	套	2	0
	04	特许经营的合同协议	份	1	1
事中产生资料	05	无形资产管理制度	份	1	1
	06	无形资产摊销方案	份	1	0
	07	________			
	08	计提减值准备的资料	套	1	1
事后结果资料	09	无形资产处置的文件与票据	份	1	1
技术要求资料	10	《企业会计准则——无形资产》	份	1	1
	11	《企业财务通则》第四章	份	1	1

选择填空：

A. 无形资产管理方案　　B. 摊销计算分配表

C. 无形资产审核方案　　D. 无形资产项目清单

4. **工作标准流程图**

请选出下边流程图 A、B、C、D 空白处应分别填入的内容：

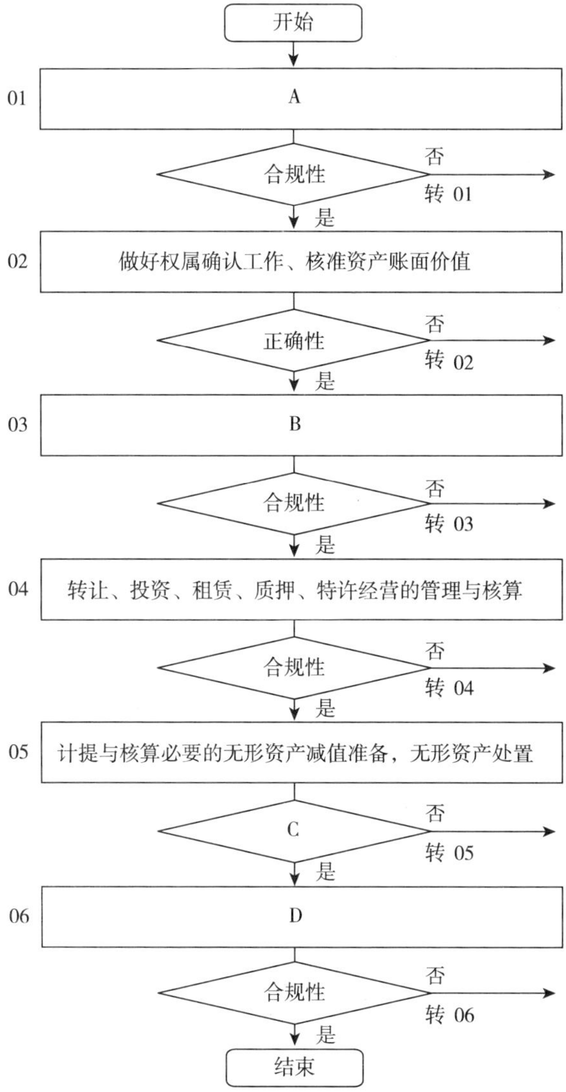

(1) 图中 A 处应该填入的内容是：

a. 设立管理机构或岗位，指定负责人

b. 制定管理制度

c. 设立管理机构或岗位，制定管理制度

（2）图中 B 处应该填入的内容是：

a. 确定受益对象与使用年限，拟定摊销方案，按期计提摊销

b. 确定受益对象与使用年限，按期计提摊销

c. 拟定摊销方案，按期计提摊销

（3）图中 C 处应该填入的内容是：

a. 合规性

b. 正确性

c. 汇总所用资产

（4）图中 D 处应该填入的内容是：

a. 编制记账凭证，确定资产总量

b. 编制记账凭证，进行会计核算

c. 汇总所用资产

3.5 会计主管岗位工作能力初级等级测评卷

测评说明：计算机随机抽取五个工作标准，请根据提示选择完成每个工作过程中需要明确的工作事项或工作要求。每个工作标准 20 分，其中每项 5 分，合格需要 60 分。

会计记账工作标准

1. 工作标准名称释义

会计记账工作标准是指总账报表岗位与相关会计岗位依照会计制度，根据企业核算需要设置及启用会计账簿、编制及________、登账、结账的工作规范。

选择填空：

A. 账簿登记　　B. 现金结算

C. 账簿初始化资料　　D. 复核记账凭证

2. 工作标准基本表格

工作核心目标	完成会计账簿的登记工作
工作开始时间	公司成立或年初
工作结束时间	________
相关工作地点	财务部门办公地
相关工作单位	财务部
相关工作人员	会计机构负责人　总账与报表岗位　其他有关会计核算岗位　出纳岗位
备　注	—

选择填空：

A. 日末、月末、年末　　B. 年末

C. 周末、月末　　D. 项目结束时间

3. 工作标准所需资料

资料类型	编码	资料名称	单位	原件数	复印数
事前准备资料	01	会计科目设置明细表	份	1	1
	02	会计账簿设置明细表	份	1	1
	03	空白会计账簿	套	1	1
	04	账簿初始化资料	套	1	1
事中产生资料	05	________			
	06	记账凭证	份	1	0
	07	登记的总账账簿	册	1	0
	08	登记的明细账账簿	套	1	0
	09	登记的现金日记账账簿	本	1	0
	10	登记的银行存款日记账账簿	册	1	0
事后结果资料	11	登记结转的总账账簿	册	1	0
	12	登记结转的明细账账簿	套	1	0
	13	登记结转的现金日记账账簿	册	1	0
	14	登记结转的银行存款日记账账簿	册	1	0
技术要求资料	15	《企业会计准则》	本	1	0
	16	《会计基础工作规范》	册	1	0

选择填空：

A. 收取现金凭证　　B. 发票凭证
C. 原始凭证　　D. 账簿明细表

4. 工作标准流程图

请选出下边流程图 A、B、C、D 空白处应分别填

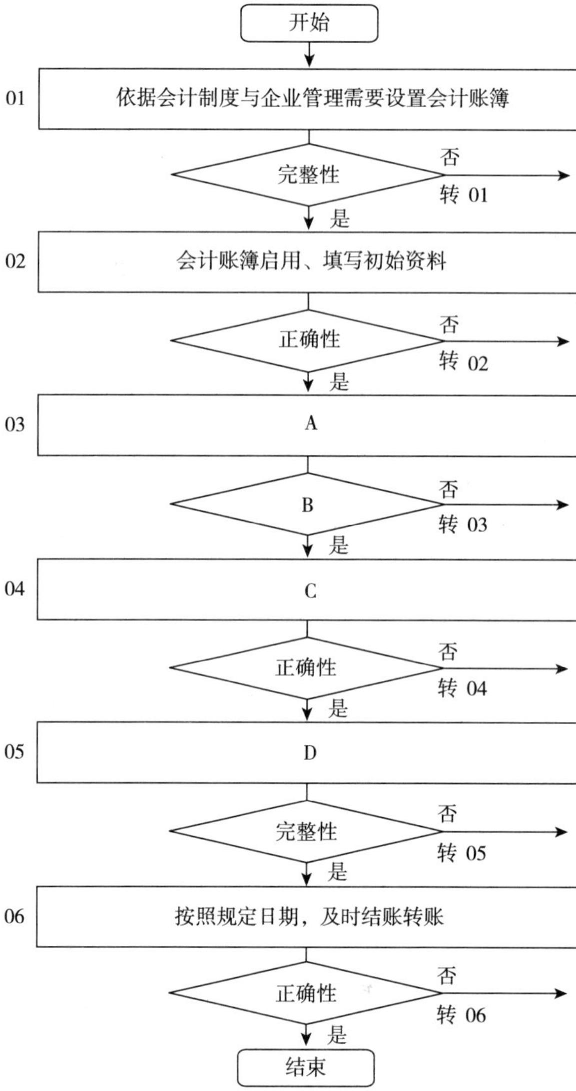

（1）图中 A 处应该填入的内容是：
a. 填写账簿明细表
b. 编制记账凭证
c. 编制原始凭证
（2）图中 B 处应该填入的内容是：
a. 合规性
b. 正确性
c. 审核记账凭证
（3）图中 C 处应该填入的内容是：
a. 记账凭证复核
b. 合规性
c. 原始凭证复核
（4）图中 D 处应该填入的内容是：
a. 遵照记账规则，审核记账凭证
b. 填写账簿明细表，登记会计账簿
c. 遵照记账规则，登记会计账簿